소수자와 한국 사회

민주주의 총서 07

소수자와 한국 사회 : 이주노동자, 화교, 혼혈인

1판1쇄 | 2008년 2월 25일
1판6쇄 | 2016년 3월 25일

지은이 | 박경태

펴낸이 | 정민용
편집장 | 안중철
편집 | 강소영, 윤상훈, 이진실, 최미정

펴낸 곳 | 후마니타스(주)
등록 2002년 2월 19일 제2002-000481호
주소 | 서울 마포구 신촌로14안길 17, 2층 (04057)
전화 | 편집_02.739.9929/9930 제작·영업_02.722.9960 팩스_0505.333.9960

블로그 | blog.naver.com/humabook
트위터, 페이스북, 인스타그램 | @humanitasbook
이메일 | humanitasbooks@gmail.com

인쇄 | 천일문화사_031.955.8083 제본 | 일진제책사_031.908.1407

값 15,000원

ⓒ 박경태, 2008

ISBN 978-89-90106-57-5 04300
      978-89-90106-39-1(세트)

민주주의 총서 07

소수자와 한국 사회

이 주 노 동 자 · 화 교 · 혼 혈 인

박 경 태

후마니타스

차례

서문

　소수자를 자기 학문의 영역으로 삼고 그들을 만나다 보면 다수자들을 만날 때와는 달리 연구 대상인 그들에게 남다른 친밀감을 느끼게 되는 경우가 종종 있다. 기구한 사연이 남의 이야기처럼 들리지 않고 마치 가난하고 힘들던 시절의 우리 얘기 같아서 그런 것 같다. 그런데 재미있는 것은 그들도 때로 나와 비슷한 친밀감을 느낀다는 점이다. 다른 사람들이 별로 신경 써 주지 않거나 무시하는 자기들에게 관심을 가져 주어서 고맙다는 이야기, 마치 자기네 일부 같다는 이야기도 자주 듣게 된다. 그래서인지 면접을 하다 보면 기대했던 것보다 훨씬 더 따뜻한 대접을 받곤 했다. 이주노동자들이 자기네 고향 특산품을 선물로 주기도 하고, 중국 식당을 경영하는 화교가 상다리가 휘어지도록 한상 푸짐하게 차려 주기도 하며, 면접하느라 써야 할 식사비를 혼혈인이 직접 내기도 한다.

　내가 소수자에 대해서 관심을 갖게 된 것은 미국 유학하며 7년 동안 소수자로 살았던 나 자신의 경험 때문이었다. 영어도 제대로 못하는 상태에서 난생처음 백인들이 가득한 공간에 살면서, 그리고 그 공간에서 미국 시민으로 살면서도 여전히 이방인 취급을 받는 흑인, 라티노, 아시아계 이민자들을 보면서, 결정적으로 1992년에 있었던 LA 폭동 때에 한국 이민자 상점을 흑인과 라티노들이 불태우는 것을 보면서, 도대체 한 사회 안에 비주류로 사는 인종적·민족적 소수자는 어떤 존재일까 궁금했다. 따지고 보면, 그 이전에도 소수자라는 개념이 내게 상관없는 일은 아니었다. 끝내 못 가셨지만 일찍이 1960년대 말에 독일에서 광부로 일하려고 탄광에서 훈련까지 받으셨던 아버지, 친한 분들과 함께 브라질로 이민을 가려고 하셨다는 장인, 비슷한 시기에 역시 간호사로 독일에 갔던, 그래서 벽안의 독일인과 결혼한 친구 누나, 1980년대에 중동 건설 붐이 일 때 사우디로 일하러 갔다 온 친척. 찾아보면 훨씬 더 많을 것이다.

이 책은 지난 십여 년 동안 내가 만나고 연구해 온 우리 안의 인종적·민족적 소수자인 이주노동자, 화교, 혼혈인에 관한 이야기다. 대부분 스쳐 지나가거나 있는지조차 모르고 살아왔던 우리의 이웃인 이들이 살아가는 이야기는 어쩌면 우리 자신의 이야기인지도 모르겠다. 이 책의 출발점은 세 명의 친구들이 있었기에 가능했다. 경기도 마석에서 벌써 16년 동안 일해 온 필리핀 이주노동자 R씨, 한국에서 태어나 한의사이자 사업가로 활동하고 있는 화교 W씨, 전쟁이 끝난 후 태어나 한 많은 세월을 살아온 혼혈인 P씨가 바로 그들이다. 대한성공회 남양주교회의 이정호 신부님의 도움으로 만난 R씨와 필리핀에 있던 그의 부인은 내가 마석과 필리핀에서 현지 연구를 할 수 있도록 큰 도움을 주었지만, 필리핀 현지 연구가 끝난 후 얼마 지나지 않아 부인이 세 살도 채 안 된 아들을 남기고 집을 나가 버리는 아픔을 겪었다. W씨는 '화교=중국집 주인'이라는 전형적인 모습을 뛰어넘으려는 다양한 노력을 보임으로써 신선한 충격을 주었다. P씨는 무시당하고 업신여김을 받는 혼혈인들이 자신의 힘으로 일어설 수 있어야 한다는 신념으로 평생을 살아왔고, 지금 암과 싸우고 있다. 기회가 된다면 세 사람을 주인공으로 하는 글을 펴내고 싶다.

한 사회에서 소수자로 산다는 것은 많은 것을 의미한다. 세상에 대한 불만과 때로 왜곡된 시각도 존재하겠지만, 어쩌면 다수자일 때 볼 수 없는 세상에 대한 올바른 시각을 가질 수도 있다. 2002년 10월 10일과 11일에 미국의 하원과 상원은 각각 압도적인 표 차이로 '대 이라크 군사행동 결의안'을 승인함으로써 부시 대통령은 유엔안전보장이사회의 결정과 상관없이 독자적으로 이라크를 공격할 수 있게 되었고, 이듬해에 그것을 실천에 옮겼다. 당시 하원 표결 결과를 보면 찬성이 296표, 반대가 133표였는데, 여기서 눈여겨볼 대목이 있다. 비록 한국에는 보도되지 않았지만 이 결의안에서 라틴계 의원들은 전체 19명 중 압도적 다수인 15명이 반대했다. 비록 라틴계라고는 해도 미국 사람들임에는 틀림없는데 이들은 백인과 다른 표결을 했다. 그들도 미국의 정치인이 분명한데 전쟁을 지지하는 백인 정치인들과 다른 견해를 당당하게 밝혔다. 이것이 바로 소수자의 시각이다.

소수자는 사회의 주류에 해당하는 다수자와는 다른 시각으로 세상을 바라본다. 억압받아 본 사람의 시각, 불편함을 겪어 본 사람의 시각, 아픔을 느껴 본 사람의 시각이다. 나는 우리가 소수자의 시각을 가질 수 있다면, 아니 적어도 이해할 수 있다면 우리 사회의 많은 문제가 훨씬 부드럽고 공정하게 풀릴 것으로 믿는다. 그런 의미에서 이 책이 우리에게 소수자들이 안고 있는 문제를 이해하고 공유하는 계기가 되기를 희망한다.

이 책은 많은 분의 도움으로 탄생할 수 있었다. 처음부터 계획하고, 이끌어 주신 최장집 선생님, 그리고 후마니타스 편집진에게 이 자리를 빌려 감사를 표하고 싶다. 사회를 어떻게 바라보고 품어야 하는가를 늘 보여 주시는 신영복 선생님과 성공회대학교 동료들은 나를 지적으로 깨어있게 하는 소중한 스승들이다. 감사의 마음을 전한다. 학부 과목인 '소수자 연구'와

NGO대학원 과목인 '소수자와 한국 사회'를 통해서 내게 끊임없이 지적 자극을 준 제자들에게도 감사와 사랑의 말을 전한다. 늘 따뜻한 시선으로 지켜 주신 부모님, 언제나 기쁨을 주는 나의 든든한 버팀목인 딸 유미와 아들 한솔, 그리고 사랑하는 아내 지혜정과 함께 출간의 기쁨을 나누고 싶다.

2008년 2월 18일
항동골에서 박경태

소수자와 인종주의 제1부

|1장| 누가 소수자인가

　　최근 들어 소수자에 대한 관심이 커지고 있다. 짧은 기간에 압축적인 경제성장을 이루느라고 그동안 소홀히 해 온 인권 문제에 대한 관심이 높아지면서 소수자에 대한 관심도 덩달아 커진 셈이다. 이렇게 된 것은 지난 수십 년 동아 경제개발에 대한 강박관념에 쫓기며 살아오다가 이제 어느 정도 먹고살 만해져서 남을 돌아볼 여유가 생겼기 때문이기도 하고, 여러 사람이 소수자 인권을 위해서 애써 온 결과이기도 하다. 그동안 여러 인권 관련 시민단체가 꾸준히 활동을 해 오면서 소수자의 인권 문제를 알리고 해결하고자 노력해 왔고, 2001년에 출범한 국가인권위원회도 '국가'의 틀에서 소수자를 위한 나름대로의 역할을 하고 있으며, 언론도 소수자들이 처한 현실에 대해서 꾸준히 보도해 왔다. 또한, 소수자들 스스로도 억압적인 구조에 대항해서 끊임없이 싸워 왔는데, 최근 들어 소수자들은 자기가 속한 개별 집단뿐만 아니라 소수자 전체의 문제와 소수자라는 집단 정체성에 관심을 두기 시작했으며, 경우에 따라서는 공동 행동을 하기도 한다.

　　그렇지만, 소수자에 대한 학계의 연구는 이제 시작인 셈이다. 물론 개별 소수자 집단에 대한 연구는 예전부터 있었다. 연구자들은 자기가 관심을 갖는 개별 집단에 대해서만 연구했을 뿐, 다양한 특성을 가진 소수자들을 집합적으로 연구하지 않았다. 영어의 'minority'가 우리 사회에서 소수, 소수민, 소수집단 등의 혼용을 거쳐서 소수자라는 용어로 통용되기 시작한 것도 대체로 2000년 이후의 일이다. 최근에 관심이 커졌다고는 하지만 한국의 소수자는 여전히 학술적으로 충분한 주목을 받지 못하고 있어, 이 방면의 연구가 활발하게 진행된 '학문 선진국'들과 비교하면 매우 기초적이고 총론적인 수준을 벗어나지 못하고 있다. 결국, 소수자들이 어떤 상황에 놓여 있고 어떤 정책이 필요한가에 관한 연구도 거의 없을 뿐만 아니라, 심지어 어떤 사람들이 소수자에 해당하는가에 대한 논의나 합의조차 제대로 없다. 자, 그럼 가장 첫 질문부터 시작해 보자. 소수자는 과연 누구인가?

1. 소수자와 사회적 약자

소수자는 '신체적 또는 문화적 특징 때문에 사회의 다른 성원에게 차별을 받으며, 차별받는 집단에 속해 있다는 의식을 가진 사람들'이라 정의할 수 있다. 그런데 소수자라는 단어의 뜻이 '소수少數의 사람'이라고 해서 반드시 구성원의 수가 적음을 의미하지는 않는다. 예를 들어 대부분의 사회에서 여성의 평균 수명이 남성보다 길기 때문에 남성보다 여성의 수가 많지만 여성은 소수자이다. 식민지의 토착민은 그곳 인구의 대부분을 차지하지만 소수의 식민 통치자에게 차별과 착취를 당하는 소수자에 해당한다. 남아프리카공화국은 인구의 4분의 3이 흑인인데, 흑인 대통령이 나오고 나서 나아졌다고는 하지만 사회의 상층부를 차지하는 부유한 백인들에 비해 흑인들은 여전히 정치적·경제적으로 차별받는 소수자에 머무르고 있다. 이렇게 볼 때 소수자를 결정하는 기준은 수의 많고 적음이 아니라 편견과 차별의 대상인가 여부에 달렸다고 할 수 있다.

'소수인종'이나 '소수민족' 같은 표현에서 보면, 소수자라는 단어는 인종이나 민족과 관련해서 쓰이는 단어라는 느낌을 준다. 따라서 소수자는 여러 나라에서 이민한 사람들이 사는 미국, 호주, 캐나다와 같은 다인종·다민족 사회에서나 사용되는 개념일 뿐, 한국처럼 단일민족의 신화가 강하게 자리 잡은 곳에서는 사용될 일이 별로 없을 것 같다는 인상이 짙다. 하지만 한국 사회에는 이미 40만 명이나 되는 이주노동자를 비롯해 국제결혼을 통해서 이주해 온 배우자들, 화교, 혼혈인 등과 같은 수많은 인종적·민족적 소수자가 함께 살고 있다. 게다가 여성이나 장애인과 같은 '전통적인' 소수자 집단도 엄연히 존재하고 있으며, 최근 들어서 주목을 받는 동성애자나 성전환자 같은 성적 소수자들도 한국 사회를 이루는 소수자들이다.

어떤 사람이나 집단이 소수자로 분류되려면 다음의 네 가지 특성이 있어야 한다(Dworkin and Dworkin 1999, 17-24 ; 윤인진 2000, 404에서 재인용). 첫째는 식별 가능성이다. 소수자들은 신체 또는 문화적으로 다른 집단과 구별되는 뚜렷한 차이가 있거나 그럴 것이라고 여겨진다. 대다수가 백인인 미국 사회에서 흑인은 신체적 특징으로 식별되며, 일본에 살면서 한복을 입고 '민족학교'에 다니는 재일동포 여학생들이나 유럽에서 히잡이나 차도르를 착용한 무슬림 여성들은 문화적 특징에서 다른 사람들과 구별된다. 둘째는 권력의 열세로, 여기서 말하는 권력은 정치권력만이 아니라 경제적·사회적 측면에서의 권력을 모두 포함한다. 소수자는 권력에서 열세에 있거나 여러 가지 자원을 동원하는 능력에서 뒤처진 사람들이다. 셋째는 차별적 대우의 존재다. 만약 식별 가능하고 권력에서 열세에 놓여 있더라도 차별이 없는 상태라면 살아가는 데에 특별히 불리할 것이 없을 것이다. 하지만 소수자는 그 집단의 성원이라는 이유만으로 사회적 차별의 대상이 된다. 마지막은 집단의식 또는 소속 의식이다. 어떤 사람에게 위의 세 특징이 모두 있더라도 소수자 집단의 성원이라는 소속감이 없다면 그 사람은 그냥 차별받는 개인일 뿐이며, 스스로 개인 차원에서 따돌림을 당하는 사람이라고 생각할 뿐이다. 그 자신이 차별받는 소수자 집단에 속한다는 것을 느낄 때에야 비로소 개인이 아닌 소수자가 된다(박경태 2007, 21).

그렇다면, 이와 같은 소수자의 특성은 사회적 약자와는 어떻게 다를까? 흔히 우리는 소수자를 사회적 약자와 같은 개념으로 사용하는데, 둘 사이에는 중요한 차이점이 있다. 사회적 약자는 말 그대로 사회적으로 불리한 위치에 있는 사람 모두를 일컫는 표현인데, 이들은 불리한 위치에 있을 뿐 어느 집단에 속해 있다는 이유로 차별을 받는 것은 아니다. 예를 들어, 가난한 사람은 가난하다는 사실 때문에 사회적으로 불리한 위치에 놓이게 되고 여러모로 불이익을 당할 수 있다. 그러나 그 사람이 가난한 집단의 성원에 해당하기 때문에 낙인 찍히고 차별받는 것은 아니다. 비교가 명확해지도록 미국의 인종 문제를 예로 들어 보자. 가난한 백인은 가난해서 불편하고 불리하기는 하지만 흑인과 같은 소수자는 아니다. 반면에 가난한 흑인은 가난해서 불편하고 불리할 뿐만 아니라 흑인이라는 소수자이기 때문에 차별받고 손가락질당한다. 부유한 흑인에게 상황은 조금 나을지 몰라도 일반적으로 흑인에게 적용되는 차별과 편견에서 자유롭지 못하다.

2006년에 미국의 인종 문제를 치밀하면서도 가슴 아프게 그려냄으로써 아카데미 작품상을 받은 〈크래쉬〉Crash를 보자. 방송국 PD로 성공한 흑인 캐머런은 아내와 함께 차를 타고 가다가 백인 경찰에게 불심검문을 당하게

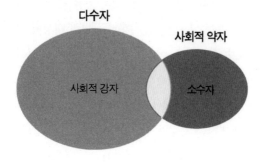

〈그림 1-1〉 다수자와 소수자, 사회적 강자와 약자의 관계

되는데, 백인 경찰은 몸수색을 하며 아내의 몸을 더듬어 성적 모욕을 주지
만 캐머런은 아무런 저항도 할 수가 없었다. 이때 '성공한 PD'라는 캐머런
의 사회적 지위는 아무런 쓸모가 없다. 오직 중요한 것은 그가 흑인이라는
사실이다. 가난한 백인은 스스로 가난한 집단을 구성하는 성원이라고 생각
하지도 않을뿐더러, 자신을 불리한 위치에 있게 하는 가난을 극복하면 사
회적 약자의 신분에서 벗어날 수 있다. 다수자이면서 동시에 사회적 강자
가 되는 것이다. 이와는 달리 흑인은 자신이 차별받는 흑인 사회의 구성원
임을 너무나도 잘 알고 있으며, 그 차별은 개인의 노력으로 극복되는 것도
아니다. 가난한 흑인이 돈을 벌어 성공한다고 해도 그 사람은 여전히 흑인
일 뿐이다.

　사회적 약자와 소수자의 개념 구분은 〈그림 1-1〉에 나와 있다. 전체 사
회는 다수자와 소수자로 구분될 수도 있고, 사회적 강자와 사회적 약자로
구분될 수도 있다. 이 그림에 따르면 사회적 약자는 소수자를 포괄하는 개
념이며, 다수자는 사회적 강자를 포괄하는 개념이다. 다시 미국의 인종 문
제로 돌아가 보자. 미국 사회에서 다수자인 백인은 사회적 강자가 될 가능

성이 크다. 그런데 가난한 백인과 같은 일부 다수자는 사회적 약자에 속하지만, 흑인과 같은 범주에 속하지는 않는다. 즉, 사회적 약자이기는 하지만 소수자에 속하는 것은 아니라는 말이다. 사회적 강자와 사회적 약자 사이의 경계선이 점선인 이유는 서로 넘나들 수 있는 경계라는 것을 의미한다. 즉, 사회적 강자인 부유한 백인이 가난해지면 사회적 약자가 될 수 있으며, 반면에 가난한 백인도 부유해지면 사회적 강자가 될 수 있다는 뜻이다. 그러나 다수자와 소수자는 실선으로 나뉘어 있고, 서로 넘나들 수 없다. 소수자이며 사회적 약자인 가난한 흑인이 돈을 번다고 해도 다수자나 사회적 강자인 백인이 될 수는 없다는 뜻이다.[1]

소수자를 사회적 약자로부터 구분하는 특성을 정리하면 다음과 같다. 첫째는 영구성永久性이다. 만약 사회적으로 불편하고 차별받는 이유가 일시적이라면 그것은 사회적 약자의 특성이 되지만, 영원히 계속되는 성질의 것이라면 그것은 소수자의 특성이 된다. 예를 들어, 병에 걸리거나 다쳐서 몸이 불편하지만 다 나아서 '정상'으로 회복될 수 있다면 그 사람은 몸이 불편한 동안 사회적 약자일 뿐 소수자는 아니다. 반면에 평생 회복할 수 없는 장애를 가진 경우라면 소수자라고 할 수 있다. 둘째는 특수성인데, 이것은 사회 성원 누구나 차별의 기준이 되는 특성을 가질 가능성이 있는가, 아니면 일부만 그런 특성을 가질 수 있는가를 의미한다. 사회적 약자의 특성 중

---

1 이 책에서 단일민족의 신화가 강한 한국 사회와 대비되는 다인종·다민족 사회의 예를 들 때마다 미국의 인종·민족문제가 먼저 등장하는 것은, 대학원 공부를 미국에서 했고 그 이외의 사례를 충분히 연구하지 못한 나의 개인적인 한계이기도 하지만, 미국이 아닌 나라의 경험에 대해서 무지하고 무관심한 한국 사회의 현실을 반영하는 것이기도 하다. 나를 포함한 더 많은 연구자들이 소수자와 관련된 세계 각국의 다양한 경험을 좀 더 깊이 있게 연구하기를 기대한다.

의 하나인 '가난함'은 누구나 가질 수 있지만, 남성이 여성이라는 소수자의 특성을 가질 수는 없다. 세 번째는 대체 불가능성으로, 차별받는 특성을 다른 장점으로 극복할 수 없다는 뜻이다. 예를 들어서 가난한 사회적 약자는 비록 현실 사회에서 쉬운 일은 아니겠지만 개인의 능력이 뛰어나면 차별받는 현실을 극복할 수 있다. 하지만 흑인은 아무리 다른 장점이 있더라도 그것이 흑인이라는 소수자의 지위를 바꾸지는 못한다. 마지막으로는 소수자의 특징에서도 언급된 집단의식 또는 소속 의식이다. 사회적 약자인 가난한 사람 중에는 비슷한 사람들과 공감대를 가지며 '가난한 집단'에 속한다는 집단의식을 느끼는 사람도 있을 수 있겠지만, 실제로 그럴 가능성은 별로 없고 대부분은 그냥 살아갈 뿐이다. 반면에 소수자는 집단으로서 차별받기 때문에 성원들이 집단의식을 가질 가능성이 매우 크다. 비록 구체적인 행동으로 나아가지는 않는다고 할지라도 미국에 사는 어느 흑인이 차별적인 현실 때문에 자신이 흑인 집단에 속한다는 것을 깨닫는 것은 과히 어려운 일이 아니다.

물론 사회적 약자와 소수자 사이에는 애매하게 겹치는 지점이 있다. 예를 들면, 장애인이던 사람이 미래의 어느 날 의학의 발달로 치료를 받아서 비장애인이 된다면 그 사람은 그때의 기준으로 보면 장애인이 아니라 환자였던 셈이다. 또 어느 소수자 집단에 가해지던 차별이 없어지는 순간이 오면 그 사람들은 더는 소수자가 아니라 각자에게 해당하는 기준에 따라 사회적 약자에 '불과'할 수도 있다. 예를 들어, 뒤늦게 미국에 이민한 편인 아일랜드계 이민자들은 그곳에서 백인 대접을 못 받고 소수민족·소수인종 취급을 받았지만, 나중에 백인의 일부로 받아들여지면서 소수자 집단으로 구별되지 않았다. 반면에 만약 어떤 사람이 힘겹게 살아가던 어느 날 자기가 차별받고 있음을 깨닫는다면, 그리고 차별받는 이유가 자신의 어떠한 특징 때문임을, 또는 다수자들이 '너희는 이런 특징이 있다'고 규정한 것 때문임을 깨닫는다면 그는 자기가 속한 집단을 발견함으로써 사회적 약자에서 소수자로 변하게 된다.

소수자가 차별과 억압의 대상이라면 그것을 가하는 주체는 소수자의 상대어에 해당하는 '다수자'이다. 한 사회 안에 소수자는 없고 다수자만 있는 경우도 있을까? 그런 상황은 성립할 수 없다. 왜냐하면 소수자와 다수자는 서로의 존재를 전제하는 개념이며, 따라서 다수자라는 표현은 상대 개념인 소수자가 있을 때에만 성립할 수 있다. 억압받는 소수자가 없는 사회란 다수자만 있는 사회를 의미하는 것이 아니라 성원 모두 평등하고 동등한 권리를 갖는 인간으로서 대접받는 사회를 의미한다. 그러나 불행하게도 소위 문명화된 인류 사회에 다수자와 소수자를 구별할 수 없는 사회, 즉 억압받는 소수자가 없는 사회는 찾아보기가 어렵다. 왜 다수자는 소수자를 차별할까? 평화롭게 함께 살아도 될 텐데 굳이 차별하는 이유가 뭘까? 다음 절에서는 민족과 인종의 정의를 살펴본 후에 인종적·민족적 소수자들을 차별하는 이유를 살펴보기로 하자.

2. 민족과 인종의 의미

민족이라는 단어는 종종 우리를 뜨겁게 한다. 2002년 월드컵 4강 신화가 우리 민족의 능력을 보여 준 사건이라고 자랑스러워하기도 했고, 어느 회사가 세계 최초로 무언가를 개발했다는 기사나 우리 중고생들이 이런저런 국제 경시대회에서 우승했다는 기사를 접하면 역시 한민족은 뭔가 다르다는 생각을 하기도 했다. 돌이켜보면 한국의 학교 교육은 어릴 때부터 단일민족임을 자랑스럽게 강조해 왔다. 1968년에 만들어져서 지금은 별로 사용되지 않는, 그리고 지금 생각해 보면 '국민'을 교육하겠다는 다소 건방진 취지의 명칭을 붙인 '국민교육헌장'의 첫 문장도 "우리는 '민족' 중흥의 역사적 사명을 띠고 이 땅에 태어났다"고 언급하고 있으며, 최근 개정 논란을 겪은 '국기에 대한 맹세'도 "조국과 '민족'의 무궁한 영광을 위하여" 몸과 마음을 바치기를 맹세하며로 끝난다.

단일민족임을 자랑한다는 것은 곧 혈통의 순수를 강조하는 것, 다시 말해서 다른 민족의 피가 섞이지 않았음을 명예롭게 생각한다는 말이다. 우리의 길고 거칠었던 역사를 돌이켜보면 다른 민족의 피가 섞이지 않았다는 것은 성립되기 어려운 가정에 불과하지만, 일반적인 민족의 정의에 따르면 실제로 한국은 세계적으로 많지 않은 단일민족국가에 해당한다고 볼 수도 있다.[2] 그런 '단일'의 신화에 집착한 결과, 우리는 국가 간에 벌어지는 대부분의 운동 경기, 특히 일본과의 경기에 열광하며, 다른 나라와의 관계에서 국가의 명예가 훼손된다고 느낄 때, 치열한 명예 회복 운동을 벌이게 된다. 일본에서 독도에 관한 주장이 나오거나 과거 역사에 대한 '망언'이 나올 때마다, 중국이 고구려 역사를 왜곡한다는 얘기가 흘러나올 때마다 모든 국민과 언론이 하나가 되어 '민족정기' 수호를 외치는 것이 좋은 예이다.

---

2 앤서니 스미스(Anthony D. Smith)의 1971년 조사에 따르면 당시 132개 독립국 중 '비교적' 단일민족으로 이뤄진 나라는 12개국에 불과했다. 한 민족이 전 인구의 90퍼센트가량을 점유한 국가가 25개, 다수 민족이 전체 인구의 75퍼센트에서 90퍼센트를 점유하는 국가가 25개였다. 132개 국가 중에서 다섯 개 이상의 민족으로 이루어진 나라도 53개나 있었다(이광규 1996, 22).

민족주의는 성원을 단결시키고 자부심을 부여하는 긍정적인 기능을 갖지만 지나칠 때 배타적인 성향을 띠게 된다. 단일민족의 신화가 강할수록, 그리고 우리 스스로에 대한 자부심이 강할수록 '우리'에 속하지 않는 사람들, 특히 우리보다 못한 사람들에 대한 차별은 커진다. 최근 들어 '국제화'나 '세계화'의 담론 속에서 한국 사람들이 인종과 민족이 다른 외국인에 대해서 지나치게 배타적이라는 비판이 커지고 있으며, 그 원인으로 한국 사람의 민족성이나 민족주의가 지적되고 있다. 물론 민족이 모든 비난을 뒤집어써야 하는 것은 아니며, 한국 사람들이 세상에서 가장 배타적인 것도 아니지만 민족을 중심으로 하는 배타성을 부인하기는 어렵다. 민족과 인종이란 무엇일까? 왜 이것들은 차별의 기준이 될까?

민족은 언어, 지역, 혈연, 정치, 경제, 역사 등과 같은 객관적 요소와 민족의식이라는 주관적 요소를 공유하는 역사적 범주의 인간 공동체다(Kohn 1981, 15-45). 이렇게 보면 민족은 혈연에만 기초한 생물학적인 개념이라기보다는 여러 요소를 포함하는 다분히 사회문화적인 개념이며, 따라서 '피의 순수성'은 민족을 구성하는 많은 요소 중의 하나에 지나지 않는다. 그렇지만 한국에서 민족은 언제나 피의 순수성에 국한된 개념으로 이해되어 왔다. 민족을 혈통의 측면에서 이해하려는 시도는 적어도 18세기 이전에 사용되던 전근대적인 민족 개념에 기초한 것이며, 이러한 방식의 민족 개념으로는 근대국가가 출현한 이후의 민족주의를 설명할 수 없다. 근대적 민족 개념의 핵심은 하나의 근대국가에 속하는 사람들이 하나의 민족이라는 의식을 공유한다는 점에 있다. 근대 이전의 역사에서도 외적에 대항하려고 일정한 경계 안에 있는 사람들이 하나의 단위에 속한다는 동질감을 형성하기도 했고, 또 어쩌다 보니 지리적으로 가까이 사는 사람들이 공동체 의식을 갖게 되기도 했다. 그러나 그와 같은 민족은 실용적이거나 우연적 요소로서의 민족일 뿐, 사람들이 '우리는 하나의 민족이다'라는 민족의식을 각성하고 민족이 하나가 되어야 한다는 의지를 갖춘 것은 아니었다. 많은 학자들이 근대적 민족과 민족주의의 탄생은 18세기 후반 프랑스 혁명 이후에야 비로소 이루어진 것으로 보고 있다.[3]

민족과 인종의 개념을 대비할 때 대체로 우리는 민족을 사회문화적 개념으로 생각하는 반면 인종은 생물학적 개념으로 인식하는 경향이 있다. 그러나 인종도 생물학적 개념이라는 울타리에 가둘 수 없다. 인종은 '물리적 특성에 기초해서 사회적으로 규정된 집단'으로 정의되는데(Kammeyer et al. 1990, 286), 여기서 '사회적'이라는 단어가 사용된 이유는 순수한 인종이란 현실적으로 존재하지 않으며, 따라서 생물학적으로 볼 때 인종이란 무의미할 수 있기 때문이다. 실제로 1983년에 미국 루이지애나 주 법원에서 나온 판결은 인종이 사회적으로 규정됨을 보여 준다. 외국 여행을 하려고 여권을 신청한 수지 길로이 핍스Susie Guillory Phipps라는 백인 여성은 여권 발급기관으로부터 여권 신청서에 '백인'으로 기재했기 때문에 여권을 발급할 수 없다는 답변을 들었다. 자신은 물론 부모와 조부모 등 모두가 백인이고 한평생을 백인으로 살아온 핍스는 이 답변의 부당함을 법원에 제소했다. 그러나 상대편 변호사는 핍스가 32분의 3만큼 흑인이라는 증거를 갖고 있다고 주장했고, 결국 핍스는 패소했다. 루이지애나 법은 조상 중에서 32분의 1 이상이 흑인이면 나머지가 모두 백인이어도 흑인으로 분류된다고 규정하

---

3 '민족'은 사회과학에서 중요한 연구 대상이며 여전히 논란의 대상이다. 한국에서 많은 학자들이 인용하고 있는 『상상의 공동체』에서 앤더슨은 민족이 근대에 들어서 만들어진 개념이라고 주장하는 데 비해서(Anderson 1991), 신용하(2006)는 민족이 '실재의 공동체'이며 오래전부터 존재해 왔다고 주장한다.

고 있다. 핍스는 5대에 이르는 조상 중 한 명이 흑인이었기 때문에 흑인으로 분류된다는 것이다. 도대체 누가 누구를 무슨 기준으로 분류한다는 것인가. 이러한 관행은 일반적으로 '피 한 방울의 법칙'one drop rule이라고 부른다(Davis 1991, 9-11 ; 장태한 1993, 104-105).

계속해서 미국의 인구조사를 예로 삼아 인종 구분의 인위성을 얘기해 보자. 미국은 인구조사가 시행되는 10년마다 3억의 인구를 인종에 따라 분류하려고 한다. 분류 기준은 매번 조금씩 변했지만, 가장 중요한 것은 흑인과 백인을 구분하는 것이었다. 1890년 인구조사원들은 흑인과 백인 사이의 혼혈인을 물라토,Mulattos 반반 쿼드룬,Quadroons 4분의 1 흑인 옥토룬Octoroons 8분의 1 흑인으로 분류해야 했다. 그러나 이 작업이 불가능한 일로 판명 나자 1900년 인구조사에서 이 혼혈 범주는 폐기되었다. 그러나 물라토는 1910년과 1920년 다시 등장했고, 1930년부터는 앞에서 언급한 '피 한 방울의 법칙'이 채택되었다. 멕시코인은 1930년에 별개의 범주로 등장했으나 1940년에는 백인 종류에 포함되었다. 인도인은 1930년과 1940년에는 모두 '힌두인'으로 분류되었다. 힌두는 인종의 종류가 아니라 종교의 한 종류가 아닌가. 인도인 중에는 무슬림도 있고 기독교도도 있을 수 있지만 그들은 모두 '힌두인'으로 분류되었다. 1980년에는 '아시아인이나 태평양 도서인'Asian or Pacific Islander으로 불리는 엄청나게 큰 인종 범주가 등장한다. 여기에는 한국인을 비롯한 중국인, 일본인, 필리핀인, 베트남인, 인도인, 괌인, 사모아인 등 아시아와 태평양 지역 출신이 모두 포함된다. 이쯤 되면 이것은 인종 구분이라기보다는 출신 지역 구분이라고 불러야 마땅하다(콘 1999, 36-37).

흔히 우리가 가진 고정관념에 따르면 인종은 크게 흑인종, 백인종, 그리고 황인종 등으로 크게 분류된다. 검은 피부와 곱슬머리로 상징되는 흑인, 흰 피부와 금발, 파란 눈의 이미지로 떠오르는 백인, 검은 머리와 상대적으로 작은 키, 찢어진 눈으로 대표되는 황인. 그렇다면 인종 간의 결혼으로 탄생한 사람들의 인종은 무엇이 될까? 사람들은 그들을 혼혈인이라고 부르며 대체로 기존의 인종과는 별개의 존재로 본다. 그런데 미국 민권운동의 대명사로 불리는 마틴 루터 킹 목사Martin Luther King, Jr를 비롯해 흑인 인권 투쟁사의 주역으로 널리 알려진 프레드릭 더글라스,Frederick Douglass 부커 워싱턴,Booker T. Washington 두보이스W. E. B. Du Bois 등 흑인 지도자들은 사실 백인 피가 섞인 혼혈인이었다. 그러나 이들은 한결같이 흑인으로 분류되었고 스스로도 그렇게 여겼다. 반면에 백인과 라틴계, 또는 백인과 아시아계 사이의 혼혈은 각각 라틴계나 아시아계로 분류되는 것이 아니라 말 그대로 '혼혈인'이라는 범주로 분류된다(장태한 1993, 102-103). 흑인에게는 피 한 방울의 법칙이 적용되고 나머지 집단에 대해서는 적용이 되지 않는 관행은 인종이 '사회적'으로 규정됨을 보여 주는 좋은 예이다. 왜 우리는 사람들을 인종이나 민족에 따라 분류하고 그에 따라 차별할까?

3. 인종적·민족적 소수자 차별의 보편적 원인

고정관념과 편견

한 사람이나 집단이 다른 사람이나 집단에 대해서 편견을 가지고 차별하는 것을 설명하려면 우선 사회심리학적인 설명 방식이 필요하다. 우리는 낯선 사람을 만나면 그 사람이 어떤 속성이 있는가를 재빠르게 판단하여 적절하게 대응하려고 한다. 예를 들어서, 나보다 나이가 많은 사람이라면 존댓말을 쓴다든지, 옷을 걸인처럼 허름하게 입었으면 구걸을 피하려고 멀리 돌아서 지나가려고 한다. 이렇게 판단하는 것을 범주화라고 한다. '타인에 대한 정보를 개별적으로 처리한다는 것은 정보 처리상의 과부하를 가져오기 때문에 이에 대한 효과적인 대처 방법으로써 사람들을 범주화시키고 같은 범주로 구분되는 개체들은 그 범주의 속성을 지닌 것으로 파악'하려 한다는 것이다(한규석 1995, 97). 범주화는 생명체가 갖는 기본적인 속성이라고 볼 수 있다. 물가에서 한가로이 물을 먹고 있던 사슴이 얼룩무늬의 덩치 큰 짐승이 다가오는 것을 발견하면 무조건 달아난다. 가까이 올 때까지 기다렸다 털을 만져 보고 냄새를 맡아본 뒤 호랑이라고 판단을 내리면 이미 때는 늦기 때문에 이러저러한 특성을 가진 대상이 나타나면 '위험한 대상'으로 범주화해서 재빨리 판단을 내리는 것이다.

그러나 범주화는 고정관념을 낳게 되고 어느 범주에 속하는 모든 사람들이 똑같은 속성을 갖는 것으로 과도하게 일반화하게 된다. 예를 들어 여성은 남성보다 감정적이므로 이성적인 판단을 내리지 못한다고 믿는다든가, 흑인은 운동과 연예계에는 적합하지만 지적 능력이 떨어진다고 생각하는 것 등이 과도한 일반화의 예이다. 이런 일반화 논리에서는 이성적인 여성이나 운동을 잘 못하는 흑인은 아예 존재하지 않는 것이 되어 버린다. 고정관념이 개인의 의식 차원에만 머무른다면 큰 문제가 없을 수 있다. 그러나 고정관념은 부정적인 태도와 감정을 수반하는 편견이 되기 쉽고, 편견은 개인과 사회 차원에서 자신과 다르다고 생각하는 인구 집단에 대한 배제와 차별로 이어지는 경우가 많으며, 더 나아가 그러한 배제와 차별을 정당화하는 이데올로기로 작용할 수 있다. 즉, 편견은 소수자와 다수자의 불평등한 관계를 당연한 것, 자연스러운 것으로 인식하게 하고 소수 집단이 겪는 실업, 빈곤, 질병, 범죄 등의 문제를 사회구조에서 기인한 문제가 아니라 해당 소수자의 특성에 기인한 문제로 여기게 한다. 이렇게 함으로써 다수자들은 "우리가 차별해서 그들이 못사는 것이 아니라 그들이 못나서 그런 것"이라고 말할 수 있게 되며, 동시에 그들에게 미안해할 필요가 없어지므로 도덕적 딜레마를 회피할 수 있게 된다(윤인진 2000).

편견은 다양한 구성원으로 이루어진 사회에서 자주 나타나며 집단 사이에 발생하는 갈등에서 중요한 원천이다. 나치의 박해를 피해 망명길에 올랐던 독일 프랑크푸르트학파의 아도르노Theodor Adorno 등이 권위주의적 인성이라고 부른 성격 유형을 진단하기 위해 행한 연구를 살펴보자. 사람의 성격은 다양한 사회적 제약 때문에 성장 과정에서 본능이 억압되고 뒤틀려서 표현될 수밖에 없다. 아무리 떼를 써도 갖고 싶은 장난감을 언제나 가질 수는 없고, 먹고 싶은 것도 부모가 말리면 먹지 못할 수도 있다. 식당에서 뛰놀며 장난을 치다가 야단을 맞기도 하고 수업 시간에 휴대전화기를 갖고 놀다가 뺏기는 일도 있다. 성장한 뒤에도 사람들은 다양한 좌절을 겪는다. 대학 시험에 떨어지기도 하고, 취업이 되지 않을 수도 있으며, 승진이 되지 않거나 정리해고 때문에 인생의 큰 고비를 맞기도 한다. 우리는 실망, 울분, 좌절을 해소하기 위해, 때로는 술이나 마약, 도박에 빠져 현실로부터 도피하기도 하고, 어딘가에 화풀이를 하기도 한다. 화풀이를 하려면 저항하지 않는 안전한 표적을 찾아야 하는데, 이때 힘없는 소수자는 화풀이해도 괜찮은 매우 안전한 표적이며 적당한 희생양이다. 그런데 문제는 여기에서 끝나는 것이 아니다. 화풀이를 하는 사람은 자신의 적개심, 공격적 행위를 정당화하기 위해서 '그들은 원래 나쁜 사람들이다, 당해도 싸다'는 식으로 부정적인 편견을 퍼뜨리게 된다(한규석 1995, 402).

이것을 사회 전체에 확대시킴으로써, 편견이 인종주의 이데올로기로 발전하고 아예 국가 정책으로 성립된 경우를 살펴보자. 히틀러가 집권한 나치 독일에서는 정치적 필요에 따라 유대인이나 집시 등에 대해서 압제, 차별, 박해, 추방, 집단 학살을 가했는데, 이때 인종주의는 국가 차원에서 채택된 이데올로기였다. 물론 히틀러의 집권 이전부터 반反유대주의적인 편견은 이미 독일 사회에 팽배해 있었다. 그러나 나치 치하가 되면서 반유대주의는 국가의 이데올로기로 수용되어 '독일인 공동체'를 내적으로 결합하는 구심점이 되었고, 배척과 박해의 대상이 되는 소수자인 유대인은 우리 공동체의 바깥에 있는 사람, 학살당해도 괜찮은 집단으로 여겨졌다(김수용 외 2001, 76-79). 역사적으로 볼 때 나치의 유대인, 집시 학살이나 일본군에 의한 난징대학살, 관동대지진 때 일본인에 의한 조선인 학살과 같이 특정한 인종이나 민족 집단에 대한 편견은 끔찍한 결과를 초래했다.

사회화와 자민족중심주의

일단 편견과 차별이 구조화되면, 새로 태어나는 사회 성원은 그것을 그대로 학습하면서 사회화되므로 편견과 차별이 세대 간에 전승된다. 사회화란 새로 성원이 된 사람이 그 사회에 존재하는 문화를 습득하는 과정을 의미한다. 따라서 사회화는 편견의 탄생을 설명한다기보다 그것이 전승되는 과정을 보여 준다. 엄밀하게 말해서 한 사람이 가진 편견은 대상과 직접 부딪혀서 얻는 경우보다는 누군가로부터 학습받는 경우가 더 많다. 그동안 밝혀진 수많은 경험적 연구에 따르면, 일부 생물학자들의 주장에도 불구하고 흑인이 원래 지적으로 열등하다거나 여자가 남자보다 논리적인 사고력이 떨어진다는 식의 편견은 근거가 없는 것으로 나타났다. 집단 간의 차이보다는 집단 안에서의 개인 차이가 훨씬 더 크기 때문이다.

그럼에도, 기존의 편견이 유지되는 이유는 개인의 사회화 과정에서 편견이 학습되고 전승되기 때문이다. 사람들은 다른 사람들과 상호작용하면서 생존에 필요한 기술과 지식을 배우고 그 사회가 가진 규칙과 규범을 학습하며 점차 자기 자신을 사회에 맞춰 가게 된다. 이 과정에서 세상에 대한 정보와 다른 사람들에 대한 정보를 얻으며 그들에 대한 입장을 갖는다. 경우에 따라서는 만나 본 적조차 없는 소수자에 대해서 편견을 갖기도 한다. 대부분의 한국 사람들은 흑인에게 매를 맞아 보기는커녕 직접 본 적조차 없는데도 흑인은 폭력적이라고 생각하고, 이슬람교를 믿는 사람은 왠지 테러리스트일 것 같다는 생각을 한다. 이렇게 생각하게 된 배경에는 대중매체에 의한 사회화가 자리 잡고 있다. 이처럼 소수자에 대한 편견은 대부분 사회화를 통해서 간접적으로 학습된다.

사회화의 첫 출발점은 가족이다. 가족은 한 사람이 태어나서 생존할 수 있는 물질적 자원과 보살핌을 제공하는 동시에 그가 사회 성원으로 살아가는 데 필요한 규범, 가치관, 행동 양식을 가르친다. 이때 자녀는 부모가 특정 소수집단에 대해서 가진 고정관념과 편견을 수용하고 내면화한다. 많은 사회에서 부모는 자녀의 성에 따라서 차등적인 성 역할과 기대 수준을 갖고 있다. 아들은 경제적 자립을 대비해서 독립적이고 경쟁적으로 기르는 반면 딸은 순종적이고 얌전하게 기르려고 한다. 부모가 흑인에 대해서 부정적인 편견을 갖고 있다면 자녀는 부모의 대화나 행동을 통해서 은연중에 그것을 학습하게 된다. 학교도 사회화의 중요한 역할을 한다. 요즘의 교과서는 예전보다 성 평등이나 인종 평등에 관한 인식을 좀 더 반영한 내용이 있지만 아직 그것을 완벽하게 실현해 내지는 못하고 있다. 교과목이나 교과서의 내용은 여전히 전통적인 성 역할을 가르치며, 소수자에 해당하는 인종이나 민족이 주인공으로 등장하는 단원은 찾아보기 어렵다. 미국에서 초·중·고등학교 교사 대부분은 중산층 백인이고 학교 교육이 추구하는 가치와 목표 역시 중산층 지향적이기 때문에 소수 인종 학생들이 종종 무시 당하고 제대로 인정받지 못하는 경향이 있다(윤인진 2000).

오늘날 인종과 민족에 대한 편견을 재생산하는 사회화의 가장 중요한 기제 중 하나는 대중매체다. 특히 전 세계 대중매체에 큰 영향을 끼치는 미국 대중매체의 시각은 특정 인종이나 민족에 대한 편견 형성에 지대한 영향을 미치고 있다. 예를 들어, 할리우드 영화는 흑인을 한 번도 직접 경험하지 못한 사람들에게 그들에 대한 부정적인 인상을 심어 주고 있으며, CNN 뉴스 등은 비백인, 특히 아랍권 사람들이 미개하거나 세계 평화를 위협하고 있다는 식의 인상을 강하게 심어 주고 있다.

소수자 차별은 자신의 기준으로 남을 평가하는 자민족중심주의ethnocentrism를 통해서도 작동한다. 자민족중심주의는 외부인을 의심하고 다른 문화를 자신의 문화에 비추어 평가하는 것이며, 따라서 외부인은 이방인, 야만인 혹은 도덕적으로나 정신적으로 열등한 사람으로 간주한다(Giddens 1993, 265). 중국이 자기 나라를 중심으로 동서남북에 사는 모든 족속을 오랑캐로 부른 것도 자민족중심주의의 좋은 예이다. 우리도 과거 역사에서 북쪽의 부족들을 오랑캐라고 부른다든지, 일본을 비하해서 왜倭라고 불러 왔다. 이러한 역사적 경험 때문에 우리는 근대화 과정에서 우리를 제압한 미국으로 상징되는 '백인'의 문화를 제외하고는 모두 한 수 아래로 보는 시각을 갖게 되었다. 그래서 경제적으로 열등한 나라의 문화는 대체로 미개하게 보고 열등하게 여기는 경향을 보이게 된 것이다.

자민족중심주의는 집단 간의 폐쇄와 통한다. 집단 폐쇄는 다른 집단과의 분리를 통해서 경계를 유지하는 과정을 의미하는데, 폐쇄를 통해서 집단 간의 경계는 더욱 선명하게 드러나고 지속적으로 유지된다. 미국에서 백인과 흑인 거주지의 물리적 분리를 비롯한 인종 간의 통혼에 대한 금기, 인도에서 다른 계급과의 통혼은 물론 신체적 접촉조차 피하게 하는 것, 일본에서 천민에 해당하는 부락민部落民의 존재, 과거 한국에서 백정이나 망나니 등과 같은 특정 직업 집단을 천시하는 풍조 등이 집단 폐쇄에 해당한다.

서구 중심의 세계화

근대 이전에는 인종 간의 차별이 심하지 않았고 인종 문제도 거의 발생하지 않았다. 인종차별이 생기려면 두 개의 집단이 만나서 불평등한 관계를 맺어야 한다. 과거에는 이동이 불편해서 먼 거리까지 가서 다른 인종을 만나는 일이 흔치 않았고 설령 있었다 해도 개인적인 일로 그쳤거나 소수의 접촉에 불과했다. 물론 근대 이전에도 노예제도와 같은 불평등한 관계가 있었지만 이것도 인종차별과는 직접적인 관계가 없었다. 노예관계에서 인종차별이 성립하려면 한 인종이 다른 인종을 노예화하는 형식이어야 하는데, 전근대 시대의 노예제도는 주로 전쟁에서의 승자와 패자 관계에 기초하고 있었으므로 같은 인종끼리의 노예화도 존재했다. 인종차별이 발생하게 된 배경은 지난 여러 세기 동안 진행되어 온 서구의 팽창에 있다고 볼 수 있다. 14세기 이래로 유럽인들은 탐험과 무역을 목적으로 새로운 땅으로의 모험을 계속해 왔으며 원주민을 정복하고 끊임없이 식민지를 개척했다. 초기 식민지 시대는 인종주의의 발흥과 시기적으로 일치하며 특히 흑인과 백인을 구별하는 인종주의는 바로 이때 유럽인들 사이에 자리 잡게 되었다.

서구 중심의 세계화가 민족·인종차별을 낳을 수밖에 없었던 이유는 착취의 정당화 때문이었다. 아메리카 대륙을 '발견'하고 식민지로 삼은 유럽은 그 땅을 이용해서 부를 축적하려고 했는데, 그러려면 두 가지 문제가 해결되어야 했다. 첫째는 그 땅의 원래 주인인 인디언들을 '처리'하는 것이었고, 둘째는 그곳에서 필요한 노동력을 확보하는 것이었다. 유럽 백인들이 선택한 방법은 인디언들을 제거한 후 아프리카 흑인들을 노예로 수입하는 것이었다. 무자비한 인간 사냥의 방법까지 동원해서 지속적으로 소탕한 결과, 인디언들은 마침내 대륙의 주인 자리를 백인들에게 내주게 되었고, 1600년대 이후에 최소 600만에서 최대 1,500만 명의 흑인들이 노예로 대서양을 건너갔다. 인디언을 죽이고 흑인을 노예화하려면 그것이 정당한 행위임을 입증해야 했는데, 백인들은 그들이 인간이 아니라고 주장함으로써 학살과 노예화를 정당화했다.

지배를 합리화할 때에는 언제나 지배당하는 사람들이 열등하다는 것을 증명하는 이론이 등장하는데, 18세기 프랑스 철학자들은 그런 역할을 훌륭하게 해냈다. 볼테르Voltaire는 "흑인종은 사냥개와 똥개가 다른 것처럼 우리와는 다른 종류의 사람들이다"라고 주장했고, 몽테스키외는 "어느 누구도 지극히 지혜로운 존재인 신께서 영혼을, 그것도 선량한 영혼을 완전히 새까만 그들의 몸뚱이에 불어넣어 주었을 것이라고는 생각하지 않을 것이다"라고 말했다(폰타나 1999, 171-172). 히틀러의 유대인 학살에 이론적 기초를 제공한 셈이 되는 프랑스의 인류학자이자 외교관 고비노Arthur de Gobineau는 유럽의 식민주의가 확산되는 추세에 따라 백인종을 흑인종과 황인종으로부터 구별하려는 의도에서 백인의 우생학적 우월성을 주장했다. 그는 백인종이 다른 인종에 비해 더 우수한 지성, 도덕성, 의지력을 지녔고, 이러한 속성은 서구 문명이 세계에 영향력을 넓히는 데에 뒷받침이 되었으며, 또한 흑인이 가장 무능력하고, 동물적인 성격을 지녔고, 도덕성이 부족하고 정서적인 불안을 보인다고 주장했다. 고비노는 백인 중에서도 특히 아리아인Aryan을 인류의 창조적 요소를 지닌, 모든 훌륭한 문화의 창조자로 여겼으며, 이러한 그의 견해는 훗날 나치가 아리아인의 순수성 유지를 위해 가장 저급하고 열등한 인종인 유대인들을 제거해야 할 기생충으로 보게 하는 데에 출발점이 되었다(김수용 외 2001, 61-62).

문제는 인종적·민족적 소수자를 바라보는 서구의 시각이 보편적인 시각이 되었다는 점이다. 서구 사람들은 식민지화가 자기들의 우월성을 입증한 것이라고 생각했고, 그것은 곧 자기 '인종'의 우월함을 입증한 것이라고 믿었으며, 이와 같은 서구의 인종주의는 세상의 진리인 것처럼 자리를 잡았다. 인종주의에 관한 본격적인 언급은 2장에서 이뤄진다.

4. 한국 사회가 갖는 차별의 특수성

앞에서 살펴본 내용은 어느 사회에서나 적용 가능한 설명 방식이다. 그러나 한국 사회에서 나타나는 소수자에 대한 독특한 대우를 설명하려면 일반적인 변수 이외에 고유한 설명 방식이 필요하다. 한국의 소수자 차별, 민족주의, 민족의식이 지금과 같은 강한 모습을 갖추게 되기까지를 설명하기 위해 몇 가지 변수를 동원해 보자.

식민지, 외세 경험

근대 이후 우리에게 외세는 언제나 우월한 것으로, 그리고 우리의 것을 파괴하는 세력으로 등장했다. 개항기 역사가 그랬고 일본 제국주의가 그랬다. 한국에서 민족의 개념과 민족주의는 다른 신생 독립국들과 마찬가지로 제국주의 침략을 통해서 형성되고 성장했다. 즉 민족 보전과 근대화 성취라는 '역사적 사명'을 띠고 출발한 한국의 민족주의는 식민지 시절에는 민족의 독립을 이루기 위한 민족해방투쟁에 전력을 다하게 되었다(박호성 1997, 52-53). 당시에 민족은 국가의 공백을 메워 주는 '신화적 실체'였으며, 식민 종주국이 '적'으로 규정되는 반면 민족은 곧 '우리'로 인식되었다(임지현 1999, 6).

이와 같은 민족 개념을 유럽의 경우와 비교해 보면, 우리가 흔히 인용하는 영국, 프랑스, 독일 등의 예와는 다르다는 것을 알 수 있다. 쉬더^{Theodor} Schieder는 근대 국민국가의 건설 과정에 따라 매우 다르게 형성된 세 가지 민족 유형을 제시하고 있다. 첫 번째 유형은 영국과 프랑스처럼 사회적 생산력의 발전에 힘입어 국민국가가 일찍 형성된 경우다. 이곳에서는 부르주아 계급이 축적된 경제력을 기반으로 시민혁명을 통해서 정치권력을 쟁취했기 때문에 국가권력은 시민의 것으로 뿌리내리게 된다. 두 번째 유형은 독일의 경우에 해당한다. 이곳에서는 부르주아 계급이 약했기 때문에 영국이나 프랑스처럼 통일된 국민국가를 일찍 형성하지 못했고 시민들은 자신들이 하나의 덩어리라는 생각을 하지 못하고 있었다. 따라서 이런 분열된 상황을 극복하고자 지배층은 신비적이고 관념적인 민족정신에 호소함으로써 성원들의 단결을 이끌어 냈다. 세 번째는 이민족에 의해 지배와 억압을 당하던 동남부 유럽의 슬라브 유형이다. 슬라브의 민족주의는 외부에서 온 지배 민족이 장악한 특권에 도전하는 저항 민족주의적인 색채를 띠었다. 이 지역에서 외부 민족의 지배로 인한 민족적 차별과 불평등은 피지배 민족의 민족주의 운동을 낳았고, 이 운동은 대체로 노동자계급과 그들을 지도하는 지식인들에 의해 주도되었다(Schieder 1978 ; 박호성 1997, 35-49에서 재인용). 이상과 같은 논의를 통해서 한국의 경우를 유럽의 경험에 굳이 비춰본다면, 한국에서의 민족 형성은 슬라브형에 가깝다.

한국의 식민지 상황은 반제국주의 민족주의 독립운동을 불러일으켰으며, 민족과 민족 해방은 다른 어떤 것을 희생해서라도 이루어야 할 지고한 가치를 지니는 개념으로 굳어졌다. 이런 과정을 겪으면서 민족은 점차 신성불가침의 영역으로 발전해 갔으며 마침내 '순수한 한민족' 신화가 만들어진다. 자주적인 근대 국민국가가 결여된 상태에서 맞이한 식민지 경험은 민족의 중요성을 일깨웠고, 외세에 의해서 스스로 하나의 민족임을 깨달은 사람들은 이제 거꾸로 민족의 해방을 위해서 모든 힘을 결집해야 한다고 생각하게 되었다. 그러나 시민적 공공성이 사상된 채 민중의 원초적 감정에 호소하는 동원 이데올로기로서의 민족은 쉽게 체제 유지적인 이데올로기로 전화할 가능성을 내포하고 있었다. 식민지에서 해방된 많은 나라에서 민족주의가 독재의 이데올로기로 이용된 사례들은 바로 그런 결과를 보여준다(임지현 1999, 6-7).

그렇지만, 해방을 위한 동력으로서의 민족이 해방 이후 곧바로 배타적 민족주의로 발전한 것은 아니다. 여기서 주의해야 할 점은 한국에서 민족 개념은 서구의 것과 질적으로 다르다는 것이다. 서구에서 'nation'이라는 단어에는 민족과 국민의 구별이 존재하지 않지만 식민지를 경험한 나라에서는 민족과 국민이 분리되는 현상이 발생한다. 식민지 시대에 민족은 있었지만 국민은 없었던 경험, 다시 말해서 조선 민족이기는 했지만 조선 국민일 수는 없었던 경험이 바로 그것이다. 당시에는 일본 또는 친일파가 국가를 상징했고, 국가는 오히려 민족과 대립하고 있었다. 해방 이후의 혼란을 거치면서 남한의 '국가'를 장악한 세력은 '민족'마저 차지함으로써 원래의 저항적 민족주의자들은 좌경·용공 세력으로 몰렸고, 이제 민족은 국가주의자들이 국민을 동원하는 데 필요한 전체주의적 이데올로기로 남게 되었다(진중권 2001, 216-218).

그 후 한국 사람들은 '민족'의 구성원으로서가 아니라 남한의 '국민'으로 철저하게 사회화되었다. 이렇게 본다면 지금 우리가 이방인을 배척하고 차별하는 것은 얼핏 보면 배타적 민족주의처럼 보이지만 사실은 국수적인 국가주의라고 할 수 있다. 식민지 경험을 토대로 만들어지고 발전한 민족 개념은 국가주의의 동원 체제를 거치면서 배타적이고 공격적인 개념을 지니게 되었다. 이런 배타성과 공격성은 특히 식민 종주국이었던 일본에 대해서 가장 강하게 나타나지만, '우리'에 대한 과도한 집착과 강조에 매달린 결과, 타민족에 대한 배타성은 '우리'가 아닌 모든 민족 일반에 대해서 적용이 되는 포괄적인 것이 되었다. 국가에 대한 애정과 이에 대한 강조가 클수록 배타성도 증대되며 이방인에 대한 배척도 증가할 것이다.

전쟁과 분단

전쟁 이후의 분단 상황과 독재, 자본주의적 경제 발전을 위한 동원 체제는 계급으로 구분되는 내적 이질감을 감추고자 단일민족이라는 신화를 더욱 강하게 만들었다. 식민지 시절 국가를 회복하기 위해 힘을 하나로 모으는 데 민족이 매우 효과적이었던 것처럼, 해방 이후 냉전 시대에도 민족은 국가의 경제 발전을 위해 개인을 자발적으로 희생시키는 데 유용한 원천이었다. 그러나 성원들을 동원하려고 사용된 민족 개념은 체제 유지를 위한 이데올로기로 쉽게 전화했다.

이승만 정권은 북한과 비교해서 취약한 정통성을 친미 노선과 반공주의로 극복하려 했으며 친일파의 등용, '반민족행위특별조사위원회'에 대한 탄압 등으로 식민지 시대의 민족 개념과 거리가 있는 입장을 보이기도 했다. 그러나 민족의 유효성은 여전해서 일본과의 관계에서 엄격함을 유지한다든가 한국 해역으로 넘어온 일본 어선을 나포하는 방식으로 저급한 수준의 민족 감정을 적절하게 사용했다. 그러나 냉전 시대에 민족주의를 적극적으로 국민 동원에 이용한 것은 박정희 정권이 들어선 이후의 일이다. 전국적으로 충무공 동상 세우기 운동을 벌이고 '국민교육헌장'을 제정하여 민족정신을 강화하는 방식은 반공주의와 더불어 애국심을 고취하여 국민을 '조국 근대화'의 건설 현장으로 끌어내는 데 매우 유효했다.

전쟁과 그에 따른 분단의 경험은 외국과의 자연스러운 접촉을 오랜 시간 동안 차단해 왔다. 반도의 북쪽 출구가 막힘으로써 섬나라와 같은 입장에 놓인 상황에서 외국으로 나가는 사람의 숫자도 경제 사정으로 많지 않았지만 나가는 과정도 쉽지 않았다. 어떤 목적이든지 간에 해외로 나가려는 사람들은 누구나 정부에서 실시하는 '소양교육'이라는 이름의 교육을 이수해야만 했고,[4] 엄격한 신원 조회를 통과한 사람만이 출국 허가를 받을 수 있었다. 국내에 들어오는 외국인도 주한 미군과 군속, 그리고 거리가 가까

---

4 내가 1980년대 후반에 유학을 가기 위해서 받은 소양교육은 외국에 가서 나라 망신을 시키지 않도록 주의하라는 내용 이외에도 해외에서 '북쪽의 간첩'을 만나면 어떻게 해야 하는가 등의 반공 의식을 고취시키는 내용을 담고 있었다.

위 많이 찾아온 일본인 관광객 등을 제외하면 별로 없었다. 따라서 1988년 서울올림픽을 전후해 관광객 유치를 목적으로 여러 나라와 무비자협정을 맺을 때까지, 국내에서 우리보다 못사는 나라에서 온 사람을 만날 기회는 거의 없었다. 이처럼 외국인, 특히 후진국 사람들과 직접 만날 기회가 없는 상태에서는 간접 경험에 의한 사회화가 갖는 영향력이 커진다.

미국 미디어에 의한 왜곡

한국 사회에는 할리우드 영화나 CNN으로 표상되는 미국 언론의 시각에 따른 가치 판단 형성과 사회화의 결과로, 흑인이나 사회주의 진영, 이슬람권, 그리고 가난한 제3세계 등에 대한 부정적인 편견이 형성되었다. 예를 들어 흑인에 대해서 한국인들이 갖는 이미지는 대개 스포츠나 연예계 스타아니면 범죄자, 마약 거래인, 알코올 중독자 등과 같이 대개 매우 부정적인 편이다. 흑인을 직접 접해 본 한국인은 실제로 얼마 되지 않음에도 불구하고 광범위하게 퍼져 있는 부정적인 평가는 흑인들이 처해 있는 객관적인 상황 때문이기도 하지만 대중매체, 특히 할리우드가 전달해 주는 흑인에 대한 일반적인 이미지와 무관하지 않다.

미국 영화계는 철저하게 백인 중심으로 구성되어 있다. 현재 미국인 중흑인은 12퍼센트를 조금 넘어서고 있으며 영화 관람객 중에는 25퍼센트가 흑인이다. 그러나 영화계에서 활동하고 있는 흑인 비율은 평균치를 훨씬 밑돈다. 오스카상 투표권을 가진 아카데미 과학예술위원회 5,043명의 회원중 흑인은 200명으로 3.9퍼센트도 못 된다. 감독협회에 소속돼 있는 흑인은 2.3퍼센트 정도이며 작가협회에는 2.6퍼센트만이 흑인인 것으로 조사됐다. 제작자나 스튜디오 실무 책임자 중에는 흑인이 거의 없다(『경향신문』 1996/ 03/23). 아시아계나 라틴계는 더욱 열악하다. 이런 상황에서 만들어지는 영화에서 비백인을 묘사하는 방식은 철저하게 백인의 시각에 의존할 수밖에 없으며, 백인 문화권 바깥에 존재하는 모든 문화권은 고작 해야 매우 신비로운 모습을 띠거나 아니면 대부분 야만적이고 미개한 수준으로 묘사된다.

우리의 대중매체가 확고하게 뿌리를 내리기 전에 미국 대중문화의 영향을 받은 한국은 미국적, 백인적 문화관을 이어받았다. 비록 최근 몇 년 동안 한국 영화 관객이 미국 영화 관객보다 좀 더 많았다고는 하지만 긴 시간 동안 미국 영화가 한국 영화를 압도해 왔고 앞으로도 그럴 가능성이 있다는 점, 주한 미군의 존재 때문에 상시로 미군 텔레비전 채널을 접할 수 있었다는 점, 그리고 영어 학습 열풍에 따른 미국 문화가 일상화된 상황 등은 이러한 경향을 확대재생산해 왔다. 직접 접촉이 적은 사람들에게 영화나 텔레비전을 통한 이미지 전달은 상대방에 대한 편견 형성에 거의 절대적인 영향력을 발휘한다고 볼 수 있다. 1992년에 발생한 LA 폭동 때 한국인 상점이 집중적으로 약탈당한 간접적인 원인 중에는 이렇게 형성된 흑인에 대한 부정적인 이미지에 기초해서 한국인 상점 주인들이 흑인을 차별했기 때문이라는 설명도 있다.[5]

---

5 물론 LA 폭동의 원인을 한국인의 흑인 차별로 설명하려는 것은 미국 사회의 인종 정치와 흑백 갈등에 대한 전체적인 이해가 없는 상태에서 부분으로 전체를 해석하려는 시도에 불과하다. LA폭동은 흑인에 대한 백인의 차별 때문에 발생한 사건이고, 백인 중심의 미국 사회에서 주변화된 흑인과 라티노(중남미 출신)들의 집단적인 저항이라고 봐야 한다.

2장

서구의 인종주의

1. 인종주의와 근대적 차별

이미 21세기가 시작된 지 근 10여 년이 흘러 버린 지금이지만, 불과 얼마 전이었던 20세기 말에는 20세기를 어떻게 규정할 것인가를 두고 많은 글이 쏟아져 나왔다. 제국주의의 시대, 이데올로기와 냉전의 시대, 과학과 이성의 시대 등과 같이 보는 사람의 입장과 관점에 따라 20세기의 성격은 다양하게 규정되었다. 그러나 나는 허시Hebert Hirsch의 견해에 따라 20세기를 인종주의에 따른 학살의 시대로 규정한다(Hirsch 1995). 물론 20세기는 인간 이성이 발전하고 과학 기술이 꽃 핀 시절이었지만, 인간 이성은 인종주의라는 비이성적인 이데올로기가 확산될 때 아무런 방지 역할을 하지 못했으며, 과학 기술은 핵무기나 생화학 무기와 같은 대량 학살 무기를 출현시키기도 했다. 2차대전 동안 독일의 나치 정권은 600만 명의 유대인을 학살했다. 같은 기간에 크로아티아에서도 100만 명의 세르비아인, 유대인, 집시가 학살당했다. 1937년 겨울, 중일전쟁이 벌어진 중국 난징에서 일본은 20~35

만 명에 달하는 중국인을 학살했다. 1915~1923년 동안 터키(오스만 제국)에서는 150만 명의 아르메니아인이 학살당했으며, 1972년 아프리카의 부룬디에서도 지배 세력인 투치족이 약 15만 명의 후투족을 학살했다. 인도네시아가 동티모르를 점령한 뒤 1975~1999년 동안 동티모르 인구의 4분의 1에 해당하는 15만 명이 학살당했다. 20세기 동안 이 목록은 끝없이 이어진다. 브레진스키Zbigniew Brzezinski는 20세기에 정치적 동기로 학살된 사람들의 숫자를 1억 6,700만 명에서 1억 7,500만 명으로 추정했다(Brzezinski 1993 ; 이삼성 1998, 49에서 재인용). 과거에도 전쟁으로 많은 사람이 생명을 잃었지만 근대에 들어서면서 인류는 훨씬 많은 사람을 아무런 죄책감 없이 죽이기 시작했다. 인종주의가 아니면 도무지 설명되지 않는 대량 학살이다.

사람들은 다양한 기준으로 소수자를 구별하고 차별해 왔지만 인종과 민족은 근대의 출발과 함께 차별의 기준으로 부상했다. 인종주의는 '인종에 따른 생물학적 차이가 인간의 능력을 결정한다는 믿음'이다. 이 정의는 한 인종이 다른 인종보다 우월하다는 믿음을 내포하고 있으며, 따라서 인종 간의 불평등은 어쩔 수 없거나 당연하다는 생각을 담고 있다. 인종주의는 우리와 다른 사람을 구별하는 개념으로 다른 사람에 대한 차별을 정당화하며, 우월하다고 여겨지는 인간이 열등하다고 여겨지는 다른 인간을 지배하는 것을 합리화한다. 이런 합리화로 인간이 다른 인간을 노예화해 짐승처럼 부리는 일이나, 문명화를 빙자한 식민화라는 비인간적인 지배와 같이, 이루 헤아릴 수 없이 많은 학살과 살육이 벌어질 수 있었다. 더 큰 문제는 인간 이성의 발전에도 인종주의가 수그러들지 않고 있으며, 최근 들어서 교묘하고도 새로운 형태의 인종주의가 다시 고개를 들고 있다는 점이다.

불가리아 태생의 프랑스 철학자인 토도로프Tzvetan Todorov는 인종주의가 다섯 가지 가정에 기초하고 있다고 말한다. 첫째, 인간은 공통의 신체적 특질을 가진 서로 다른 인간 집단인 인종으로 나뉘는데, 그들의 차이는 동물의 다른 종들 사이의 차이와 같다. 둘째, 신체적·정신적 특질은 상호 의존하며 그 특징들은 지속한다. 신체적 특질과 마찬가지로 정신적 자질은 유전으로 전달되며 교육으로 바꿀 수 없다. 셋째, 집단은 개인의 행동에 영향을 미친다. 개인의 행위는 대체로 그가 속한 인종적·문화적 집단에 의존한다. 넷째, 인종은 서로 다를 뿐 아니라 서로 간에 우열이 있다. 이는 신체적 아름다움이나 지적·도덕적 특질의 우열로 나타난다. 다섯째, 이상의 지식에 근거해 도덕적 판단이나 정치적 이상이 나타나고, 이에 따라 열등한 인종에 대한 예속화와 절멸이 정당화된다(Todorov 1993 ; 강철구 2002, 14에서 재인용). 이처럼 인간 집단 사이에 결정적인 차이가 존재한다고 믿고, 그 차이에 따라 서열을 정하고, 그래서 그 서열에서 열등한 인종을 차별하는 것이 인종주의다.

앞의 1장에서 민족·인종적 소수자를 차별하는 중요한 원인으로 서구 중심의 세계화가 이뤄지면서 서구인이 가지게 된 비서구인에 대한 인종주의를 들었다. 지금 우리가 보고 겪는 인종주의는 백인을 정점에 둔 서구 중심의 인종주의다. 그런데 이 같은 인종주의는 백인만 가진 것이 아니라 우리도 갖고 있어서, 백인을 정점에, 그리고 흑인을 바닥에 두고 우리를 그 가운데에 놓음으로써 백인에 대한 열등감과 흑인에 대한 우월감으로 나타난다. 이런 현상은 우리뿐만이 아니라 일본과 같은 우리 주위의 다른 나라 사람들에게도 나타나고 있으며, 심지어는 흑인 중에서도 인종주의에 기초한 인종 간의 서열을 믿는 사람이 있다. 그야말로 서구적인 인종주의의 세계화가 아닐 수 없다. 따라서 인간 사이에 서열을 매기고 차별하는 인종주의를 살펴본다는 것은 서구의 인종주의를 살펴봄을 의미한다. 여기에서는 서구의 과학과 엘리트 담론이 인종주의와 어떤 연관성을 갖는가를 살펴보자.[1]

과학과 인종주의[2]

인종주의는 신체적 특징에 기초해서 인간의 유형을 분류하는 것인데, 이것은 18세기 들어서 비로소 탄생했다. 여기에서 인종을 뜻하는 영어 단어인 'race'의 의미 변화를 살펴보자. race는 16세기까지만 해도 가축의 종자라는 뜻으로 쓰이는 단어였는데, 17~18세기에 들어서면서 '국민'이라는 의미를 갖게 되었고 '영국 국민'을 'The English race'로 쓰기 시작했다. 그러다가 이 단어가 지금과 같이 '인종'의 의미로 쓰인 것은 18세기에 들어선 이후였다. 그때에 이르러서야 한 집단의 핵심적인 성격과 문화적 특징을 결정하는 가장 중요한 요소가 바로 '인종'이라고 강조하며 인종을 서열화한 인종주의가 나타난 것이다. 그런데 이런 구분과 서열화는 누가 만들어 낸 것일까? 평범한 사람들도 자기와 다른 '타자'를 분류하긴 하지만, 그것을 강력한 사회 범주로 성문화하고 보급하는 것은 역시 그 사회의 엘리트들이다.

---

1 나는 『인권과 소수자 이야기』(2007)에서 기독교가 서구 인종주의의 탄생과 강화에 어떤 영향을 미쳤는가를 상술했다. 간단하게 요약하자면, 기독교는 서구인들에게 흑인이나 신대륙의 인디언이 인간이 아니기 때문에 차별하고 노예로 만들어도 된다는 면죄부를 주었다. 자세한 내용은 『인권과 소수자 이야기』 129-135쪽을 참조하기 바란다.

2 이 부분은 스티븐 제이 굴드가 쓴 『인간에 대한 오해』(김동광 옮김, 2003)에서 많은 도움을 받았다. 굴드는 "찰스 다윈 이후 가장 잘 알려진 생물학자"라고 불리기도 했는데, 그가 1981년에 쓴 이 책은 인류에게 큰 영향을 끼쳐 온 생물학적 결정론이 얼마나 엉터리인가를 조목조목 밝힌 걸작이다. 생물학적 결정론은 그 자체가 말이 안 되는데도 불구하고 필요할 때마다 인류 역사에 등장해 왔고, 소위 '열등한' 사람들을 차별하는 데에 정당성을 부여해 왔다. 이런 차별은 특정한 사람들에 대한 이민 제한, 강제 불임수술, 학살 등의 다양한 모습으로 나타났는데, 이를 정당화한 것은 어김없이 과학이었다. 특히 『인간에 대한 오해』에서 IQ 테스트가 어떻게 과학의 이름으로 차별과 서열화를 정당화시키는가를 서술하는 부분은 대중적 과학서가 우리의 사회과학적 소양을 얼마나 확장해 주는가를 통쾌하게 보여 준다. 이 책은 1982년 미국 전미도서비평가협회상을 수상했다.

서양 엘리트들의 인종에 대한 '과학적인' 주장을 살펴보자.

근대 계몽주의의 과학적 사고는 육체 유형학에 따른 인종주의를 낳았다. 생물 분류법의 기초를 확립했다는 린네^{Carl von Linne}는 인간을 네 가지(유럽인, 미국 인디언, 아시아인, 아프리카인)로 나눠서 각각의 특성을 분류했다. 예를 들면 유럽인은 예리하고 독창적이며 법에 따라 행동한다고 본 반면, 아프리카인은 교활하고 게으르며 변덕스러운 행동을 한다는 것이다. 독일의 생리학자이자 인류학자였던 블루멘바흐^{Johann Friedrich Blumenbach}도 인간을 코카시안, 몽골리안, 이디오피안, 미국 원주민, 그리고 말레이인 등 다섯 종류로 나누었고, 그 가운데 코카시안이 가장 잘생겼으며 두개골도 가장 예쁘다고 보았다.[3] 독일 철학자 마이너스^{Christoph Meiners}는 외적 아름다움과 지능을 연결해서 인간의 서열을 정했다. 그의 주장에 따르면 백인은 두 가지 모두 우수하지만 유색인은 둘 다 추하고 기껏해야 반^半문명화된 것에 지나지 않는다. 미국의 3대 대통령 제퍼슨^{Thomas Jefferson}도 흑인을 '추한' 인종으로 규정했다. 영국의 의사 화이트^{Charles White}는 인간과 동물을 구별한 1799년의 글에서 오직 백인 여성만이 얼굴에 홍조를 띤다고 썼다. "유럽의 아름다운 여성들의 부드러운 용모를 뒤덮은 홍조, 정숙함과 섬세한 감정의 표상인 발그레한 홍조를 지구상의 다른 어디에서 볼 수 있을까? …… 유럽 여성의 가슴을 제외하고 어디에서 이처럼 풍만하고, 눈처럼 희고, 그리고 그 끝이 주홍빛으로 물든 두 개의 반구를 볼 수 있을까?"(굴드 2003, 87-100).

---

[3] 블루멘바흐는 인종 개념과 관련해서 후대에 큰 영향을 끼쳤다. 그는 흑해와 지중해 사이에 있는 코카서스 지방 사람들이 가장 완벽한 인류의 모습이며, 나머지 인종은 그 사람들이 퇴화해서 만들어졌다고 주장했다. 그의 주장에서부터 영어로 백인을 '코카서스 사람'을 뜻하는 코카시안(caucasian)이라고 부르게 되었다.

이들은 도대체 무슨 근거로 이렇게 백인을 찬양하고 비백인을 경멸했을까? 인종차별이 합리화되려면 인종 간에 서열이 있음을 입증해야 한다. 바로 여기에서 과학자들의 역할이 빛을 발했다. 과학자들이 제시한 '과학적인' 증거들을 살펴보자. 프랑스의 해부학자 세레스Etienne Serres는 배꼽과 성기 사이의 거리를 재서 흑인이 백인보다 짧기 때문에 열등하다고 주장했고, 미국의 의사 베넷 빈Robert Bennett Bean은 뇌의 앞부분에 해당하는 만곡부彎曲部와 뒷부분인 팽대부膨大部의 길이를 비교해서 백인은 비교적 큰 만곡부를 가지므로 지능이 더 높고 흑인은 반대여서 지능이 더 낮다고 결론을 내렸다. 스웨덴의 과학자 레치우스Anders Retzius는 두개골의 폭과 길이 비율로 계산되는 두개지수頭蓋指數, cranial index로 인종 간의 서열을 정했다(굴드 2003, 97-183). 그야말로 제멋대로 기준을 정해서 자기 마음대로 측정을 한 셈이다.

그러나 누가 뭐라 해도 '과학적인' 인종 서열화의 백미는 뇌의 크기에 따라 인종 간의 서열을 나눌 수 있다고 믿은 사람들이 두개골의 용량을 측정한 것이었다. 모턴Samuel George Morton이나 브로카Paul Broca는 각 인종의 두개골 용량을 측정해서 인종 간의 서열을 입증하려고 했다. 특히 모턴은 해골의 내부를 납 탄환으로 채워 그 부피를 측정했는데, 그 결과는 '당연히' 백인의 용량이 가장 컸고, 따라서 백인이 다른 어떤 인종보다 더 똑똑하고 우월한 존재라는 결론을 완성했다. 이런 논리는 남성이 여성보다 뛰어나다는 것을 입증하는 방법으로 이용되기도 했다. 그러나 돌이켜보면 실험 과정은 엉터리 그 자체였다. 모턴의 실험을 예로 들어보자. 그는 코카서스 인종의 평균을 높이려고 뇌가 작은 인도인은 고의로 표본에서 제외했고, 미대륙 원주민의 평균을 낮추려고 역시 뇌가 작은 페루인 표본을 훨씬 많이 포함시켰다. 게다가 그는 흑인의 우둔함과 백인의 우수함을 증명하기 위해서 흑인의 표본에는 세 명의 여성을 포함시키고 백인은 모두 남성만을 포함시켰다.

그러나 이런 종류의 엉터리 과학조차도 아시아인의 두개골을 재고 나서는 슬그머니 사라졌다. 아시아인의 두개골이 백인보다 커서 브로카는 뇌 크기에 관한 핵심 기준들을 포기할 수밖에 없었기 때문이다(굴드 2003, 113-166).

인종 서열화를 정당화하는 데에는 크게 두 가지 관점이 있는데, 일원 발생설monogenism과 다원 발생설polygenism이 바로 그것이다. 일원 발생설은 인류가 에덴동산이라는 하나의 근원에서 발생했지만, 서로 다른 정도로 퇴화함으로써 인종 간에 차이가 생겼다고 보는 시각이다. 백인이 퇴화의 정도가 덜한 데 비해서 흑인이 가장 많이 퇴화했다는 것이다. 다원 발생설은 좀 더 '강경한' 입장으로, 각 인종은 각기 달리 생물학적으로 창조된 서로 다른 아담의 자손이라고 본다. 따라서 흑인은 인간과는 아예 다른 생물이기 때문에 굳이 '인간의 평등성'에 참여할 필요가 없다는 것이 이 입장이다(굴드 2003, 95-96). 아무런 증거도 없이 이런 것을 놓고 심각하게 토론하고 서로 대립했던 당시의 모습을 상상해 보면 한 편의 코미디를 보는 듯하다.

다원 발생설 지지자로 유명한 스위스 태생의 물고기 화석 연구자 아가시Louis Agassiz가 1846년 미국 필라델피아의 한 호텔에서 난생처음 흑인 하인을 만났을 때의 느낌을 들어보자.

퇴화되고 열등한 이 인종을 보았을 때 동정심을 금할 수 없었습니다. 그들이 실제로 인간이라는 것을 생각했을 때는 그들의 운명이 제게 연민을 불러일으키기도 했습니다. 그렇지만 우리와 같은 피가 그들의 몸속에 흐르고 있을 리 만무하다는 감정을 억누르기란 도저히 불가능했습니다 …… 식사 준비를 하려고 내 식기에 그 끔찍한 손을 뻗을 때면 그런 서비스를 받으며 저녁을 먹기보다 차라리 빵 한 조각으로 때우더라도 다른 곳으로 가는 편이 낫겠다는 생각까지 들었습니다. 이 나라(미국)에서 백인들이 자신의 존재를 흑인과 그토록 밀접하게 유지하며 생활할 수밖에 없다는 사실이 무척 불행하게 여겨집니다! 신이 우리(유럽인)에게 그러한 접촉을 면하게 해 주셨습니다! (굴드 2003, 104)

바로 이 점이 중요하다. 과거의 과학자들이 황당한 과학적 노력을 기울인 이유는 자기들이 경멸하던 흑인이 열등하다는 증거를, 즉 인종 서열을 입증할 증거를 찾고자 또는 만들고자 했기 때문이었다. 그러나 이런 방식의 사고는 전혀 과학적이지 않다. 왜냐하면 결론과 과학적 입증의 순서가 바뀌었기 때문이다. 즉 결론이 이미 나와 있는 상태에서 그것에 들어맞는 증거를 채택한다는 말이다. 흑인이 열등하다는 것을 이미 믿고 있는 상태에서 그것을 입증해 줄 것들을 발굴해서 보여 주는 방식이 당시의 과학이었다. 백인이 우월하고 흑인이 열등하다는 것은 이미 결정되어 있었고, 과학은 그것을 입증할 도구일 뿐이었다. 다시 말해 측정을 하다 보니 차이가 있더라는 것이 아니라 차이가 있음을 입증하려고 측정한 셈이다.

우리는 흔히 집단은 서로 구별이 가능하므로 경계를 그을 수 있다고 생각한다. 그러나 사실은 경계를 만들고 강조하려고 일부러 구별을 하는 것이다. 인종을 구별하는 기준이 있는 것이 아니라 우열을 가리기 위해 인종이라는 개념을 동원하고, 차이가 있어서 차별을 하는 것이 아니라 차별하기 위해 차이를 만들어 낸다. 사람의 피는 크게 네 가지 혈액형으로 나뉜다. 그렇지만 우리는 혈액형에 따라 인종을 구별하지는 않는다. 세상에는 키큰 사람도 있고 작은 사람도 있지만 누구도 키에 따라 인종을 구별하지 않는다. 분류라는 행위는 반드시 대상의 객관적 성질에 따라 이루어지는 것이 아니라 분류하는 인간의 주관적인 결정에 따라 이루어진다. 인간이 인간의 종류를 구분하기 시작한 때는 유럽이 아프리카, 아시아, 아메리카 등으로 식민지를 확대하고 노예제를 실시하던 시기였다. 정복을 합리화하고 다른 인간에 대한 노예화를 정당화하려면 백인만이 인간임을 증명하거나 백인을 정점으로 하는 인간 서열이 존재함을 입증할 필요가 있었다. 이때 피부색이나 모발의 형태는 '유럽인 대 비유럽인'이라는 도식을 성립시키는

데 참으로 적절한 기준이 되었다(고자카이 도시아키 2003, 24-26).

18세기 영국과 미국에 퍼진 신고전주의적인 미의 개념은 기본적으로 그리스와 로마의 조각에 기초한다. 대리석의 우윳빛 피부색과 아폴로나 비너스의 외모와 체형이 17~18세기에 재조명되어 미의 기준으로 확립되면서 아프리카인은 이 기준에서 벗어난 인종으로 규정되었다. 르네상스라는 단어가 '다시 태어난다'는 뜻임을 생각해 볼 때, 고전의 부활을 통해 유럽인들은 고대 그리스와 로마인의 외모와 체형, 그리고 그들의 창백함조차 미의 기준으로 부활시킨 셈이다. 실제로 독일의 유명한 해부학자 보그트^{Carl Vogt}는 '콧날이 높은 그리스인의 코는 심미적인 아름다움에 부합할 뿐 아니라 완전히 발달한 것'이라고 주장하기도 했다(굴드 2003, 207).

자연과학뿐만 아니라 인류 전체의 사고 체계에 '코페르니쿠스적인 혁명'을 가져다준 다윈의 진화론은 인종 분류와 서열화에도 결정적인 도움을 주었다. '인종주의적 다원주의'라고 부를 수 있는 사회적 다원주의에 따르면, 각 인종은 경쟁 상태에 있으며 열등한 종자는 생존 경쟁에서 살아남을 수 없다. 열등한 종자의 생존은 가능하지도 않지만 바람직하지도 않다는 것이 사회적 다원주의가 의미하는 결론이다. 다윈도 뇌의 크기가 지성의 표시라는 당시 두개골 측량 학자들의 주장을 받아들였고(강철구 2002, 27-28), 흑인을 백인과 고릴라의 중간쯤 되는 존재로 보았을 뿐만 아니라, 약자에 대한 지원이 바람직하지 않은 자들의 생존을 돕는다는 이유로 반대했다.

사회적 다원주의자들이 두려워했던 것은 무엇보다도 혼혈이었다. 열등한 종자와 섞임으로써 '순수한' 자신들의 피가 더럽혀지고 몰락하는 것이 두려웠던 것이다. 1장에서 언급되었던 프랑스의 인류학자 고비노의 주장을 다시 들어 보자. 그에 따르면 거의 모든 문명은 서양의 백인에 의해 발전했고, 그 가운데서도 가장 우수한 아리아인의 업적에 기인한 것이라고 한다.

그러나 인종 혼합은 자연이 만들어 놓은 장벽인 인종 간의 구분을 무너뜨림으로써 자연의 질서를 깨뜨리고 결국 혼돈에 빠뜨리게 된다고 보았다. 인종적 요소의 혼합으로 나타나는 인종적인 변질이 모든 국가와 문명을 필연적으로 몰락하게 하는 요인이라는 것이 그의 주장이다(원철 2002, 225). 진화론에 기초한 이런 주장의 결과로 유럽과 미국에서는 우생학 운동이 일어났으며 이것은 다시 외국인의 이민 제한, 인종 간의 통혼 금지, '바람직하지 않은' 사람들의 강제 불임수술, 그리고 궁극적으로는 특정한 사람들에 대한 학살로 이어졌다.

엘리트와 인종주의

인종주의가 처음 탄생하는 상황, 그리고 새로운 인종주의가 유지되고 강화되는 상황의 이면에는 그 논리를 적극적으로 생산해 내거나 아니면 적어도 방관하는 엘리트들의 역할이 있다. 한 사회를 지배하는 담론의 측면에서 볼 때, 엘리트들은 그것을 대중에게 전달하는 역할에만 그치지 않고 담론의 생산자와 유포자의 역할도 함께 한다. 예를 들어, 백인들의 미국 정착 초기인 1660년 이전의 버지니아에서는 인종 편견과 계급 편견을 구별하는 것이 어려웠다. 가장 하층의 일을 하면서 멸시받았던 흑인 노예와 백인 계약 하인이 서로 동병상련의 심정을 느끼고 있었기 때문이다. 그러나 당시 엘리트에 해당하는 백인 지배층은 흑인 노예와 백인 계약 하인이 제휴해서 반란을 일으키는 것을 가장 두려워했다. 실제로 계약 하인과 노예가 함께 도망친다든가, 함께 돼지를 훔친다든가, 서로 사랑을 나누는 것도 드문 일이 아니었으며, 1676년에 베이컨Nathaniel Bacon이 이끈 반란이 일어났을 때에도 최종 진압 때까지 항복을 거부한 사람 중에 80명은 노예였고 20명은 영국인 하인들이었다(모건 1997, 337). 백인 지배층은 두 집단을 인종적 멸시의 장막으로 분리시키려고 의도적으로 인종주의를 도입했는데 버지니아 의회의 입법 활동이 좋은 예이다. 버지니아 의회는 흑인과 인디언을 멸시하는 백인의 태도를 조장하고자 의식적인 노력을 기울였는데, 예를 들면 "모든 수입된 비기독교도 하인은 노예로 간주한다"거나 백인은 누구나 흑인과 인디언의 "벌거벗은 등에 30대의 채찍 형을 가할 수 있게 하는 법"을 제정하는 식이었다(모건 1997, 403-408). 이에 따라 백인 계약 하인은 흑인 노예와는 비교할 수조차 없이 높은 지위를 갖는 존재가 되었고, 이런 일련의 법은 하층 백인들로 하여금 "우리는 그들과 다르다"는 생각을 갖게 했다.

엘리트는 대중의 담론에 쉽게 접근할 수 있으며 자기의 방식대로 합의를 유도해 내기에 유리한 자리를 장악하고 있는 사람들이다. 특히 언로를 통제하는 엘리트는 여론 형성에 절대적인 영향을 미친다. 이렇게 볼 때 아래로부터 의견이 모여서 한 사회의 담론이 형성되는 '상향식 담론 생산구조'도 중요한 연구 대상일 수 있지만, 상부 엘리트가 담론을 생산해서 아래로 내려 보내는 '하향식 담론 생산구조'도 매우 중요한 연구 대상이다. 엘리트는 인종주의 담론의 형성과 유포에서 어떤 역할을 하고 있을까?

평범한 사람들이 직접 대화를 나누는 상대는 대개 자기 주위에 가까이 있는 사람들, 즉 가족, 친구, 이웃, 또는 직장 동료 등이 대부분이다. 그런데 이 평범한 사람들은 엘리트가 장악하고 있는 여러 형태의 담론과 통신수단에 수동적으로 참여하는 사람들이다. 이들은 텔레비전이나 영화와 같은 대중매체, 신문이나 잡지 등의 언론, 그리고 최근에 새로 등장한 쌍방향 소통매체인 인터넷(신문이나 포털) 등을 수동적으로 소비할 뿐, 능동적으로 생산해 내는 위치에 있지 않다. 어린아이가 태어나서 가족으로부터 처음 사회화되기 시작하고 또래집단 등을 통해서 사회화된다고 하지만 얼마 지나지 않아서 엘리트들이 제공하는 담론의 영향을 받기 시작한다. 동화책, 텔레비전 프로그램, 만화 비디오나 DVD, 학교 수업용 교재 등 어느 하나도 엘리트들의 영향력에서 자유로운 것은 없다. 심지어는 어른들도 어떤 사안에 대해 자신의 의견이라고 생각하면서 말을 하지만, 사실은 그것이 신문이나 잡지, 학교 교재, 정치인의 주장 등과 같이 엘리트들에 의해서 제공된 경우가 많다. 집에서 구독하는 신문에 따라 선호하는 정당이 다르고, 그 신문의 논설위원이 대통령을 어떻게 생각하느냐에 따라 자신의 생각이 결정되는 현상을 보라.

　엘리트와 인종주의 담론의 관계를 알아보기 위해서 다인종·다민족 사회를 이루는 미국이나 유럽 각국에서 정치 분야의 담론을 생산하는 엘리트들, 즉 정치인들이 가지는 한계를 먼저 살펴보자. 그들은 이미 백인 중산층이라는 출신 배경을 가지고 있으며 투표자의 다수를 차지하는 백인 유권자들의 견제를 언제나 받고 있다. 또한 그들은 학자나 국가 관료, 그리고 다른 기관에 속한 여러 전문가의 영향을 끊임없이 받고 있으며, 언론의 영향에서도 자유롭지 못하다. 그런데 따지고 보면 이런 전문가들이나 언론인들도 대부분은 백인 중산층이라는 속성을 공유하는 사람들이다. 따라서 정치인들이 하는 발언이나 정책 결정 행위는 사회에 이미 팽배해 있는 인종주의 담론에서 자유롭지 못하며, 오히려 그것을 이용해서 적극적인 득표 행위에 나서기도 한다. 한편 극우 정당만이 인종주의 담론의 생산자이고 수혜자는 아니다. 평범한 보수 정당도 극우 정당의 정책을 일부 수용함으로써 소극적인 가담자가 된다(van Dijk 1993, 50-61). 예를 들면, 극우 정당이 외국인 이민의 완전 금지를 지속적으로 주장하고 있는 상황에서 국민 중에서 그것을 지지하는 사람이 조금이라도 존재한다면 평범한 보수 정당도 여론의 움직임을 보면서 완전 금지는 아니더라도 일정한 정도로 이민을 제한하는 조치를 취하거나 이민자에 대한 불이익을 높이는 수준의 조치를 취함으로써 인종주의 담론이 유지되거나 재생산될 수 있도록 한다.

서구 학자들은 비유럽인이라는 타자를 연구하고 규정해 온 사람들이다. 그들의 연구 결과와 이데올로기야말로 제국주의와 식민지 수탈, 그리고 비유럽인들에 대한 지배를 정당화해 왔다. 그럼에도, 오늘날의 학문 세계는 여전히 백인 지배가 극적으로 드러나는 대표적인 분야다. 권위 있는 학술지 대부분이 미국과 유럽에서 출판되고 있으며, 그것들은 바로 그 지역의 학자들에 의해서 심사되고 편집된다. 한국의 학계도 영어로 발간되는 국제 학술지에 얼마나 많은 논문을 싣느냐를 기준으로 학자의 능력을 측정하고 있으니 학문의 서구 종속성, 특히 미국 종속성은 심각하다. 국제 학술회의도 마찬가지여서 아무리 제3세계에서 열린다고 하더라도 다수의 학자가 백인으로 채워지거나, 비영어권 참여자가 아무리 많아도 영어로 진행되는 경우가 종종 있다. 이럴 때 영어 능력은 곧 학문적 능력처럼 여겨질 정도다.[4] 그러나 그들이 집필하고 사용하는 인종 관련 대학 교재들은 인종과 인종주의 문제를 너무도 조심스럽게 다루고 있으며 구체적인 경험이나 백인들의 편견은 가볍게 처리되는 경향이 있다. 흑인에 대한 백인의 인종주의라는 단어 대신에 '인종 간의 갈등', '적대감' 등과 같이 중립적인 성격의 단어를 사용함으로써 문제의 본질을 흐리는가 하면, 인종 간의 불평등을 두 집단 모두의 잘못인 것으로 환원시킨다(van Dijk 1993, 159-196).

---

4 대부분의 한국 대학은 교수를 임용하거나 승진 심사를 할 때 국내 학술지보다 외국(영문) 학술지에 실린 논문을 두 배 또는 그 이상 중요한 비중으로 계산한다. 학술대회 발표자와 청중 대부분이 한국 사람임에도, 한두 명의 외국인 참가자 때문에 아예 영어로 진행하는 경우도 종종 있다.

비록 대학 교재를 분석한 것은 아니지만 로웬(James Loewen)의 『선생님이 가르쳐 준 거짓말』은 미국의 중등학교 역사 교과서가 어떻게 역사를 왜곡하고 있는가를 밝혀 주고 있다. 책의 상당한 부분은 흑인 문제와 인디언 문제를 다루고 있는데, 로웬은 매우 꼼꼼한 분석을 통해서 유럽 출신 백인 남성 중심의 역사 서술에서 비백인과 여성은 실종되었으며, 대부분 역사 교과서는 의도가 아니라고 하기에 힘들 정도로 한결같이 이런 사실들을 감추고 있다고 밝힌다. 교과서를 만드는 회사들은 각 주(州)에 있는 교과서 추천위원회의 추천을 받으려고 그 위원들의 구미에 맞는 내용을 중심으로 교과서를 만들고 있으며, '위대한 미국'이라는 신화에 어긋나는 인디언 학살, 흑인 노예화, 인종차별 등은 다루지 않거나 '중립적'으로 묘사하고 있을 뿐이다(로웬 2001, 374-379). 그 위원의 다수가 백인들임은 굳이 말할 필요도 없을 것이다. 교재로 채택될 가능성을 높이기 위해 소위 '균형 있는' 자유주의적 시각에 근거해서 만들어진 책에서는 소수자 차별과 인종주의의 참모습을 보여 주기 어렵다.

대중매체와 관련된 엘리트의 영향력은 매우 크다. 먼저 사회계층 측면에서 생각해 보자. 대중매체는 어차피 거대한 문화 산업의 일부이므로 광고주인 자본가와 주요 소비층인 중산층의 관심과 취향, 이해관계에 영합하지 않을 수 없으며, 그러다 보면 일정한 편향성을 갖게 될 수밖에 없다. 즉, 노동자 계층보다는 중산층 이상의 사고방식과 견해가 더 많이 표현되고 서민층보다는 상류층의 취향이나 관심이 알게 모르게 더 자주, 그리고 더 긍정적으로 묘사되는 경우가 많아진다(김창남 2005, 280). 이런 경향을 다수자 대 소수자의 관계에 대입해 봐도 마찬가지다. 어차피 대중매체는 주요 고객인 다수자의 구미에 맞는 시각과 내용을 중심으로 편성되기 마련이고 소수자의 시각이나 그들에 대한 배려는 뒷전에 밀리기 마련이다. 하기야 엘리트주의자들의 시각에서 보자면 대중문화 자체가 '다수'의 저급한 취향에 맞추어 대량 생산된 문화 상품에 불과한 것이 아니던가(김창남 2003, 45). 이러다 보니 다른 사회문제와 마찬가지로 인종 문제에 관련해서도 독자들은 자기가 접하는 매체가 제공하는 다수자의 시각을 마치 자기의 시각인 양, 사회의 일반적인 견해인 양 받아들이게 된다.

언론은 그 자체가 능동적인 담론 생산자다. 언론이 인종주의 담론에서 무관할 수 없는 이유는 곳곳에서 찾아볼 수 있다. 역시 서구의 경우를 생각해 보자. 언론사의 최고 경영층은 말할 것도 없고 기자 대부분이 백인이며 이들은 소수자 사회의 내부 문제에 대해서 잘 알지도 못하고 관심도 없다. 소수자가 채용될 경우에도 그들은 국가적이거나 국제적 사안이 아니라 소수자와 관련된 취재를 주로 하게 된다. 더구나 그들은 승진에서 제한되며, 자기의 관심에 따른 기삿거리를 스스로 선택하지도 못한다. 심지어는 백인 언론인들은 소수자와 관련된 사안을 취급할 때조차 백인 기자가 소수자가 아니므로 소수자 기자보다 더 공정할 것이라고 믿는다. 사정이 이렇다 보니 어떤 사건이 기삿거리인가를 판단하는 것도 백인의 시각에 기초해서 이루어지고, 기사 작성도 백인의 손에서 이뤄지며, 취재 정보를 구하는 출입처도 백인 엘리트들이 지배하는 공간이 된다(van Dijk 1993, 244-245). 어차피 독자 다수가 백인이어서 아무 문제가 없는 셈인가. 소수자에 관한 정보는 '사건'이 있을 때에만 기사화의 가치가 있으므로 자연히 그들에 대한 보도는 살인, 마약, 불법 이민 등과 같은 부정적인 내용이 많아질 가능성이 있는 데다가, 일상적이거나 평범한 내용도 백인 기자의 눈에는 일탈적으로 보이거나 기껏해야 신기하게 보일 가능성이 크다.

인종주의 담론과 관련해서 일반적인 엘리트는 매우 극단적인 형태의 인종주의만이 인종주의인 것으로 간주하는 경향이 있으며, 따라서 자신들은 인종주의자가 아니라고 확신한다. 그러나 엘리트의 행위는 이미 다수자로서의 특권을 전제하고 있으며, 따라서 아무리 그들이 명백한 소수자 차별을 반대하고 인종주의를 반대한다고 하더라도 기존의 다수자 중심, 백인 중심의 담론에서 완전히 자유롭지 못하다. 더 나아가 엘리트들은 백인 중심주의를 자신도 모르는 사이에 재생산하고 있기도 하다.

2. 인종적·민족적 소수자와 국가

다수자와 소수자의 관계는 원칙적으로 한 사회 안에서의 관계이며, 그 사회는 대개 국민국가를 의미한다. 따라서 소수자에 대한 차별과 억압을 살펴볼 때 국가의 역할을 빠뜨릴 수 없다. 국가는 소수자의 존재 양식과 인권에 큰 영향을 끼쳐 왔으며, 특히 인종적·민족적 소수자의 존재는 '국민'과 밀접한 관련이 있다. 근대 국민국가와 민족주의의 탄생이 어떻게 '국민'을 만들어 왔는가, 그리고 국민을 만들려고 소수자가 왜 필요했는가를 살펴보는 것은 소수자들의 현재 모습을 파악하는 데 중요한 역할을 할 것이다.

인종적·민족적 소수자의 탄생

인종적·민족적 소수자는 근대가 만들어 낸 것이다. 물론 앞에서 살펴본 유럽에서 오랜 전통을 가진 반유대주의에서 보듯이 특정 집단에 대한 구별과 차별은 근대 이전에도 존재했다. 그러나 근대 이전의 차별은 대체로 신분적·계급적 차이에 기초하거나 종교적 차이에 기초한 차별이었을 뿐, 인종이나 민족적 차이 자체가 차별의 출발점은 아니었으며 국가가 그와 같은 차별을 의도적으로 강화하지는 않았다. 반면에 근대에 들어와서는 인종적·민족적 소수자라는 사실 자체가 차별의 원인이 되기 시작했으며 국가는 의도적으로 이 차이를 과장하고 차별을 지휘해 왔다. 이성의 꽃이 활짝 핀 계몽의 시대인 근대에 인종적·민족적 소수자에 대한 차별이 시작되었다는 말은 매우 역설적으로 들린다. 그러나 근대국가가 성립하기 위해서는 민족이나 국민이 필요했고, 그것을 규정하려면 이민족이나 비非국민의 존재가 필요했다. 따라서 근대국가는 이런 소수자에 대한 차별을 낳을 수밖에 없는 한계를 안고 출발했다.

근대국가는 귀족이나 영주 등의 신분 질서를 무력화시키면서 법 앞에서는 누구나 평등하다는 이념을 내세우며 평등한 '국민'을 만들어 냈다. 그런데 "국민 교육에 의해 주입된 문화적 내셔널리즘은 일반적으로 국가와 민족, 국적과 혈통이 일치된 관념적·고정적 성질을 띠는 것으로서 타자에 대한 편견이나 차별 의식을 포함한다." 즉 근대국가가 만들어지고 그 성원인 국민 또는 민족이 탄생하자마자 국민인 사람과 아닌 사람 사이에는 원래 차이가 있었던 것으로 여겨지며, 그 차이는 차별해도 되는 근거로 작동하게 된다는 것이다. 따라서 '민족' 또는 '국가' 자체가 "피아를 구별하는 이데올로기적 근거가 되며, 공인된 차별의 원리로서 기능하게 된다"는 얘기다 (윤건차 2002, 76). 근대는 근대국가와 분리해서 논의할 수 없으며, 근대국가는 민족·인종적 소수자의 탄생이나 차별과 분리될 수 없다. 이렇게 볼 때 민족·인종적 소수자는 근대가 내포하고 있는 모순을 집약적으로 안고 있는 존재이며 국가의 억압성을 가장 잘 드러내는 주체이다.

왜 근대국가는 '국민'을 필요로 할까? 고대나 중세에는 군이 하나의 정체성을 지닌 '국민'을 갖지도 않았고 필요로 하지도 않았는데, 왜 근대국가는 같은 정체성을 느끼고 심지어는 핏줄도 같다고 느끼는 '국민'을 필요로 했을까? 그에 대한 답은 근대국가가 갖는 자본주의적 이데올로기에서 찾을 수 있다. 여기에서 자본주의적 이데올로기는 두 가지로 나누어 볼 수 있는데, 구성원을 동질화시키려는 이데올로기와 차별화시키려는 이데올로기가 바로 그것이다(이종영 2003, 53-55). 먼저 동질화 이데올로기는 사회적 통합을 위해, 그리고 노동력 판매의 자유를 위해 '국민' 또는 '민족'이라는 가상의 존재를 설정하는 이데올로기를 말한다. 근대 이전의 국가는 신분 질서에 따라 성원들이 다양한 계층으로 나뉘어 있었다. 계층 간의 관계는 지배와 복종의 관계였고, 계층 간의 분리가 심할 때에는 인도의 불가촉천민에서 보이듯 서로 접촉조차 허용되지 않았다. 그러나 자본주의적 생산관계가 도입된 이후에는 서로 다른 계층이 같은 공장 내에서 일상적으로 접촉하면서 생활해야만 했고, 출생 신분보다는 능력에 따라서 상급자와 하급자가 규정되어야 할 필요가 생겼다. 바로 여기에 '국민'이 등장하게 된다. '국민' 속에서는 누구나 신분의 흔적을 넘어서서 추상적이고도 동등한 개인이 된다. 그래서 '국민'의 형성은 신분제적 관계에 대한 부정을 내포한다는 의미에서 역사적으로 진보적 성격을 띠기도 했지만, 자본의 관점에서 볼 때에는 계급투쟁을 약화시키는 무기가 되기도 한다. 국민이 하나의 계급으로 통합될 수 있으려면 무엇보다도 다른 '국민'을 가상의 적으로 설정하기 때문이다. 다른 '국민'들과의 경쟁에서 승리해야 한다는 긴장감이 '국민' 내부의 계급적 분열을 무력화시키고 대내적 통합을 이루게 한다.

한편, 대내적 통합 대상에서 애초에 제외되거나 또는 굳이 포함시키지 않아도 되는 사람들이 있다. '우리나라'에 살고 있는 적대적 또는 비우호적인 국가 출신 사람들이 바로 대표적인 예다. 구체적인 예를 들어보자. 피로 얼룩졌던 유고 내전 중에 세르비아 지역에 살고 있던 알바니아계 사람들, 또는 반대의 위치에 있는 사람들, 이스라엘 영토 안에 살고 있는 팔레스타인 사람들, 식민지 시절 일본에 살던 조선 사람들, 미국 땅에 살고 있는 아랍계 사람들 등, 예는 매우 많아 보인다. 이런 사람들은 통합 대상인 '국민'에서 철저하게 제외되는데, 이것이 바로 차별화 이데올로기다.[5] 물론 사회 구성원으로 받아들여지지 않았던 사람들이 '국민화' 과정을 통해서 국민이 될 수도 있다. 예를 들면, 과거의 식민지 출신이 식민 종주국의 국민이 되는 것이나 이민 간 사람이 현지의 시민권을 획득해서 국민이 되는 것 등이다. 그러나 정치적인 국적을 취득하는 것이 차별의 끝을 의미하지는 않는다. 그들이 국민이 된다는 것은 그 국가 안에서 소수자가 된다는 것을 의미할 뿐이다. 그런 의미에서 국민의 탄생은 소수자의 탄생을 의미한다.

일본에서 역사 교과서 왜곡을 주도하는 극우 단체인 〈새로운 역사 교과서를 만드는 모임〉이 일본인의 자부심과 우수성을 주장하는 '새로운' 역사를 만들 때 일본인들은 '국민화'된다. 그런데 국민화 과정은 반대편에서 '비국민'非國民인 소수자들을 낳는다. 도대체 국민은 누구이고 비국민은 누구일까? 한 나라의 국적을 가진 사람들과 아닌 사람들일까? 반드시 그렇지는 않다. 2차 세계대전 중 일본에서 '비국민'은 가장 무서운 멸칭蔑稱이었는데, 여

---

5 이종영은 차별화 이데올로기를 노동력의 차별적 착취를 보장하기 위해 학교에서, 언론에서, 정책 담론에서 노동자들 사이의 차별을 정당화하는 것이라고 보고 있다. 즉, 자본주의 사회에서 A는 B보다 학력이 모자라니까, 기술이 떨어지니까 임금이 낮아도 된다는 식으로 차별화함으로써 착취가 정당화된다는 것이다. 나는 강조의 초점을 조금 달리하여 이것을 국가가 대내적 소수자를 구별해 내고 제외하기 위한 노력으로 보려고 한다. 좀 더 자세한 내용은 이종영(2003) 참조.

기에는 외국인뿐만 아니라 빨갱이, 적국의 언어를 말하는 사람, 연애하는 사람, 그리고 병자와 허약자까지도 포함하는 개념이었다. 전쟁 중인 조국에 도움이 되는 강한 군인 및 그 관련자들을 제외하고는 모두가 '비국민'이 되는 것이 당시 일본 사회의 현실이었다. '국민화'는 일종의 '문명화' 형태를 띤다. 학교와 군대, 공장, 종교, 문학 등을 비롯한 모든 '문명화된' 제도와 국가 장치를 통해 사람들은 국가의 원리를 체현한 국민으로 개조된다. 사람이 국가로 '회수'되어 가는 셈이다(니시카와 나가오 2004, 302). 국가로 회수되지 않은 사람들은 비국민, 비문명인, 미개인으로 남아 소수자라는 딱지를 달게 된다.

소수자를 차별하는 이데올로기의 절정은 민족과 국민에 대한 신화다. 앤더슨Benedict Anderson은 민족이 '상상의 공동체'에 불과한데도 민족에 대한 신화는 더욱 강화되었다고 말한다(앤더슨 1991).[6] 우리는 흔히 미국이나 호주와 같은 나라는 이민자들로 이뤄졌기 때문에 다민족 국가지만, 유럽의 오래된 나라인 프랑스, 독일, 이탈리아 등은 최근의 이민자들을 제외하면 단일민족국가라고 생각한다. 그러나 불과 두세 세대만 거슬러 올라가도 그 나라에는 엄청나게 많은 외국 출신이 살고 있었다. 예를 들어, 프랑스의 경우, 1880~1980년에 이르는 100년 동안에 출생한 프랑스인 가운데 1,800만 명이 제1·제2·제3세대 이민자의 자손이며, 따라서 몇 세대만 거슬러 올라가도 현재 프랑스인의 30퍼센트 이상은 외국 출신이 된다. 그들은 원래 '프랑스 민족'이었던 것이 아니라 이방인·외부인이었지만 매우 짧은 시간 내에 단일민족국가에 '통합'되었을 뿐이다. 이 같은 예는 단일민족의 신화가

---

6 앤더슨이 자신의 책에서 사용한 nationalism이라는 단어는 한글 번역서에서 '민족주의'로 번역되었다. 나는 nationalism의 올바른 번역이 국민주의라고 생각하지만, 이 단어를 어떻게 번역할 것인가는 이글의 중심 논의가 아니므로 여기서는 일단 번역서에 따라 '민족주의'를 사용한다.

팽배한 일본도 예외가 아니다. 물론 일본에는 오키나와인이나 아이누족과 같은 '이질적'인 사람들이 있어서 단일민족 사회라고 얘기하기가 어렵지만, 어쨌거나 그런 신화가 널리 퍼져 있다. 그러나 우리의 생각, 그리고 평범한 일본인들의 생각과는 달리 일본에서 단일민족이라는 신화가 유포되기 시작한 것은 겨우 제2차 세계대전 후에 불과하다(고자카이 도시아키 2003, 58-60). 한국도 예외는 아니어서 식민지 시절 이전에만 해도 느끼기 어려웠던 '민족성'이 한일합방을 계기로 '탄생'했고, 또 해방 이후에도 '성장'을 거듭해 왔다.

식민지를 경험한 나라에서 주권을 회복하고 국민국가를 수립하는 것은 그 나라 사람들의 간절한 소망이었다. 그러나 국민국가 건국이 반드시 그 나라의 모든 사람에게 행복을 가져다준 것은 아니었다. 대부분의 신흥국가는 구舊종주국과 열강의 제도를 모델로 하여 국민국가를 형성했고, 중앙집권적인 통치 기구, 국민 문학, 국민 문화, 자국 중심적 역사를 만들어 냈으며, 시간이 갈수록 중앙과 지방의 격차, 빈부 격차, 종교와 민족과 성 차이에 따른 차별 등을 만들어 냈다. 식민지 지배로 고통을 겪었던 나라가 국민국가의 건설을 서두르는 와중에 종종 구종주국의 가장 반동적이고 극우적인 담론과 유사한 국가주의를 수용하고 닮아 버린 것이다(니시카와 나가오 2004, 6-8). 바야흐로 신생 독립국에도 국민이 탄생한 순간이다.

인종적·민족적 소수자에 대한 국가의 억압

국가는 '압도적 폭력 소유'를 본질로 하고 있다. 이미 16세기 중엽에 스페인의 국가 수입 중에서 80퍼센트가 군사비에 지출되었고, 1789년 직전에 프랑스 국가 지출의 3분의 2가 군대에 할당되었다(앤더슨 1997, 29 ; 이종영 2004, 308에서 재인용). 옛날에 있었던 먼 나라의 예를 들 것 없이 우리의 예를 생각해 보자. 한국은 2000년대 중반 현재 정부 전체 재정 지출의 10퍼센트 이상을 '국방비'[7]로 지출했다. 물론 이것은 1970년대와 1980년대에 최대 30퍼센트 이상을 국방비에 쓰던 것에 비하면 상대적으로 낮아진 것이 틀림없지만, 교육 재정이 10퍼센트대 중반 정도에 머무르고 있음을 고려해 볼 때 여전히 엄청난 규모가 아닐 수 없다. 전쟁은 국가 간에 일어나는 폭력이며, 군비는 거기에서 우위를 차지하기 위한 지출이다. 국가 간의 폭력에 사용되기 위한 무기 구매와 군대 유지에 이렇게 어마어마한 재정이 소비되고 있음을 생각해 보면 국가권력의 핵심 가운데 하나가 폭력임은 자명하다.[8]

사실 근대국가는 국가 간의 치열하고 폭력적인 권력 경쟁을 통해 형성되었고, 탄생 이후로는 폭력 기구의 속성을 띠어 왔으며, 그런 속성은 생산력 증진과 국가기구의 조직화·고도화에 따라 더욱 강화되었다. 그럼에도, 우리는 '국가 폭력은 사사로운 감정이나 특정인을 위한 폭력이 아니라 공공의 복리를 위해서 어쩔 수 없이 행사하는 것'이라고 생각한다. 이처럼 국가는 폭력과 관련된 이데올로기의 정당성마저 독점하고 있어 저항조차 어렵게 만든다. 특히 현대에 들어 교육과 대중매체 등 이데올로기 기구에 대한 국가의 장악력이 커짐에 따라, 적절한 제어 장치가 없다면 국가의 폭력성

---

7 군사상의 준비나 전쟁을 위한 준비에 드는 비용인 '군비'(軍費)가 아니라 국가를 '방어'하는데 필요한 비용이라는 의미의 '국방비'라는 단어가 사용되고 있다. 이 표현은 '군비'가 지닌 폭력성을 중성화하는 역할을 하고 있다.

8 참고로 미국은 전체 예산의 약 20퍼센트를 매년 '국방비'에 지출하고 있는데, 이것은 OECD 국가들이 평균적으로 약 5퍼센트를 지출하고 있는 것과 비교해 볼 때 매우 예외적이다. 기획예산처 홈페이지(http://www.mpb.go.kr).

은 국내외적으로 인간의 생존과 권리를 '정당하게' 위협하는 존재가 될 수도 있다. 국민의 이익과는 무관한 국가 이익의 이름으로 자행된 수많은 전쟁, 국가 지배력을 장악·유지·강화하고자 조작되고 왜곡된 사건들은 국가의 폭력적 본질과 무관하지 않다(조현연 2000 ; 황상익 2001).

그러나 국가 폭력은 매우 선택적이다. 마르크스는 국가가 중립적 실체가 아니라 지배계급의 이해관계에 구속되는 존재라고 보았으며, 이후에 이루어진 국가론 논쟁도 비록 시각이 다소 다르더라도 결국 국가가 부르주아적 본질을 가지고 있다고 보았다는 점에서는 일치한다고 볼 수 있다. 국가 폭력은 무차별적이지 않으며 상위 계급과 같은 특정 집단에는 유리하고 다른 집단에는 불리하게 작동한다. 그러나 국가 폭력이 계급적 차별성을 노골적으로 드러낼 것이라고 보는 것은 매우 순진한 시각이다. 이미 자본주의 국가는 계급 간에 누적된 모순이 명백하게 표출되는 것이 체제 유지에 도움이 되지 않음을 잘 알고 있다. 따라서 국가는 폭력 사용 대상을 계급에 기초해서 규정하기보다는 폭력을 '당해도 마땅한' 사람들로 구별해 낸다. 자, 바로 이런 점에서 인종적·민족적 소수자에 대한 차별과 억압은 국가가 계급 모순을 감추는 데 매우 효과적으로 이용될 수 있다. 이것을 자세하게 살펴보자.

근대를 규정하는 자본주의는 원래부터 경쟁과 적자생존을 원칙으로 하는 불평등한 체제이다. 적자생존과 경쟁의 원리는 우월한 자에게는 축복을, 열등한 자와 경쟁에서 낙오한 자에게는 가차없는 배제를 초래한다. 그런데 이와는 다소 모순되게도 자본주의는 신분 제약 없이 열심히 일하면 누구나 잘살 수 있다는 기회균등이라는 이데올로기를 내포하고 있다. 누구나 성공할 수 있다는 자본주의 체제에서 경제적으로 소외된 하층계급이 존재한다면, 그리고 그들이 불평등을 느끼고 체제에 불만을 느낀다면 지배층에 정치적 부담이 될 수 있다. 그러나 만약 경제적으로 소외된 사람들이 문제가 있는 민족이나 인종으로 포장된 특별한 집단이라면 그들에 대한 차별과 배제는 다수 집단에 부담을 덜 준다. 즉 자본주의의 계급적 불평등이 민족·인종적 차별을 통해 걸러지고 매개되면서 별문제 없는 것으로 여겨지는 것이다. "그들이 가난한 이유는 경제적으로 착취를 당해서가 아니라 게으르고 무능한 흑인이어서 그런 것이다"라는 뜬소문이 사실인 것처럼 받아들여지면 흑인들이 가난한 것은 아무 문제가 안 되는 당연한 현상이 되어 버린다. 자본주의의 계급적 불평등을 무언가 수용 가능한 것으로 세탁하는 역할을 민족·인종차별 이데올로기가 제공하는 셈이다(월러스틴 1991). 이렇게 내부의 불만을 잠재운 자본은 국민국가라는 울타리 안에서 보호받으며 국가권력을 바탕으로 국제적으로 성장했다. 궁극적으로 자본가에게 이익이 되는 식민지 개척을 위해서 자본주의 국가는 민족주의적·국가주의적 이데올로기의 외피를 입고 스스로의 계급성을 은폐하고는 구성원들에게 외적에 대항해서 싸우라고 당당하게 요구했다. '자본을 위해 싸워 달라'는 것은 말이 안 되므로 '국가와 민족을 위해서 싸워 달라'는 것이 그때 사용된 구호였다.

인종 갈등도 자본주의적인 세계화의 당연한 귀결이었다. 근대 이전에는 인종 간의 차별이 심하지 않았고 인종 문제도 거의 발생하지 않았다. 그 이유는 근대 이전의 사람들이 평등을 지향하고 차별을 지양했기 때문이 아니라, 앞에서 언급한 것처럼 근세 이전에는 이동의 제약으로 인종 간에 만날 기회가 거의 없었기 때문이다. 인류 사회에 인종차별이 발생하게 된 배경은 자본주의의 국제화라고 할 수 있는 제국주의의 등장과 맥락을 같이한다. 백인들이 아시아와 아프리카 등 세계 대부분을 식민지로 삼으면서 인종차별이나 인종에 대한 편견이 발생하게 되었다. 그러나 제2차 세계대전 이후 대부분의 식민지가 독립하면서 국가 간의 인종 문제는 점차 사라지고 있다.

전 세계적으로 볼 때 민족 간 갈등과 민족문제가 발생하는 상황은 크게 봐서 다음 두 가지가 있다. 하나는 한 영토 안에 서로 다른 민족이 거주할 때이고, 다른 하나는 한 민족이 서로 다른 국가에 거주하면서 하나의 국가를 건설하려고 할 때이다. 전자는 특히 소수민족이 다수에게 오랫동안 핍박과 차별을 받았을 때 주로 나타나는데, 20세기 후반의 비극이었던 보스니아 내전과 코소보 사태, 팔레스타인 지방의 분규, 르완다 내전 등을 포함하여 대부분의 민족 분규가 이에 해당한다. 후자는 강대국의 이해관계에 따라 하나의 민족이 둘 이상으로 나누어졌을 때 생기는데 중동 지역의 쿠르드족 문제, 구소련 시절 아제르바이잔의 아르메니아인 독립 문제, 지중해의 키프로스 분쟁 등을 들 수 있다.

문제는 어느 경우를 막론하고 갈등 발생의 근본 원인이 제국주의적인 영토 나누기와 무관하지 않다는 점이다. 물론 이런 갈등과 분규의 원인이 종교나 문화의 차이에서 기인하기도 하겠지만, 근대적인 국민국가의 탄생과 제국주의적 영토 확장이 없었다면 이 갈등의 상당수는 발생하지 않았을 것이다. 이렇게 볼 때 여러 나라에서 나타나는 현재의 민족과 인종에 대한 차별은 한 사회나 국가의 일탈 행위로서 나타나는 것이 아니라 근대자본주의 질서 자체가 내포하고 있는 모순 때문에 발생하는 것이다.

한국에서의 민족과 인종에 대한 차별도 이러한 국제적인 맥락과 상통한다. 앞에서 언급한 것처럼 일제 강점기 때에 민족은 국가의 공백을 메워 주는 '신화적 실체'였지만, 전쟁 이후의 분단 상황과 독재, 자본주의적 경제 발전을 위한 동원 체제에서 민족은 계급으로 인한 내적 이질감을 감추고자 그 신화성이 더욱 강화되었다. 민족은 식민지 시절 국가를 회복하기 위해서 힘을 하나로 모으는 데 매우 효과적이었지만, 냉전 시대에는 국가의 경제 발전을 위해 개인을 자발적으로 희생시키는 데, 유용한 원천이었다. 그러나 성원을 동원하도록 사용된 민족 개념은 체제 유지를 위한 이데올로기로 쉽게 전화했다. 이 과정에서 비민족, 비국민, 또는 반민족半民族인 화교, 혼혈인, 이주노동자 등은 열외일 수밖에 없었다.

우리 안의 소수자 제2부

|3장| 이주노동자와 코리안 드림

1. 이주노동자를 부르는 한국 사회

도산 안창호와 이주노동자

2002년, 미국 로스앤젤레스에서 한 시간 정도 떨어진 리버사이드 시에 있는 캘리포니아주립대학 인종민족학과Ethnic Studies 방문연구원으로 머물 때의 일이다. 우연한 계기에 인종민족학과에서 치르는 일종의 '우수 졸업생 시상식'에 참석하게 되었는데, 행사 순서지를 받아드는 순간, 나는 마치 한 방 얻어맞은 사람처럼 명해지고 말았다. 수여되는 상의 종류 중에서 '도산 안창호상'이 있는 게 아닌가. 한국에서 이역만리 떨어진 미국의 한적한 소도시 대학의 졸업 기념상 중에 한국의 위인을 기리는 상이 존재한다니 도대체 어찌된 영문인가. 그 학과의 한국계 교수인 장태한 교수에게 물어본 후에야 나의 궁금증은 비로소 해결되었다.

도산이 미국에서 독립운동을 했다는 것은 이미 잘 알려진 사실이지만,

리버사이드 시와의 관련성은 잘 알려지지 않았다. 도산은 바로 이 도시에 있는 오렌지 농장에서 노동하면서 한인 노동자들을 교육하고 독립운동을 했으며, 후손 중에는 이곳에 정착한 사람들도 있다. 긴 시간이 지난 뒤 이 도시에 살고 있는 한국계 이민자들이 도산의 업적을 기리기 위해 모금을 했고, 도심 한복판에 동상을 세웠으며, 또 대학 측에 제안해서 기념상을 만들게 된 것이다. 그 지역의 '도산기념사업회' 회장을 맡은 재미동포가 상을 주면서 미국 학생들과 교수들에게 상의 취지를 설명했는데, "이민 노동자였던 도산이 얼마나 훌륭한 사람이었던가"가 주요 내용이었다.

순간적으로 내 머릿속에는 수많은 친구의 얼굴이 스쳐 갔다. 마석에서 만난 필리핀 친구, 부천에서 만난 네팔 친구, 일산에서 만난 방글라데시 친구, 성공회대학교 교정에서 만난 버마 친구……. 멀리 한국 땅에 와서 고생하고 있지만, 누가 알랴. 언젠가 그들이 자기의 조국에서 뜻밖의 사람이 될지! 그래서 세월이 흐른 후에 그들의 후손이 훌륭한 선조였던 그들을 기리고자 남양주의 대로변에 동상을 세우고, 부천 광장에 기념비를 세우고, 또 어느 대학에 그들의 이름을 딴 상을 만들어 낼지도 모르는 일 아닌가. 설령 그들이 '훌륭한 위인'이 못 되더라도 소중하기는 마찬가지다. 한국에서 일하다가 고국으로 돌아간 사람들이 어떻게 살고 있는가를 조사해 보려고 필리핀에 가 보았다. 그들은 착한 아이의 어머니이기도 했고, 인심 좋게 생긴 시골 노부부에게 둘도 없이 소중한 아들이기도 했고, 동생들의 교육을 책임지는 든든한 오빠이기도 했다. 그렇게 누군가에게 매우 소중한 사람들을 우린 너무 함부로 대한 것이 아닌가.

나는 한국이 세상에서 외국인에 대한 배척이 가장 심한 나라라고 생각하지는 않는다. 그렇다고 매우 따뜻하게 맞아 주는 나라로 볼 수도 없다. 왜 우리는 그들을 차별할까? 이주노동자들을 길거리에서 만나기 시작한 지 거의 20년, 언론에서도 그들을 심심치 않게 다루었고 이제 그들과 마주치는 것도 드물지 않은 일이 되었다. 임금을 못 받고 오히려 두들겨 맞았다는 보도도 있었고 손가락이 잘렸지만 적절한 치료와 보상을 못 받아서 가슴 아프다는 소식도 들었다. 이주노동자들을 먼 곳에 와 탄압받고 고생하는 존재로 묘사한 언론 보도는 한국 사회에 그늘진 부분이 있음을 알리고 그들이 어려움에 처해 있음을 알리는 데에 크게 공헌했다. 그러나 대체로 그런 보도는 이주노동자들을 함부로 대하는 한국인들이 참으로 모질고 악랄한 사람들임을 고발하며 우리 모두 반성해야 한다고 결론짓고는 한다. 사회학을 전공한 나로서는 특정 인간 집단이 마치 생물학적으로 특별한 성향이 있는 것처럼 묘사하는 것, 즉 한국 사람이 원래 모질고 악랄한 것처럼 주장하는 것을 받아들이기 어렵다. 그것은 감정에 호소할 수는 있을지언정 문제를 제대로 보는 과학적인 분석은 아니다. 현재 일어나는 문제의 본질은 한국인의 생물학적 특징 때문이 아니라 사회구조 때문이다. 잘못된 구조가 한국인으로 하여금 잘못 행동하도록, 또는 잘못 행동해도 되도록 한다는 말이다. 한국의 어떤 사회구조가 이주노동자들을 이렇게 살도록 만들까? 한국의 이주노동과 관련된 정책, 외국 인력 정책을 살펴보자.

한국의 외국 인력 정책

이주노동자들이 한국 땅에 일하러 들어오기 시작한 것이 1980년대 후반이므로 한국의 이주노동 역사는 이제 겨우 20년을 넘기고 있다. 1980년대 후반의 언론 보도는 필리핀 가정부가 일상적인 집안일을 거드는 것뿐만 아니라 '주인집' 자식의 영어 과외까지 시키고 있다는 흥밋거리 기사에서부터, 대거 몰려들기 시작한 조선족 동포들이 가져온 중국산 한약재가 유해 성분을 포함하고 있다는 기사에 이르기까지 새로 접한 이방인들이 가져다 준 새로운 충격을 전해 주었다. 그러나 그런 새로움은 오래가지 않았다. 1990년대 초반에 들어서면서 이주노동자의 수가 폭증하자 그들의 존재는 점차 한국인에게 자연스러운 일부가 되기 시작했다. 40만 명의 이주노동자 가 전국 곳곳에 살고 있는 지금, 지역에 따라서는 버스, 지하철, 그리고 동 네 길모퉁이에서 그들과 마주치는 것은 드물지 않은 일이 되었다.

사실 한국은 오랫동안 노동력을 외국으로 보내왔고, 그 결과 2005년 현 재 664만 명에 이르는 동포들이 세계 각국에 거주하고 있다.[1] 남아 있는 이 민 기록에 따르면 조선 사람들은 일찍이 1860년대에 이미 러시아의 연해주 지방으로 활발하게 이주하기 시작했으며, 압록강과 두만강 건너편 중국 땅 에는 1875년 이후에 많은 사람이 정착하기 시작했다. 미국 이민은 하와이 에서 시작되었는데, 그곳의 사탕수수 농장에서 계약 노동자로 일할 사람들 을 태운 첫 배가 1902년 12월 22일에 제물포를 떠난 이후 1905년까지 7,226명이 하와이로 떠났다. 식민지 시절에는 만주 지방으로 대규모 농업 인력이 떠났고, 또한 일본으로도 많은 사람이 때로는 자발적으로, 때로는 강제징용의 행태로 보내졌다.

해방 이후의 이민을 신이민이라고 부른다면 신이민의 시대는 1960년대 부터 열린 셈이다. 1960년대에 들어서면서 정부가 해외 이민을 정부 차원 에서 추진하기 시작하여 1962년부터 1976년까지 3만 명 이상이 남미 각국

---

[1] 재외 동포들은 몇 나라에 특히 많이 살고 있는데, 중국에 244만 명, 미국에 209만 명, 일본에 90 만 명, 그리고 독립국가연합에 53만 명(우즈베키스탄 20만, 카자흐스탄 10만, 러시아 19만 등)이 거주하고 있다(재외동포재단 홈페이지 http://www.okf.or.kr).

으로 떠났다. 유럽계 이민을 선호하던 미국의 이민법이 1965년에 바뀌면서 아시아 사람들이 미국으로 이민할 수 있는 문호가 넓어지자 한국인들도 대거 미국으로 이민하기 시작했으며, 비슷한 시기에 당시의 서독이던 독일로 광부와 간호사들이 이주를 시작했다. 1970년대 중동에 일기 시작한 건설 붐을 타고 1980년대까지 많은 건설 노동자들이 중동으로 향했는데, 당시 한국의 '없는 사람들'은 사우디에 돈 벌러 가면 한밑천 잡을 수 있다는 희망을 품기도 했다. 다른 곳으로 간 사람들과는 달리 이들은 영구 이민이 아니라 중·단기 체류를 목적으로 했기 때문에 예정 기한이 끝나면 대부분 한국으로 돌아왔다(이광규 1996, 126-151).

한국 정부가 해외 이민을 적극적으로 추진하기 시작했던 1960년대 초반은 공업화를 시작하려는 시점으로 아직 본격적인 경제성장이 이루어지기 전이어서 실업자 문제가 심각했고 전반적인 삶의 수준이 매우 낮은 상태였다. 물론 요즘도 양극화가 심각하고, 비정규직에 대한 차별과 청년 실업이 큰 문제고, 대학을 나와도 취직하기가 쉽지 않다고 걱정이지만, 당시의 상황은 아예 밥을 먹을 수 있느냐 없느냐 하는 정도였다. 그래서 사람들은 가난을 벗어나고 새로운 삶의 기회를 잡기 위해 해외로 눈을 돌렸는데, 그중 일부는 영주 이민을 선택했고 또 다른 일부는 단기 이주노동을 선택했다. 그러는 동안 한국은 경제성장을 계속했고, 급기야는 일반적으로 '3D 산업'이라고 부르는 일부 업종에서는 일손을 구하기 어려운 지경에 이르렀다. 좁은 땅이 그나마 반으로 쪼개졌고, 그 절반의 땅에 5,000만 명에 가까운 인구가 사는데도 일손이 달린다? 아무리 생각해도 이해하기 어려운 현상이 아닐 수 없다. 도대체 어찌된 일일까?

1960년대부터 이뤄진 공업화가 가능하기 위해서는 공장 노동 인력의 대규모 공급이 필요했다. 이 인력은 바로 농촌에서 공급되었는데, 당시만 해도 인구의 절대다수가 농촌 지역에 거주하고 있었기 때문에 인력 공급은 무한정 가능한 것처럼 보였다. 도시의 공장 노동자들이 저임금으로 먹고살 수 있도록 정부는 쌀값 인상을 억제했고, 이에 살기 어려워진 농민들은 농촌을 떠나기 시작했다. 모든 것이 '중앙'을 중심으로 돌아가는 체계, 도시와 서울을 끊임없이 미화하는 미디어의 영향 등으로 시골은 사람 살 곳이 못 되고 오직 서울만이 대안이요 희망이라는 인식이 확산되었다. 이런 인식도 이촌향도移村向都에 한몫했다. 그맘때에 나온 소설이나 영화, 드라마를 보면 시골에서 초등학교를 마치고 농사짓기 싫어서, 그리고 학교에 계속 다니고 싶어서 보따리 하나만 들고 무작정 상경한 소녀들의 얘기가 심심치 않게 등장했다. 서울역에 내려서 눈앞에 펼쳐진, 지금 기준으로 보면 별로 높지도 않은 건물을 눈이 휘둥그레져서 쳐다보던 소년, 소녀들의 모습. 이것이 바로 한국의 초기 산업화를 이끌었던 소위 '공돌이·공순이'의 모습이었다.[2] 그러나 워낙 많은 사람이 농촌을 떠나 도시로 향한 결과, 1980년대가 되자 대부분의 국민이 도시에 살게 되었고, 농촌은 더 이상 도시에서 필요한 인력을 공급해 주지 못하게 된다.

한편, 1980년대에는 대학 진학률이 점차 상승하기 시작한다. 1980년 초반에 30퍼센트대에 이르던 대학 진학률은 점차 올라가서 2006년에는 무려 82.1퍼센트에 이르고 어지간한 사람은 모두 대학에 진학하게 되었다. 이것은 예전과는 달리 중학교나 고등학교만 마치고 공장으로 일하러 오는 사람이 이제는 거의 사라지게 되었음을 의미한다. 게다가 대학을 마친 사람들

---

2 신경숙의 소설 『외딴방』을 보면 당시 서울에 올라와 구로공단에서 '공돌이·공순이'로 불리며 일하던 '수출의 역군', '산업 전사'들의 슬픈 모습을 읽을 수 있다.

은 자기가 취득한 '인적 자본'에 걸맞은 화이트칼라 직종을 원하게 되고 기대 수준도 올라가기 때문에 자연스럽게 공장노동을 기피하게 된다. 이로 인해서 사회 전체적으로는 인력이 넘치지만 3D 산업과 같은 일부 부분에는 일손을 구할 수 없는 이른바 '노동력의 구조적 공백'이 발생했다. 바로 이 빈 공간에 이주노동자들이 들어오기 시작한 것이다. 물론 노동력을 구할 수 없게 될 경우 공장을 아예 외국으로 이전해서 값싸고 풍부한 노동력을 이용하는 방법도 있지만 이전하기 어려운 공장이나 업종도 있다. 예를 들면, 너무 영세해서 외국으로 이전하기 어려운 회사들, 건설이나 청소, 그리고 노인 수발이나 간병 같은 돌봄 노동 등과 같이 소비지인 시장에 가까이 있어야 하는 업종이 바로 그것이다.

일손 부족을 설명하려면 언급해야 할 것이 한 가지 더 있다. 그것은 1980년대 후반의 민주화 운동과 노동운동이다. 1980년대 초중반은 군사 쿠데타로 권력을 장악한 전두환 정권이 민주적인 정치를 억압했을 뿐만 아니라 정당한 노동권의 실현도 가로막던 시절이었다. 그러다가 1987년 6월에 대통령 직선제와 민주주의를 요구하는 '6월 항쟁'이 터져 나왔고, 그 직후인 7월과 8월에는 노동자들이 노동에 대한 정당한 대가를 요구하며 강력한 노동운동을 벌였다. 이런 요구는 그동안 억눌려 왔던 임금상승과 노동조건의 개선을 가져왔는데, 문제는 이런 개선이 주로 대기업을 중심으로 이뤄졌다는 데에 있다. 즉, 대기업은 임금을 대폭 인상하고 작업장 환경도 개선하고 회사 내에 여러 가지 복지 제도를 도입하게 되었지만, 그럴만한 여력이 없는 중소기업이나 영세기업들은 제자리걸음을 하게 되어 양자의 차이가 상대적으로 커진 것이다. 삼성전자나 현대자동차 등과 같은 대기업과 공단의 작은 회사 사이에는 이제 건너지 못할 큰 강이 놓이게 되었고, 그런 작은 회사의 육체노동직은 한국 사람이라면 아무도 더 이상 원하지 않는 자리가 되었다. 외국인들이 들어올 수 있는 공간이 만들어진 셈이다.

이런 공간을 채우러 들어오는 외국인들의 행보를 거든 요인이 하나 있는데, 그것은 바로 그 즈음에 열렸던 대규모 국제대회들이었다. 기존에 아시아에서 노동력은 주로 가난한 나라를 떠나 일본, 홍콩, 대만, 중동, 말레이시아 등으로 움직였을 뿐, 한국은 대상국이 아니었다. 그런데 고임금과 인력 부족 때문에 한국에서 가난한 나라로 이전한 기업이나, 한국의 수출품은 현지에 한국이라는 존재를 알리기 시작했고, 서울에서 열린 1986년 아시안게임과 1988년 올림픽은 한국을 또 하나의 '기회의 땅'으로 보이게 했다. 특히 올림픽을 치르면서 관광객 유치를 위해서 비자 면제 등으로 출입국 관리가 느슨해진 틈을 타 많은 외국인이 관광 비자로 입국하고, '불법 체류'를 하면서 미등록 노동자로 노동을 시작할 수 있었다.[3]

인력 부족 때문에 외국 인력을 도입할 수 있게 해 달라는 중소기업 사용자단체의 요구에 따라, 그리고 점차 늘어나는 미등록 노동자에 대한 관리의 필요성 때문에 정부는 외국 인력과 관련된 제도를 도입하게 된다. 처음으로 만들어진 제도는 〈표 3-1〉에 나온 것처럼 1991년에 제정된 외국인 산업기술연수사증 발급 등에 관한 업무 처리 지침에 따른 '산업연수생 제도'였다. 이 제도가 내세운 취지는 산업연수를 통해서 개발도상국에 기술을 이전해 준다는 것이었는데, 그것은 표면상의 취지에 불과하고 실제 내용은

3 흔히 '불법 체류자'나 '불법 체류 노동자'로 불리는 외국인 이주노동자들은 필요한 서류를 갖추지 못했다는 의미에서 '서류 미비 노동자' 또는 '미등록 노동자'(undocumented workers)라고 부른다. '불법 체류'라는 단어의 접두사로 붙어 있는 '불법'이라는 표현은 마치 그들이 범죄를 저지른 듯한 오해를 줄 여지가 있으므로, 학계와 시민단체에서는 불법 체류 노동자보다는 미등록 노동자라는 용어를 선호한다.

<표 3-1> 외국 인력 도입과 관련한 제도의 변화

시기	제도	비고
1991년	해외 투자 기업 산업연수생 제도 도입	해외에 투자한 기업이 연수생을 국내에 도입할 수 있게 함
1994년	단체 추천 산업연수생 제도 도입	해외에 투자하지 않은 (작은 규모의) 중소기업도 연수생을 받을 수 있게 됨
1995년	외국인 산업기술연수생의 보호 및 관리에 관한 지침 제정	연수생들이 산업재해보상보험과 건강보험을 적용받고, 근로기준법 일부를 적용받게 됨
2000년	연수취업 제도 도입	산업연수생 제도의 문제점을 보완하고자 3년 연수에서 2년 연수 후 1년 취업으로 변경
2004년	고용허가제 도입	외국 인력을 연수생이 아니라 노동자로 도입하는 제도임. 산업연수생 제도와 병행 실시
2007년	산업연수생 제도 폐지	신규 도입 인력은 고용허가제로만 도입

출처: 하갑래·최태호(2005, 115-117) 재구성.

국내의 인력난 해소를 위해서 외국의 노동자를 데려와 저임금으로 일을 시키는 것이었다. 그러나 산업연수생 제도는 도입 초기부터 외국 인력을 노동자가 아닌 연수생으로 도입하는 편법적인 제도라는 비판을 받았으며, 저임금 때문에 노동자들이 사업장을 이탈해서 다른 공장으로 도망가 버리는, 그래서 결국 미등록 노동자가 되는 사례가 발생하게 되었다. 이주노동자들을 돕고 지원하는 단체들은 산업연수생 제도를 '현대판 노예제'라고 부르면서 이것의 폐지와 새로운 제도 도입을 요구하는 운동을 거세게 전개했다(외국인노동자대책협의회 2000).

세 번(1995년, 1997년, 2000년)의 실패 끝에 2003년 8월 16일에 드디어, 외국인 근로자의 고용 등에 관한 법률이 제정되어 외국 인력을 정식 노동자로 도입할 수 있는 '고용허가제'가 도입되었다. 비록 이 제도 아래에서도 이주노동자가 자유롭게 사업장을 옮길 수 없고 매년 사업주와 새로운 고용계약을 체결해야 하기 때문에 사업주에게 잘 보여야 한다는 심각한 문제가 있기는 하지만, 적어도 기존의 산업연수생 제도보다는 진일보한 제도라고 볼 수 있다. 그런데 이 제도의 시행에는 또 다른 문제가 숨어 있었다. 그것은 기존에 있었던 미등록 노동자들을 어떻게 할 것인가에 관련된 문제였다.

이주노동자들의 잇따른 자살

추위로 귀가 얼어붙던 2004년 1월 14일 밤, 나는 서울 시청 앞에 있는 성공회대성당 앞뜰에서 벌어진 때아닌 야외 록밴드 공연을 보러 갔다. 경쾌한 곡이 연주될 때 소리를 지르며 깡충깡충 뛰는 관객의 모습과 치켜든 손을 좌우로 흔들며 리듬을 타는 모습을 보면 여느 공연과 다를 바 없었지만, 모인 관객들과 밴드 구성원의 다양한 얼굴색, 옷에 적힌 구호의 비장함, 그리고 '단속 철폐'Stop Crackdown라는 밴드의 이름은 이 공연의 특별함을 한눈에 알 수 있게 해 주었다. 밴드의 구성원은 네팔 노동자인 강라이와, 미누, 미얀마 노동자인 소모두, 소띠하였다. 이들은 그동안의 강제 추방 정책에 떠밀려 자살한 외국인 이주노동자들을 위한 추모곡과 강제 추방 정책에 맞서 농성하는 현실을 담은 노래를 불렀고, 공연장 주변에는 죽어 간 사람들의 대형 사진이 놓여 있었다.

예고되었던 강제 추방 단속 시작일인 2003년 11월 16일이 되기 직전부터 발생한 이주노동자들의 자살로 당시에 이미 아홉 명이 세상을 떠난 상태였다. 2003년 초에 노동운동을 하던 두산중공업 배달호 씨의 분신 자살이 있었고, 9월에는 멕시코 칸쿤에서 WTO 농업 협상에 반대하며 농민운동가 이경해 씨가, 10월에는 한진중공업 김주익 씨가 자살로 생을 마감하더니 결국 외국인들의 연쇄 자살로 한 해가 저물어 갔다. 도대체 왜 갖가지 얼굴색의 사람들이 한국의 도처에서 농성을 했고 또 죽어 갔을까? 남의 나라에서 자살까지 하게 한 배경은 무엇이었을까?

앞에서 언급한 것처럼 고용허가제가 도입되기 전에 당시 이주노동자의 신분은 크게 분류할 때 '산업연수생'과 '미등록 노동자'로 나뉘었는데, 총 40만 명에 이르던 이주노동자 중에서 무려 80퍼센트에 이르는 사람들이 미등록 신분이었다. 체류하는 이주노동자 다섯 명 중에서 네 명이 미등록 상태였다면 한 나라의 출입국 관리 체계가 완전히 무너졌거나 아예 없었다고 봐도 무방할 정도다. 이런 현실을 이해하기 위해서는 문제의 출발점인 산업연수생 제도부터 살펴볼 필요가 있다. 이 제도와 그것의 변종인 연수취업 제도는 외국 인력을 학생도 아니고 노동자도 아닌, 산업연수생이라는 괴이한 신분으로 도입하는 편법적인 제도다. 대한민국 정부는 "내국인으로 대체할 수 없는 전문·기술 직종에 한하여 외국인의 국내 취업을 허용한다"라는 원칙 아래 소위 단순기능직 노동자 수입을 금지해 왔다. 그런데 1980년대 후반에 접어들어 3D 업종의 인력 부족이 심각해지자 정부는 이 원칙을 고수한 채 외국 인력을 도입해 빈자리를 메우려 했고, 산업연수생이라는 기형적인 제도를 만들어 냈다. 외국 인력이 필요하기는 하지만 정식 도입은 곤란하므로 학생 '비슷한' 신분을 부여해서 도입한다는 의미이다.

필요한 인력을 편법으로 도입하려는 이런 정책은 다수의 미등록 노동자를 낳을 수밖에 없었다. 저임금을 받는 합법적인 산업연수생으로 일하는 것보다 '불법 체류'가 되더라도 옆 공장으로 옮기면 월급이 올라간다는데 그냥 앉아서 손해 볼 노동자가 어디 있겠는가. 더구나 그들은 오직 돈을 벌려고 이 먼 곳까지 온 사람들이 아니었던가. 이들의 탈출을 막으려고 여권 압류, 외출 금지, 월급 강제 적립, 기숙사 감금 등의 인권침해가 생겼으니 더 말해 무엇하랴. 산업연수생들은 정식 이주노동자 신분이 아니기 때문에 일을 하는 노동자임에도 노동자의 권리를 가질 수 없다. 다만 이들은 '외국인 산업기술연수생의 보호 및 관리에 관한 지침'에 입각해서 근로기준법 일부 조항 등만을 적용받을 뿐이다. 4대 보험 중에서 건강보험과 산재보험은 적용받고 있지만 이것을 제대로 이용하기가 쉽지 않았다는 점도 문제다.

그렇다고 산업연수생보다 미등록 노동자들의 상황이 더 좋은 것도 아니었다. 월급을 못 받아도, 구타를 당해도 출입국관리소에 신고가 들어갈까 봐 두려워서 항의조차 제대로 못하는 실정이다. 또 이들을 고용하고 있는 사업주들은 미등록 노동자를 고용하고 있다는 사실이 알려질 것을 두려워해서 산재보험 가입을 꺼린다. 가입을 했더라도 고용주 입장에서는 산재 발생 시 미등록 노동자 고용 사실이 출입국관리소에 신고되어 발생할 벌금 때문에, 그리고 미등록 노동자 처지에서는 추방의 위험 때문에 불합리한 '쌍방 합의'로 처리하는 경우가 대부분이다. 그래서 제대로 치료도 못 받거나 겨우 치료만 받고 휴업 급여나 장해보상은 받지 못한 채 회사에서 쫓겨나는 경우도 많다. 특히 미등록 노동자들은 건강보험도 적용받지 못해서 크고 작은 각종 질병에 늘 노출되어 있다. 이주노동자들은 세계에서 가장 길다는 한국인의 노동시간보다도 훨씬 더 긴 주당 64.1시간(2000년 미등록 노동자의 경우)을 일하고 있으며, 임금 체불과 강제 근로, 구금, 욕설, 폭력 등의 기본권 침해에 시달리고 있다. 특히 여성 이주노동자들은 근로기준법 제68조 '여자와 18세 미만인 자는 하오 10시부터 상오 6시까지의 사이에 근로시키지 못하며 또 휴일 근로에 종사시키지 못한다'는 규정을 보장받지 못하고 있으며, 각종 모성보호 관련 규정에서도 고려되지 않고 있다(외국인노동자대책협의회 2001). 그렇게 일을 해 왔고 이젠 한국말도 한국 문화도 제법 익숙해졌는데, 그리고 외국 인력을 합법적으로 도입하는 고용허가제가 통과되었는데, 상황이 더 좋아지기는커녕 강제 추방이 도대체 웬 말인가.

추방 정책, 무엇이 문제인가

국회는 국내 기업에 안정적으로 노동력을 공급하고 이주노동자의 불법 체류·인권침해·송출 비리 문제를 해결하기 위해서 고용허가제라고 불리는 〈외국인 근로자의 고용 등에 관한 법률〉을 제정·공포했다. 오랜 숙원이었던 고용허가제가 우여곡절 끝에 드디어 통과되었지만 악법이라고 여겨지던 기존의 산업연수생 제도를 그대로 둔 채 통과되었다는 점, 전체 이주노동자 대다수를 차지하는 미등록자에 대한 적절한 조치가 없었다는 점에서 큰 문제를 안고 있었다.[4] 당시에 발생한 문제의 직접적인 원인은 미등록 노동자 강제 추방이다. 물론 정부의 입장에서는 전체의 80퍼센트가 '불법'이던 당시의 비정상적인 상황을 그대로 둘 수 없었을 테지만 그것을 바로잡으려는 정책 역시 정상적이지는 않았다.

정부가 발표한 기존 미등록 노동자 문제 대책은, 입법 청원 시점인 2003년 3월 말 기준으로 한국 체류 기간이 ① 3년 미만자는 최장 2년 동안 국내 취업 허용 ② 3~4년 된 자는 일단 출국했다가 재입국을 하면 1년 이내의 취업 허용 ③ 4년 이상자는 무조건 전원 강제 추방이었다. 이를 위해서 정부는 9월 1일부터 11월 15일까지 자진 출국과 합법화 기간을 설정했고, 이 기간에 자진 신고하는 미등록 노동자에게는 불법 체류 범칙금을 부과하지 않고, 또 재입국 금지 조치를 해제하겠다고 약속했다. 그러나 문제는 ②에 해당하는 사람 중에서 신고하지 않은 사람들과 ③에 해당하는 사람들이었다.

---

4 산업연수생 제도가 존속된 이유는 그 제도를 통해 노동력을 도입하고 관리함으로써 이익을 보는 기득권층의 저항을 무마하려는 정치적 타협의 성격이 짙었다. 결국 산업연수생 제도는 2006년 12월 31에 폐지되었다.

정부의 단호한 의지에도 불구하고 그 기간에 자진출국한 사람은 2만 1,000여 명에 불과했고, 정부는 무려 11만 명에 이르는 사람들을 단속, 추방해야 하는 상황에 처했다.

애초에 정부는 합법화 대상에서 제외되는 외국인 미등록 노동자 전원을 '법대로' 처리하겠다고 공언했다. 그러나 막상 이들에 대한 정부의 강제 추방 정책은 발표 이후 수정과 연기를 계속했다. 이주노동자들을 고용하는 중소기업들이 일제 단속과 추방 때문에 인력난이 심각하다고 호소하자 단속이 시작되는 바로 전날인 11월 16일, 법무부는 "중소 제조업체 쪽에서 단속 대상 외국인들의 근무지 이탈로 인력난이 가중되고 있다고 호소해 옴에 따라 이들 사업장에는 한시적으로 단속반을 투입하지 않기로 했다"며 실질적으로 제조업 공장에 취업 중인 이주노동자들은 단속하지 않을 것을 발표했다. 게다가 추방 위기에 내몰린 조선족 동포 수천 명이 한쪽에서는 국적 회복 신청을 하고 다른 쪽에서는 재외동포법 개정을 요구하며 집단 단식 농성에 들어가자 정부는 법률상의 문제가 해결될 때까지 중국 동포에 대한 단속을 한시적으로 유예하겠다고 발표했다. 12월 3일에는 자진 출국 유도 기간을 12월 말까지 연장하겠다는 방침을 내놓았고, 2004년 1월 2일이 되자 자진 출국 유도 기간을 1월 15일까지 또다시 연장하겠다는 방침을 내놓았다. 그러고는 실질적으로 설 연휴가 끝나고 나서 단속하는 것으로 변했다. 10만 명이 넘는 미등록자들을 단 몇 주 동안 자진 출국시킨다는 계획은 애초부터 실현 불가능한 것이었다. 아무리 꽉꽉 채운다고 해도 그 기간에 그들을 실어 나를 비행기가 턱없이 부족하다는 점, 단속하고 검거를 해도 출국하는 날까지 수용할 시설이 절대적으로 부족하다는 점 등을 고려하면 너무나도 명백한 일이었다.

미등록 노동자 수를 줄이는 가장 효과적이면서도 인권침해의 시비가 없는 방법은 사업주들을 압박해 그들의 고용을 막는 것이다. 그렇게 하면 사업주들은 처벌이 두려워서 한국인 노동자들을 고용하게 될 것이고, 일자리를 찾지 못하는 외국인들은 자연스럽게 귀국하게 된다. 그러나 공장에 외국 인력이 필요하다는 것을 잘 알고 있는 정부는 사업주 단속 부분은 사실 포기하고 가두 단속에만 주력했다. 공장에서 일하는 사람들은 단속을 유보한다고 했으나 출퇴근하는 사람들, 점심 식사를 하러 나온 사람들을 거리에서 연행하는 방식, 집에 쳐들어가서 저녁 식사를 하고 있는 사람들을 연행해 가는 방식을 주로 사용함으로써 인권침해의 시비를 불러일으켰다. 정부의 이런 방식은 이주노동자에게 공포심을 불어넣는 데에는 성공했지만, 자진 출국에는 실패했고, 잠적과 농성, 그리고 자살로 이어졌다.

과연 4년이나 된 체류자들을 전원 강제 출국시키는 것 이외에는 다른 방법이 없었을까? 한마디로 말해서 이들은 숙련공들이어서 작업 숙련도가 높고, 따라서 고용주들이 가장 선호하는 사람들이다. 게다가 한국말과 문화에 익숙해져서 나중에 도착한 후배들을 지도하고 훈련시킬 수 있기 때문에 이들이 한국에 '연착륙'하는데 결정적인 도움을 줄 수 있는 사람들이다. 그렇다면 장기 체류자들을 오히려 적극적으로 활용하는 방법을 찾는 것이 사업주나 한국 전체를 위해서도 유리할 것이다. 강제 단속을 시작하는 시점이던 2003년 11월부터 새로 도입한 고용허가제를 통해서 새 인력이 도입되기 시작하던 2004년 8월까지의 공백을 숙련공들이 메우게 하고, 그 이후에 새로 들어오는 인력만큼 그들을 순차적으로 내보내는 방법도 있었다. 그러나 정부는 그렇게 하지 않았다. 가장 뛰어난 일꾼들을 골라서 내쫓는 정책, 정부는 왜 그런 길을 택했을까? 도대체 무슨 이유가 있었기에.

감춰둔 이유는 '인종주의'

자, 그동안의 진행 과정을 다시 한번 살펴보자. 미등록 노동자들과 시민 단체들은 제대로 된 외국 인력 정책을 도입하라고 끊임없이 요구해 왔고, 기존의 미등록 노동자들이 합법으로 일할 수 있게 해 달라고 주장해 왔다. 그리고 드디어 그 제도가 완성되었다. 그렇지만 기존의 장기 체류 미등록 노동자들에게 돌아온 것은 강제 추방이었다. 도대체 왜 한국말 잘하고 숙련되어서 '부려먹기' 편한 그들을 다 내쫓으려고 하는 것일까? 나는 이 정책의 가장 밑바닥에 놓인 논리가 인종주의라고 생각한다. 한국에 와서 잠깐 일하고 돌아가는 것은 괜찮지만 계속 사는 것은 안 된다. 한국인이 되는 것은 안 된다.

'외국인들의 체류가 장기화되면서 각종 사회문제가 야기되고 있다'는 주장이 있다.[5] 여기에서 '각종 사회문제'란 범죄나 지역 사회에서의 갈등을 의미할 수 있는데, 인구 비율로 비교해 볼 때 이주노동자들이 한국인보다 더 많은 범죄를 일으킬까? 실제로 2005년의 경우를 보면, 외국인 범죄자 숫자는 8,313명이었고 이것은 전체 범죄자 중의 0.42퍼센트를 차지했다. 같은 해에 외국인 체류자 숫자가 51만 509명으로 전체인구의 1.05퍼센트였던 것을 고려해 보면, 외국인의 범죄 비율은 한국 사람의 절반도 채 되지 않는

---

5 한 토론회에서 '이주노동자의 체류가 장기화하면서 한국 사람과의 국제결혼이 증가하는 등의 문제가 있다'고 발언한 사람이 있었다. 이것은 백인과 결혼하는 것은 괜찮고 동남아 출신과 결혼하는 것은 문제가 있다고 보는 인종주의적인 시각이기도 하고, 요즘 늘어난 국제결혼으로 외국인 신부가 오는 것은 괜찮지만 이주노동자 출신인 외국인 신랑이 주저앉는 것은 곤란하다고 보는 가부장적인 시각이기도 하다. 어쩌면 이것이 한국인의 보편적인 정서인지도 모르겠다.

셈이 된다(통계청 2005). 특히 미등록 노동자들은 '불법 체류'라는 약점 때문에 강제 추방을 피하기 위해 문제를 일으키지 않으려고 애쓸 뿐만 아니라 피해를 당해도 참는 경우가 많다. 외국인이 일으키는 사회문제보다 오히려 더 큰 문제는 임금을 제대로 주지 않고 재해 보상을 제대로 해 주지 않는 한국 사회가 아닌가. 문제의 핵심은 제대로 된 인력 정책이 없어서 이주노동자들의 생활공간이 슬럼화되어 가는 데 있고, 이들의 소재조차 제대로 파악하지 못하고 있어서 이들의 내부 집단 안에 또는 집단 간에 일어나는 갈등에 한국의 공권력이 개입하지 못하는 데에 있다. '독일이나 프랑스 같은 선진국에서도 터키나 알제리 등에서 온 외국인 노동자들 때문에 문제가 많다'는 주장은 어떤가. 이런 주장은 그 나라들이 겪었던 식민 역사에 대한 무지에서 생겨난다. 실제로 독일이나 프랑스에서 생기는 '비백인' 관련 문제 대부분은 백인들이 만드는 것이고, 문제의 핵심은 백인에 의한 인종차별에서 출발한다. 사회적 갈등의 근본 원인은 그들을 차별하고 빈곤 상태에 묶어 놓고 빈민층 집단 거주 지역에 한정시켜 놓은 데에 있는 셈이다.

한국 정부가 단순기능직 외국 인력 도입과 관련해서 세운 기본 입장은 '교체 순환의 원칙'이다. 이 원칙은 일정한 시한을 다 채우면 무조건 내보내고 새로운 사람을 받아들인다는 것인데, 이것은 세계적으로 일반화된 것이므로 고용허가제가 3년 체류만을 허용한다고 해서 한국만 외국 사람을 푸대접한다고 볼 수는 없다. 그리고 언젠가는 출입국 관리 체계를 다시 세워야 하는 한국 정부의 입장에 따라 불가피하게 피해를 보는 미등록 노동자들이 생길 수밖에 없을 것이다. 그럼에도, 현재의 강제 추방 정책이 비판을 받는 이유는 이 정책이 기본적으로 이주노동자들을 단지 '유효기간이 지난 기계'로 보기 때문이다. 그들은 지난 10여 년 동안 한국 사회의 일원으로 살아왔고 한국 경제에 기여해 온 '사람'들이다. IMF 외환위기 당시 정부는 외국인 이주노동자 대신 한국인을 고용하는 회사에 지원금을 준다고 했지만 (『동아일보』 1998/03/16), 막상 외국인을 내보낸 자리에 일하겠다고 들어오는 한국인은 거의 없었다. 이쯤 되면 외국인 이주노동자가 한국 사회를 구성하는 필수적인 존재임을 인정해야 한다. 이미 세계 최저의 출산율을 보이는 현실로 짐작건대 앞으로 더 많은 사람이 필요해질 것이다.

다만, 모든 미등록 노동자를 사면하고 영주권을 부여하는 방식은 이민 국가가 아닌 이상 쉽지 않은 일이다. 지구상에 단순기능직 노동자의 도입을 조건 없이 허용하는 나라는 단 하나도 없다. '내국인 우선 고용의 원칙'에 따라 내국인을 먼저 고용한 후에도 채울 수 없는 일자리에 한해서 외국인에게 개방하는 것이다. 그렇다면, 미등록 노동자들이 자진 출국한 후에 고용허가제에 따라 합법적으로 한국에 돌아올 수 있도록 함으로써, 한국의 출입국 관리 체계상 파악 가능한 합법 체류 노동자가 되게 하는 것이 현 단계에서는 가장 현명하고 올바른 방법이 될 것이다.

2. 보내는 나라의 가족과 공동체 : 필리핀의 경우[6]

이주노동자를 주제로 하는 연구 결과물들은 1990년대 중반부터 나오기 시작하다가 2000년대에 들어서 급격하게 늘어나는 모습을 보였다. 초기 연

---

6 자세한 내용은 박경태·설동훈·이상철(1999), 박경태(2001a), 박경태(2001b) 참조.

구가 주로 이주노동자들의 노동과 관련된 열악한 상황이나 제도적인 문제를 많이 다뤘다면 최근 연구는 그들의 인권, 건강, 계급 문제, 노동운동 등과 같은 다양한 문제를 다루고 있어서, 단순히 양적으로만 늘어난 것이 아니라 연구의 다양성 측면에서도 매우 바람직한 경향을 보여 주고 있다. 하지만 아쉬운 점은, 많은 연구가 이미 한국에 들어와 있는 이주노동자를 대상으로 이루어졌다는 것이다. 이주노동자들은 한국에 들어오기 전에 무슨 생각을 하고 자기 나라를 떠났을까? 그들을 보낸 가족들은 어떻게 살았을까? 한국에서 일을 마치고 돌아간 노동자들은 어떻게 살고 있을까? 기존 연구 중에서 이런 질문에 답하는 것은 많지 않다.

나는 1998년부터 지금까지 필리핀을 여러 차례 다녀왔다. 한국에서 일하고 돌아간 이주노동자들을 만나서 조사하기도 했고, 그곳에서 외국으로 나간 필리핀 이주노동자들을 지원하는 시민단체와 정부 기구를 방문해서 조사하기도 했다. 이 장에서는 이주노동자를 내보내는 송출국 중의 하나인 필리핀의 입장에서 본 이주노동자 연구 결과를 기술해 보도록 하자.

왜 하필 필리핀인가

지금은 대규모 가구 공단이 자리를 잡아 수많은 이주노동자가 일하는 곳으로 알려진 마석 지역은 원래 한센병 환자 집단이 양계장을 운영하며 살아온 곳이었고 지금도 약 50여 가구가 살고 있다. 그곳은 동네의 성격상 땅값이 싸고 개발이 되지 않아서 방치되어 있었는데, 도시의 높아지는 임대료를 피해서 가구 공장들이 하나씩 옮겨 오더니 이제는 아예 대규모 가구 공단이 되었다. 그곳의 공장들은 대부분 낮은 임금, 힘든 노동, 위험한 작업 환경 등 전형적인 3D 산업의 요건을 모두 갖춘 영세한 공장으로, 한국인 노동자를 충원하기가 어려웠다. 대안은 미등록 이주노동자였다. 일자리와 싼 거주 비용을 찾는 이주노동자들이 자연스럽게 몰려든 결과, 이곳은 한국 언론에 의하여 '불법 취업 외국인 노동자의 해방구'로 불리게 되었다.

내가 처음 마석 지역을 현지 조사했던 1998년 여름, 이곳 이주노동자 사회의 주축은 필리핀인이었다. 당시 이곳에는 조선족이 아닌 한족 중국인을 포함해서 여러 나라 출신의 노동자들이 일하며 살고 있었지만, 그중에서도 필리핀 출신 노동자 수가 가장 많았다.[7] 또한 필리핀 노동자들은 일찍이 상호부조를 위한 공동체의 틀을 갖추고 있었는데, 자기들끼리 자치단체를 만들어서 모임을 하기도 하고 어려운 일이나 즐거운 일이 생기면 서로 도우며 살고 있었다. 그들 사회생활의 구심점은 예배를 위해 일요일마다 모이는 마석 대한성공회 남양주교회다. 평일에는 일을 하느라 서로 만나기조차 어렵지만 일요일에는 모두 교회에 모여 예배도 보고, 놀이도 하며, 취업에 대한 정보도 교환한다. 그런데 대부분이 천주교 신자인 필리핀 사람들이 개신교인 성공회교회에 모여서 예배를 본다는 점은 매우 특이한 것이다. 이렇게 된 배경은 그 지역에 천주교회가 자리를 잡기 전부터 이런 '전통'이 자리를 잡았기 때문이기도 하지만, 다른 교단이나 다른 종교에 대해서 개방적인 입장을 갖고 있는 대한성공회와 이정호 신부의 특성이 반영된 결과이기도 하다.[8] 이렇게 시작된 인연으로 필리핀 사람을 만나게 되고 필리핀

---

[7] 조사 당시 한국인 자원봉사자들은 경기도 마석의 조사 대상 지역과 그 인접 지역에 거주하고 있는 외국인 노동자의 출신국 분포를 다음과 같이 추정했다. 필리핀 200명, 방글라데시 150명, 나이지리아 30명, 카메룬 11명, 네팔 10명, 몽골 7명, 중국 4명, 파키스탄 2명.

[8] 남양주교회에서는 심지어 무슬림인 방글라데시 출신 이주노동자들이 모임을 갖기도 한다. 이

도 몇 차례 방문하게 되었다.

비록 개인적인 인연으로 시작되었다고는 하지만, 필리핀 출신 이주노동자 연구는 학문적으로도 몇 가지 의미가 있다. 첫째, 필리핀인은 국내 체류 외국인 중에서 중국, 미국, 베트남에 이어 네 번째로 큰 집단이다. 이 중에서 단순기능직 이주노동자가 많지 않은 미국인을 제외하면 세 번째로 큰 집단이라고 할 수 있는데, 중국(8만 629명)과 베트남(2만 4,992명)에 이어 2만 3,394명으로 전체 단순기능직 이주노동자의 11.2퍼센트를 차지하고 있다 (법무부 2007). 국내의 필리핀 출신 이주노동자들은 다양한 입국 유형을 보이고 있는데, 예술흥행 사증(비자)을 발급받은 예술인,[9] 산업연수 사증을 받고 들어온 산업기술 연수생과 고용허가제로 들어온 노동자, 그리고 단기 사증을 발급받고 입국하여 체류 기간을 초과했거나 취업 사증을 받지 않고 입국하여 국내에서 취업 중인 미등록 노동자 등이 모두 존재한다. 이렇게 많은 필리핀 출신 노동자들이 한국에 와 있는 이유는 노동력이 필리핀의 주요 '수출품'의 하나인 것과도 밀접한 관련이 있다.

필리핀은 세계적인 노동력 수출국이다. 전체 인구는 8,500만 명 정도인데, 2005년 현재 외국에 거주하는 필리핀 사람은 적게는 800만 명, 많게는 1,100만 명으로 알려졌다. 이들 중에서 이민자를 제외하고 일정 기간을 해외에서 일하다가 필리핀으로 돌아갈 이주노동자는 약 500만 명이며, 2006년 한 해 동안에만 외국에 일하러 나간 필리핀 사람은 무려 106만 명이나

교회는 아예 이주노동자 지원센터인 '샬롬의 집'을 열어서 종교와 관계없이 각종 도움을 주고 모임 장소를 제공하고 있다.

9 이들 중에는 고급호텔 무대에서 공연하는 사람도 있지만 대부분은 밤무대 가수나 댄서로 일하고 있으며, 일부는 '기지촌'에서 미군을 접대하는 직업에 종사하기도 한다.

된다. 외국에 나가는 사람 중에는 의사나 간호사 같은 전문직도 있겠지만, 대부분은 선원, 생산직 노동자, 가정부, 간병인 등 단순기능직 노동자이다. 세계 180여 개 국가에서 일하고 있는 이들이 외국에서 벌어서 필리핀으로 보내는 돈은 미화로 128억 달러(2006년)로 이 액수는 필리핀 GDP의 약 10퍼센트를 차지하며, 전체 수출액 472억 달러의 4분의 1이 넘는 엄청난 액수다. 가히 노동력 수출로 먹고사는 나라라고 할 만하다. 한국은 필리핀이 열 번째로 많은 노동자를 보낸 나라에 해당한다.[10]

둘째, 필리핀인은 아시아에서 드물게도 가톨릭 신자가 인구의 대다수를 차지하는 나라여서 정착 초기부터 한국 천주교회의 전폭적인 도움을 받았다. 현재 한국에서 이주노동자들을 지원하는 단체 중 상당수가 개신교에서 설립한 것이어서 비기독교권에서 온 노동자들이 이곳의 도움을 받을 경우 비록 강제는 없다고 할지라도 개종에 관한 생각을 하게 되는 입장임을 고려해 보면, 필리핀인들은 매우 편안한 상태에서 일하고 종교 활동을 한다고 볼 수 있다. 특히 필리핀 노동자들이 많이 모이는 몇몇 천주교회에서는 아예 필리핀에서 신부를 파송해 자국 노동자들을 위한 미사를 필리핀어로 집전하기도 한다. 성당의 지원 아래 이들은 한국의 각 지역에 흩어져 살면서도 지역별로 종교적인 유대를 가지며, 지역별 그리고 지역 간의 운동경기를 갖는 등 다른 나라 출신의 이주노동자들보다 비교적 일찍부터 조직화된 모습을 보여 주었다.

10 http://www.poea.gov.ph/stats/2006Stats.pdf,https://www.cia.gov/library/publications/the-world- factbook/geos/rp.html. Bangko Sentral ng Pilipinas. 2005. "Statistical Measure- ment of Overseas Filipino Workers' Remittances: Present Practices and Future Direction". *International Technical Meeting on Measuring Migrant Remittances*(http://siteresources.worldbank.org/DATASTATISTICS).

셋째, 필리핀인은 영어를 구사할 수 있다.[11] 아시아에는 영어를 공용어로 사용하고 있는 나라가 많지 않으며, 더구나 단순기능 노동력을 해외로 보내는 나라 중에서 영어를 사용하는 나라는 매우 희소하다. 영어를 할 줄 아는 이주노동자라는 점은 앞에서 언급한 것처럼 이주노동 초기에 '영어가 가능한 가정부'라는 점에서 일반인의 주목을 끌기도 했지만 연구자들의 시선을 끌기도 해서 연구자들이 필리핀 출신 이주노동자들에게 접근하게 하는 요소가 되기도 했다. 외국인에 대한 조사를 하기 위해서는 '그들의 말'을 구사하는 것이 매우 중요한 선행조건 중의 하나가 된다. 그러나 이주노동을 연구하는 한국 학자 중에서 아시아의 현지 언어를 구사할 수 있는 사람이 거의 없는 실정이어서 심층 연구에 어려움이 있다. 물론 한국에 와 있는 이주노동자 중에서 한국어를 구사할 줄 아는 사람도 많지만, 미묘한 정서를 읽어 내기 위해서는 '그들의 말'을 사용하는 것이 필요하다. 필리핀 사람들이 영어를 사용한다는 점은 영어를 할 줄 아는 한국인 연구자가 의사소통 장벽을 쉽게 허물 수 있음을 의미한다. 이런 이유로 연구 초기 단계에서 필리핀인들은 다른 이주노동자 집단보다 비교적 자주 연구 대상이 되곤 했다.

〈표 3-2〉는 면접에 응해 준 응답자들의 인구학적 특성과 이주노동 관련 응답 내용을 정리한 것이다. 면접은 주로 1998년 8월 11~20일 동안 이뤄졌

---

11 물론 영어가 공용어로 지정되어 있으나 모든 필리핀 사람이 영어를 잘하는 것은 아니다. 영어는 아무래도 학교에서 배우는 언어이므로 학력에 따라 영어 구사 능력에 큰 차이가 있다. 필리핀은 다양한 문화를 가진 종족이 섞여 살고 있을 뿐 아니라 사용 언어도 100개를 훨씬 넘는다. 필리핀 국립박물관이 정리한 언어 지도에 따르면, 중국인과 스페인인 등을 제외한 필리핀 선주민(先住民) 종족의 언어는 126개인데, 방언까지 합치면 186개로 늘어난다. 그중 중심이 되는 언어는 타갈로그어(Tagalog)와 그와 아주 유사한 비사야어(Visaya)이다. 타갈로그어는 1937년에 필리핀의 국어로, 1946년에는 공용어로 지정되어 그 후 현재까지 필리핀어로 불린다(박경태 외 1999).

〈표 3-2〉 피면접자의 인구학적 특성과 이주노동 관련 응답 내용*

사례 번호	이름	성별	나이	학력	직업	혼인 여부	성공** 여부	체류 기간	이주 비용 (US $)	비고
1	V	여	26	2년제 대졸	주부	이혼	실패	6년(2회)	2,000 3,200	생활비로 사용
2	R	남	34	2년제 대졸	공장 노동	이혼	실패	8년	2,500	원래 제보자(현 한국 거주)
3	M	여	26	2년제 대졸	상점 운영	기혼	성공	3년1개월	불명확	
4	J	남	33	2년제 대졸	농업	기혼	성공	3년7개월	3,000	
5	T	남	26	고졸	농업	미혼	실패	2년2개월	1,800	어머니 병원비 사용
6	R	남	26	2년제 대졸	무직	기혼	실패	10개월	3,000	한국 경제 위기로 구직 실패
7	J	남	27	2년제 대졸	무직	미혼	실패	3년8개월	약 2,500	닭싸움에 돈 탕진
8	R	남	35	고졸	생선 좌판	기혼	성공	7년(3회)	처음에는 1,300	처음 이후에는 혼자서 수속
9	N	여	33	4년제 대졸	주부	기혼	성공	1년9개월	불명확	
10	F	남	33	고졸	트라이시클 운전***	기혼	실패	1년	3,000	한국 경제 위기로 구직 실패
11	A	남	23	고졸	무직	미혼	실패	1년	3,000	한국 경제 위기로 구직 실패
12	L	남	33	고교 중퇴	상점 운영	기혼	성공	6년3개월	1,500	
13	M	남	25	3년제 대졸	무직	미혼	성공	약1년반	2,500	씀씀이 큼
14	N	남	30	2년제 대졸	선원	기혼	실패	1년4개월		
15	M	여	-		교사	기혼	성공	-	-	해외 취업 경험이 없다

* 점선으로 연결된 1-2, 3-4, 8-9번은 두 사람이 부부임을 뜻한다.
** '성공'은 경제적 이유 때문에 다시 출국을 하지 않아도 되는 상태를 의미한다.
*** 트라이시클(Tricycle)은 오토바이 옆에 인력거를 부착한 운송 수단을 말한다.

으며, 면접 대상자는 경기도 마석에 거주하고 있는 필리핀 노동자 R씨(남 2번)를 기점으로 그곳에서 일하다가 필리핀으로 돌아간 사람들을 전략적 제보자 표집법12을 통해서 확보되었다. 표본을 구체적으로 살펴보면, 원래 제

12 전략적 제보자 표집법(strategic informant sampling)은 연구에 도움이 되는 제보자의 정보에 의존해서 표본을 뽑는 방법을 말한다. 이 방법은 확률에 근거해서 표본을 뽑기 어려운 경우에 사용하게 되는데, 표본의 대표성은 줄어드는 반면에 연구자가 의도하는 조건에 맞는 표본을 뽑을 수 있으므로 표본의 타당성이 높을 수 있다.

보자와 경기도 마석에서 일하고 돌아간 노동자 열 명(남자 일곱 명, 여자 세 명: 원 제보자의 부인 포함), 그리고 현지에서 만난 역시 한국에서 일한 경력이 있는 사람 세 명, 그리고 현지 마을의 초등학교 교사 한 명 등, 모두 15명을 면접했다. 지역적으로 보면 필리핀 마닐라Manila 시 남쪽의 바탕가스Batangas와 그 인근 지역 및 민도로Mindoro 섬의 농촌 마을이다. 이 중에서 V씨(여 1번)는 현지 가이드 역할을 해 준 사람인데, 본인 자신도 마석에서 일을 하던 도중에 본 연구의 원래 제보자인 R씨를 만나서 결혼했다. V씨는 아이를 낳고 얼마 되지 않아 한국이 외환위기를 맞았고 다니던 직장은 부도가 났다. 일자리를 잃게 되자 경제적인 부담 때문에 1998년 3월에 아이를 필리핀으로 보냈고, 결국 본인도 5월에 필리핀으로 돌아갔다. V씨는 마석에 남아 있는 남편 R씨의 주선으로 연구를 위한 현지 가이드 역할을 해 주게 되었다.

가족과 공동체가 이주노동에 끼치는 영향

(1) 보편적인 규범과 정보의 제공

필리핀은 멕시코에 이어 세계에서 두 번째로 많은 노동력을 수출하는 나라지만, 멕시코의 노동력이 대부분 미국으로 이동하는 데에 비해 필리핀 노동력은 전 세계로 퍼져 나간다는 차이점이 있다. 워낙 많은 사람이 외국에 나가 있고 그들이 보내는 돈의 규모가 워낙 커서 필리핀 정부는 이주노동자들이 송금하는 돈을 재화와 용역 수출의 일부로 GNP 산정에 아예 집어넣고 있으며(Böhning 1998, Gonzalez III, 1998), 결과적으로 현재 전체 필리핀 인구의 약 절반이 해외 가족이나 친척의 송금에 직접적으로나 간접적

으로 의존하고 있다(Kanlungan Center Foundation, Inc. 1999)

필리핀은 1970년대부터 정책적으로 외국으로 일하러 나가는 것을 장려해 왔고, 국민 모두에게 기회만 되면 나가는 것이 좋다는 규범이 자연스럽게 정착되었다. 규범이란 한 사회의 주어진 상황에서 성원들이 해야 하거나 해서는 안 되는 규칙들을 의미한다. 만약 사회적 규범을 넘어서서 일탈할 때는 그것에 상응하는 제재를 받게 된다. 외국으로 일하러 나가는 것이 한 사회에서 통용되는 규범에 일치하지 않는다면 개인의 이동은 다양한 방식으로 제한될 것이다. 반대로 그것이 사회 내에 존재하는 규범에 부합하면 이동은 자연스러운 현상이고 보편적인 삶의 방식으로 인정될 것이다. 현재 필리핀에서 해외로 일하러 간다는 것은 새롭거나 낯선 현상이 아니라 매우 자연스러운 것으로 받아들여지고 있다.

이곳에는 269가구 1,249명이 산다. 이 중 30가구 이상이 외국으로 일하러 간 가구원이 있다. 이들이 일하러 간 나라들을 꼽아 보면, 이태리·홍콩·스위스·말레이지아·한국·대만·사우디아라비아 등이다. …… 필리핀은 직업을 구하기가 매우 어렵고, 직업이 있다고 해도 버는 돈이 너무 적어서 살기가 어렵다. 여기의 월급으로는 먹고사는 데 필요한 음식밖에는 살 수가 없다. 그래서 많은 사람이 외국으로 나가서 일하려고 한다(M씨, 여 초등학교 교사).

이 동네에는 약 62가구가 있는데 절반 정도의 가구에 외국으로 일하러 간 사람이 있고, 그중 10명에서 15명 정도는 원양어선을 타는 것으로 알고 있다(T씨, 남 26세).

이 정도라면 이주노동은 초기의 선택성을 넘어 이젠 보편화의 단계에 완전히 접어들었다고 볼 수 있다.[13] 실제로 마닐라 시내에는 외국으로 일하러 나가는 것을 중계해 주는 알선 업체 사무실들이 마치 한국의 부동산 공인중개사 사무실처럼 엄청나게 많고, 해외에서 가족이나 친척들이 보내준 미국 달러를 바꿀 수 있는 환전상을 곳곳에서 발견할 수 있다. 농촌마을에도 이주노동 중개인들이 돌아다니면서 사람을 모으기도 한다.

국제 노동력 이동은 일단 시작되면, 그 유발 요인이 소멸되지 않는 한 지속되는 경향이 있다. 개인 행위자의 행위는 후속 행위자에게 영향을 미쳐 국제 노동력 이동 양상을 결정하며, 이것이 일정 기간 이상 지속되면, 노동자의 '국제 이동과 관련된 사회적 연결망'이 구조화되기 마련이다(Gross and Lindquist 1995). 사회적 연결망은 이동에 필요한 비용을 감소시키며 이동에 수반되는 위험을 감소시킨다. 처음 이동하는 사람은 이동 비용도 많이 들고 위험 요소도 많겠지만, 일단 그 사람이 이동하고 나면 친구나 친척들은 그의 도움을 받아 상대적으로 쉽게 이동할 수 있으므로 이동하는 사람이 확대되며 이는 추가로 비용 절감과 위험 감소로 이어진다.

필리핀에서 한국으로의 공식적·합법적 이동 경로는 매우 제한되어 있고 접근도 용이하지 않다. 따라서 많은 이들이 비공식·비합법적인 경로를 통해서 한국으로 이동하고 있다. 실제로 응답자 열 명 중에서 두 명만이(M씨, 여 24세 ; R씨, 남 26세) 산업연수생 비자를 받아서 한국에 왔으며, 나머지는 모두 관광 비자로 입국했다. 이럴 경우 이동을 하려고 할 때 이동 가능한 대상국들에 대한 정보의 확보 여부는 이동지를 최종 선택할 때 매우 중요한 역할을 한다. 따라서 한 사람이 이동을 경험한 후에는 이 정보를 이용하여 비용과 위험을 감소시키기 위해서 같은 지역으로의 연쇄 이동chain migration이 일어나게 된다. 정보를 둘러싼 사회적 연결망은 국제 노동력 이동의

---

13 리(Lee)에 따르면 이주는 매우 선택적이어서 아무나 이주하는 것이 아니다. 사람은 출발지나 목적지의 여러 가지 조건에 다르게 반응하며, 각종 장애를 극복하는 능력도 다르며, 개인적인 요인들도 다르다(Lee 1966, 47-57).

가능성을 높이고, 추가 이동을 야기하여 연결망의 범위는 더욱 확대된다. 가족이나 친척 중에서 외국에서 일한 경험이 있는 사람을 발견하는 것은 어렵지 않다. 장남인 R씨(남 35세)는 자신을 포함해서 3남 5녀 중에 네 명이 해외에서 일한 경력을 가지고 있다. 해외 취업 경험이 있는 동생 중에서 두 명은 R씨가 먼저 가서 한국으로 불러들인 경우였다.

> 내가 처음 한국에 간 것은 1991년이었다. 1997년에는 남동생 두 명을 한국으로 불렀다. 학교를 마치고 마땅한 직업이 없던 동생들을 부르느라고 돈이 제법 많이 들었지만, 가족을 위해 당연히 해야 할 일을 한 것이다. 그러나 이들이 온 뒤 얼마 지나지 않아 한국 경제가 나빠져서 빚도 제대로 갚지 못한 상태로 우리는 모두 귀국했다.

R씨의 부인인 N씨(여 33세)도 한국에 먼저 온 남편과 합류하여 함께 일했는데, N씨의 여동생 중 한 명도 이탈리아에서 가정부로 일한 경력을 가지고 있다. M씨(남 25세)의 가족도 국제 이동의 전형에 해당하는데, 여섯 형제가 모두 해외 취업 경험이 있거나 준비 중이다. 이들 중에서 M씨와 큰형인 N씨(남 30세)는 한국에서 취업했던 사람들이다.

> 나는 여섯 형제의 다섯째로 태어났다. 학교는 3년제 대학에서 해운 서비스(marine transportation service)를 전공했다. 집안의 첫째 형부터 넷째 형까지 모두 선원이고, 막내는 선원 학교에 다닌다. 형들이 선원 생활하며 돈을 벌었기 때문에, 집안 살림이 늘었다(M씨, 남 25세).

> 아버지가 일찍 돌아가신 후, 어머니가 사우디아라비아에서 병원 세탁일, 말레이시아에서 가정부, 미국에서 사과 농장 일을 하시면서 송금한 돈으로 2년제 대학까지 마쳤다. 그동안 집안의 가장 역할은 오빠가, 어머니 역할은 언니가 했다. 어머니의 형제 중 큰 외삼촌이 미국에서 학교 청소부로 일하고 있고, 작은 외삼촌은 독일의 한 호텔에서 요리사로 일하고 있다. 아마 그 점이 어머니의 해외 취업과 관련이 있을 것 같다(V씨, 여 26세).

가족 중 나처럼 해외에 일하러 간 사람이 많다. 사촌을 비롯한 가까운 친척들만 해도, 선원이 15명이고, 이탈리아에서 일하는 사람이 10~15명이다. 큰형(45세)은 이탈리아에서 10년째 정원사 일과 세탁 일을 하며 살고 있고, 형수도 역시 이탈리아에서 가정부로 일한다. 그 사이에는 딸이 하나 있는데, 필리핀에 있는 내 어머니(아이의 할머니)가 키운다. 농부였던 아버지는 11년 전에 돌아가셨고, 어머니가 살아계신다. 큰형 부부는 석 달 정도 휴가를 얻어 필리핀에 머물다 돌아간다(L씨, 남 33세).

가족은 가장 기초적인 사회화가 일어나는 단위다. 이주노동자의 가족은 이주의 전통을 성원들에게 심어 주며, 이것은 이주노동을 긍정적으로 받아들이게 해 자녀들도 이주노동을 희망하게 된다.

(2) 필요한 자원의 조달

이동 비용 중에서 돈은 가장 기초적인 사회적 자본이라 할 수 있다. 이동에 필요한 돈을 동원할 수 있는 사람은 그렇지 못한 사람보다 이동 가능성이 커진다. 필리핀에서 한국으로 떠나기 위해서는 90년대 후반 당시에 대개 미화 2,000달러 이상의 돈이 필요했는데, 필리핀의 경제 사정으로 볼 때 엄청나게 큰돈이다. 따라서 모든 응답자들은 이동에 필요한 비용을 자신이 가진 돈으로 마련하지 못하고 은행이나 다른 사람에게서 빌려서 조달했다.

한국에 갈 때에는 관광 비자로 갔다. 브로커 비용으로 4만 5,000페소(약 1,800달러) 정도 들었는데 어머니가 친구에게 꾼 돈으로 마련했다(T씨, 남 26세).

처음에 한국에 간 것은 1991년 초다. 마닐라에서 만난 한 중개인(agency)을 통해 한국에 일하러 갈 방법을 아는 브로커를 만났다. 그는 여권에 도장받는 수고비와 한국 출입국관리소 직원에게 보여 줄 돈이 필요하다는 등의 사유로 1,000달러를 요구했다. 나는 그 돈을 사촌에게 빌렸다. 그 이자는 100일에 10퍼센트에 달하는 것으로 매우 높았다. 나는 그 돈을 귀국하는 친구를 통해 송금해서 곧 갚았다(R씨, 남 35세).

돈을 빌릴 수 있는 처지에 있는 사람은 이동에 긍정적인 영향을 끼치는 사회적 연결망을 가진 사람이다. 반면에 이러한 연결망을 갖지 못한 사람은 원천적으로 이동이 불가능했다. 다시 말해서 "외국으로 일하러 가지 않는 사람들은 필리핀에서 좋은 직업이 있거나 아니면 가는 데 필요한 비용을 마련하지 못하는 사람들이다"(V씨, 여 26세).

필리핀에서는 가족 성원들이 각자 다른 나라로 일하러 나가 있는 것이 매우 자연스러운 현상이다. 특히 한 명이 나가서 보내 준 돈을 모아서 그 돈으로 생활하고 집을 사기도 하며, 가족 중에 다른 사람이 외국으로 나가는 데 필요한 자금으로 사용되기도 한다.

> 내가 한국에서 일하며 번 돈은 대략 미화 1만 달러(1,300만 원) 정도이다. 나는 그 돈을 고향에 있는 어머니에게 송금했고, 어머니는 그 돈을 다른 브로커에게 지불하고 이탈리아로 일하러 떠났다(J씨, 남 33세).

이주노동은 단순히 외부 상황에 어쩔 수 없이 따라가는 결과가 아니라 가족의 적극적인 전략의 결과라고 볼 수도 있다. 슈타르크Oded Stark에 따르면 가족, 가구와 같은 공동체나 집단이 다양한 시장의 실패와 관련된 긴장을 완화하기 위해 성원 중의 일부를 해외 노동 시장으로 내보내도록 결정한다. 위험 회피 모형이라고 불리는 이 가설은 가구의 소득 원천을 다양화함으로써 만일에 있을지 모르는 위험을 분산하게 된다(Stark 1991). 여기에서 이동의 의사 결정은 개인이 아니라 가족이 하며, 이것은 원자화된 개인 행위자가 소득 격차 때문에 국제 노동력 이동을 합리적으로 선택한다는 신고전파의 논리와 배치된다. 심지어 노동력 유입국과 송출국 사이에 임금 격차가 없는 경우에도 국제 노동력 이동을 통해서 위험을 분산시키기도 하며, 송출국의 경제 발전으로 국내 취업이 활성화되더라도 위험 분산을 위해서 이주노동은 여전히 매력적일 수 있다.[14] 한편 위험 회피 모형은 노동력의 유입국에서 노동하는 동안에도 적용할 수 있는 데, 남편과 함께 한국에서 일을 한 N씨(여 33세)는 다음과 같이 말했다.

> 한국에서 남편과 나는 같은 공장에서 일하기도 했지만 대부분 다른 공장에서 일했다. 그것은 하나가 월급을 못 받더라도 다른 사람이 월급을 받을 수 있기 때문이다. 내 친구들 중 결혼한 부부는 대개 이렇게 일한다. 일종의 위험 분산 전략이다.

결혼을 해서 자녀를 낳은 경우는 육아 부담 때문에 이동이 제한되는 경향이 있다. 이때 친족 공동체가 이 부담을 대신할 수 있다면 이동은 훨씬 자유로워진다. 확대가족의 전통적 가치관을 가지고 있는 필리핀 사회는 아이의 할머니나 다른 친척들이 이 부담을 대신한다. 외국에서 일한 경험은 없지만 초등학교 교사인 M씨는 할머니나 숙모 등이 아이들을 돌봐 주기 때문에 어머니가 없는 경우에도 별문제가 없다고 말했다. 부부가 모두 한국에서 일하고 있다가 아이가 생긴 경우에는 필리핀으로 귀국하는 인편에 아이를 보내서 양육을 부탁하고, 부부는 한국에서 계속 일하는 경우도 있다. 앞에서 언급한 V씨의 가족은 V씨가 이주노동을 계속할 수 있도록 양육을 대신해 주었다.

> 1997년은 한국 경제가 기울기 시작한 해였다. 마석 가구 공장들도 일감이 줄어들면서 우리의 일자리가 불안정해지기 시작했다. 그해 연말의 외환위기는 우리에게도 결정적

---

14 위험 회피 모형과 관련된 이론적 정리는 Douglas S. Massey, et al.(1993, 699-751) 참조.

타격이었다. 그래서 우리는 돌이 막 지난 아들을 먼저 필리핀으로 귀국시켰다. 고향에 사는 남편의 누나가 우리 아들을 양육해 주기로 했다(V씨, 여 26세).

나는 임신 6개월이 될 때까지 공장에서 일했다. 그 뒤로는 출산 때인 1996년 9월까지 쉬었다. 아이가 태어나니가 부부가 함께 일하기가 무척 어려웠다. 그래서 우리는 아이를 먼저 귀국시키기로 하고 1997년 6월에 필리핀 여행을 떠나는 잘 아는 한국인에게 부탁해서 아이를 보냈다. 필리핀에서는 친정어머니가 아이를 대신 키워 줬다(N씨, 여 33세).

이상에서 살펴보았듯이 가족과 공동체는 이주노동자에게 물질적인 도움과 정신적인 지원을 통해 이주노동이 가능하도록 북돋아 주는 역할을 한다.

이주노동이 가족과 공동체에 끼치는 영향

(1) 경제적인 측면

이주노동자들이 외국에서 고생한 대가로 번 돈은 국가적으로도 매우 큰 액수이지만 개별 가족에게도 중요한 의미를 지닌다. 이 돈은 새집을 짓거나 각종 가전제품을 구입하는 데에도 쓰이고, 자녀의 학비와 생활비로 사용되며, 가장 중요하게는 귀국 후에 자영업을 하는 데 필요한 자금이 된다.

나와 처가 한국에서 벌어 온 돈은 집 사고, 땅 사고, 생선 가게 사업 자금으로, 또 가족 생활비로 썼다. …… 생선 가게 운영비로는 1만 5,000페소가 들어갔다. 여기(바탕가스 외곽의 소도시)에서 생선 중개상으로 일하고 있다. 도로가에 베니어판으로 좌판을 열어 생선 가게를 한다(R씨, 남 35세).

내가 한국에서 일해 번 돈은 필리핀으로 송금했다. 그것을 아내가 착실히 저축했다. 바로 내 마누라가 저축 은행이다. 다른 사람과 비교할 때, 막내라서 부모를 부양할 필요가 없었다는 점도 중요하다. 그 경우 쓰는 것이 저축보다 더 많을 수 있다. 나는 빚이 전혀 없다. 그것은 전적으로 내 마누라가 알뜰히 돈을 저축한 덕분이다. 구멍가게를 여는 데는 건물 짓는 데 5만 페소, 물건 구입하는 데 2만 페소, 도합 7만 페소가 들었다. 그 돈은 은행에 저축해 두었던 것이다. 가게를 하천 부지 위에 지었으므로 땅값은 들지 않았다. 12월과 1월의 휴가철이 호경기이긴 하지만, 요즘도 장사는 잘된다(L씨, 남 33세).

그러나 외국에서 번 돈이 반드시 긍정적인 곳에만 투자되는 것은 아니다. 아시스Maruja Asis의 필리핀 현지 조사에 따르면 이주노동자가 보낸 돈으로 '빌라'villas라고 불리는 매우 인상적인 집을 여러 채 건축 중이었는데, 이 집들은 이주노동자가 (가정부로) 일하고 있는 외국의 집을 본떠서 지은 것으로 알려졌다고 한다. 이 집들은 매우 비싼 가구와 가전제품은 물론, 필리핀 농촌에는 전혀 어울리지 않는 거실의 홈바나 화장실의 목욕통까지 갖추고 있어서 적절한 소비의 개념을 넘어서고 있다(Asis 1995). 외국에서 번 돈이 전혀 없거나 모으지 못해서 오래 고생한 보람을 찾지 못하는 경우도 종종 발견된다.

한국에서 일하고 필리핀으로 돌아간 친구들 중에서 성공하지 못한 친구들도 꽤 있는 것으로 아는데, 그렇게 된 이유는 간단히 말해서 한국에 있는 동안 너무 많이 썼거나 보내준 돈을 필리핀에 있는 가족들이 제대로 모으지 못해서라고 생각한다. 고국에 있는 친구의 가족들이 어떻게 헤프게 썼는지는 잘 모르겠지만, 여기(한국)서 보면 주말에 돈을 헤프게 쓰는 친구들도 꽤 있다(R씨, 남 34세).

한국에서 돈을 많이 벌지만 물가가 비싸서 아무리 아껴 써도 생활비가 많이 든다. 또 필리핀에 돌아와서도 한국 가서 돈 좀 벌어 왔다고 씀씀이가 커진다. 그 때문에 총각이 돈 모으기는 어렵다. 기혼자가 저축할 가능성이 훨씬 높다(M씨, 남 25세).

개인적인 낭비 때문에 돈을 모으지 못한 대표적인 경우는 J씨(남 27세)를 들 수 있다. 그는 한국에서 3년 5개월 정도 일했는데 막상 모아 놓은 돈이 한 푼도 없다고 했다. 면접을 위해 방문했을 때, 집에 없어서 이웃의 안내로 근처의 닭싸움 장으로 가서 한참을 찾은 후에야 만날 수 있었는데, 이웃의 말에 따르면 노름의 성격을 띠는 닭싸움에 돈을 모두 탕진했다고 한다. 한편, 일반적인 생활비 지출도 사업 자금을 축적하지 못하는 이유가 된다.

> 나도 한국에서 약 15만 페소 정도를 벌었지만, 어머니의 병원비로 다 써 버려서 남은 돈이 전혀 없다. 한국에서 일하던 공장이 문을 닫아 귀국했다. 지금은 이곳에서 쌀과 칼라만시(작은 라임의 일종) 농사를 짓고 있다. …… 외국에서 일하고 돌아온 사람 중에도 여전히 가난한 사람들이 많다. 아마도 아이들이 너무 많아서 생계비와 교육비에 돈을 쓰다 보니까 돈을 모으지 못한 경우가 많은 것 같다(T씨, 남 26세).

표본 수의 한계가 있지만, 현지 조사를 통해서 만나 본 사람들 가운데 한국 취업 경험이 있는 14명 중에서 이주노동의 결과가 성공적이라고 판단되는 사람은 여섯 명(두 쌍의 부부 포함)에 불과하고 나머지 여덟 명은 이주노동을 통해서 경제적인 축적을 전혀 이루지 못했다. 이렇게 된 이유를 살펴보면, 어머니 병원비 사용이 한 명, 한국의 경제 위기로 구직 실패가 세 명, 단순한 낭비가 두 명, 그리고 생활비 사용이 두 명(부부)으로 파악된다. 이 중 마지막 경우는 '이주노동의 악순환'이라는 틀에서 살펴볼 필요가 있다. 〈그림 3-1〉은 이주노동의 악순환이 발생하는 구조를 보여 준다. 가난하고 직장을 찾을 수 없어서 이주노동을 해야 하고, 이주노동으로 번 돈을 송금하면 본국의 가족들이 생활비나 교육비와 같은 일상적인 소비 활동을 할 뿐만 아니라 높아진 소비 수준 때문에 더 많은 지출을 하게 된다. 따라서 자본축적이 이루어지지 않으며, 귀국 후에도 여전히 열악한 국내 경제 사정 으

〈그림 3-1〉 이주 노동의 악순환

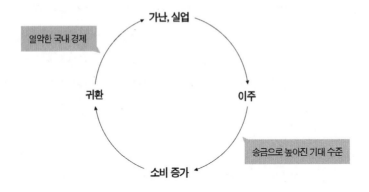

로 취직이 불가능하다. 뾰족하게 할 일이 없기에 또다시 외국으로 나가야한다. 이것이 송출국의 일반적인 상황이다.[15] 이렇게 볼 때 이주노동이 당장의 절박한 경제적인 어려움을 해소해 줄 수는 있지만 그것이 반드시 장기적인 안정을 가져온다고는 보기 어렵다.

(2) 가족의 유대감 측면

일반적으로 이주노동이 가족에게 물질적인 풍족함을 가져다주지만 정신적 또는 비물질적으로는 부정적인 영향을 끼친다는 인식이 퍼져 있으며, 필리핀 언론에서는 이런 내용을 자주 보도하고 있다. 특히 이주노동이 가

---

15 이주 노동의 악순환을 끊기 위하여 필리핀의 일부 시민단체는 이주노동자가 외국에서 번 돈을 저축하도록 유도하고 이것을 이용해서 귀국한 후에 사업을 시작하거나 또는 그들에게 소자본을 대여해 주고 사업을 일으킬 수 있도록 도와 주고 있다. '귀환 프로그램'이라고 불리는 이러한 노력들에 대한 자세한 논의는 이 장의 4절에 나온다.

족 구성에 끼치는 영향에 대해서는 배우자의 부정이나 버릇없는 자녀 등과 같이 주로 나쁜 쪽으로 강조되고 있다. 부모 중의 한 사람이나 두 사람 모두 해외에 나가 있는 경우에 자녀 양육은 친척의 손에 맡겨지는데, 아이들은 부모가 보내 주는 돈과 선물을 통해서만 부모와 유대감을 느낀다는 주장이 있다. 이 아이들은 부모의 적절한 지도와 역할 모델이 없기 때문에 학교를 중퇴하며, 범죄자가 되거나 알코올이나 마약 중독자가 되기도 한다는 것이다(Gonzalez, III. 1998, 97-98). 그러나 이주노동자의 자녀가 다른 청소년보다 더 범죄에 빠진다는 직접적인 증거는 없으며, 비록 부모를 그리워하기는 하지만 그것을 통해서 그들은 독립심을 배우고 있으며 편지, 녹음테이프, 비디오테이프 등의 교환을 통해서 여전히 가족을 중요하게 생각하고 있음도 밝혀졌다(Asis 1995, 2000).

V씨는 배우자가 외국에 나가 있는 동안 배우자의 어느 한쪽이 부정을 저질러 가족이 깨지는 경우가 종종 있다고 전한다.

> 외국으로 돈 벌러 가는 것 때문에 가정이 깨지는 경우도 무척 많다. 내가 한국에서 본 것으로는 결혼한 사람 중에서 약 절반 정도는 바람을 피우는 것 같다. …… 내 친구 M(여자)은 한국에 가기 전에 결혼을 했고 애들도 제법 컸다. 그런데 한국에서 R이라는 남자를 만나 동거를 했으며 남자아이도 낳았다. 물론 R도 결혼을 한 사람이었다. 하지만 필리핀에 있는 남편과 아이들이 이 사실을 알게 되어 이혼을 당했다. M은 필리핀에 돌아와서 혼자 그 남자아이를 키우면서 살고 있는데, R이 경제적으로 조금 도움을 주는 것으로 알고 있다. R의 부인도 남편이 한국에 있을 때 바람을 피웠던 사실을 알고 있을 거다(V씨, 여 26세).

현지 안내자의 역할을 해 준 V씨에 따르면, 본 연구의 응답자 중 한 명인 R씨(남 35세)도 한국에 있을 때 부인이 아닌 여자와 함께 살았다고 한다. 필리핀에 있던 부인 N씨(33세)가 이 사실을 알고 혼자서 부랴부랴 수속을 밟아 한국에 가서 남편과 합류했으며, 물론 N씨와 R씨는 대판 싸움을 벌였다. V씨에 따르면,

이처럼 외국에서 사는 동안 결혼한 사람들이 바람을 피우는 이유는 아마도 외로워서라고 생각한다. 그러나 귀국한 이후에는 대개 원래의 가족에게 돌아간다. 재미난 것은 남편이 바람을 피우면 부인은 기다려 주지만, 부인이 바람을 피우면 이혼을 당하는 것이 일반적인 현상이다. 사실 나도 대만으로 가서 일하고 싶지만, 남편이 극구 반대하는 것은 이런 것을 걱정해서인 것 같다.

외국에서 부정을 저지르는 사람들이 흔히 하는 변명은 "나는 본국에 있는 가족들을 위한 송금 의무를 게을리하지 않고 있다"거나 "한국에 있는 동안만 그런 것이다", 즉 귀국하면 가족에게 돌아가겠다는 것(Docoy 1998), 또는 "본국에 있는 남편도 그러니까 나도 죄책감이 없다"(Gonzalez, III. 1998) 등을 들 수 있다.[16]

비록 위의 사례처럼 이주노동 때문에 결혼이 파국을 맞게 되는 경우가 많을 것이라는 일반적인 믿음에도 불구하고 이주노동자의 가족은 비이주노동자 가족보다 특별하게 더 문제가 많은 것은 아니라는 연구도 있다. 이 연구들에 따르면 가족은 새로운 상황에 잘 적응하고 있으며, 알려진 것과는 달리 배우자의 부정이나 이혼도 광범위한 현상이 아닌 것으로 보인다.

---

16 바티스텔라와 코나코의 연구에 따르면, 가족 성원 중에서 남자(아버지, 남편)가 해외에 나간 경우가 반대의 경우보다 좀 더 많은 가정 불화와 해체 문제가 생긴다(Battistella and Conaco 1998, Asis 2000, 265에서 재인용).

3. 한국의 이주노동자 운동

이주노동자 운동의 전개

외국인과 어울려 산 경험이 적은 한국 사람들이 이주노동자들에게 갖는 어색함은 배타성으로 나타났고, 노동력의 도입에만 관심을 둔 정부의 자유방임에 가까운 정책은 그들을 빈 공간에 방치해 버렸다. 바로 이 공간을 시민단체들이 채우기 시작했다. 이주노동 관련 시민단체들은 이주노동자들을 직접 만나 활동하기 때문에 그들이 처해 있는 문제점을 가장 잘 아는 집단이며, 어떤 의미에서 이주노동자들에 관해서 가장 많은 관심과 정보를 가진 집단이라고 볼 수 있다. 이 단체들은 한국 정부나 일반 시민들이 외면함으로써 발생한 이주노동자들의 당면 문제 중에서 상당 부분을 담당해 왔으며, 노동조합이나 인권 단체, 여성 단체 등과 같이 다른 성격의 단체에도 이주노동자 문제를 부각시키는 데 중요한 역할을 해 왔다.

한국에서 이주노동자들을 지원하는 활동은 대체로 1990년부터 시작된 것으로 알려졌으나 그때는 주로 종교 활동에 치우쳤기 때문에 엄밀한 의미에서의 '운동'과는 차이가 있다. 이주노동자 문제에 가장 먼저 관심을 기울이기 시작한 곳은 천주교였다. 천주교는 1992년의 8월에 '천주교 서울대교구 외국인노동자상담소'를 설립하고 임금 체불·산업재해·폭행 피해 등 노동 상담과 출입국 관련 문제에 대한 상담 활동을 하는 한편, 이주노동자들끼리의 상호부조 조직을 지원하기도 했다. 이것을 기점으로 전국 각지에 지원 단체를 설립해서 2005년 7월 현재 22개의 천주교 관련 단체와 이주여성을 위한 쉼터 등이 있다. 그동안 이 단체들이 공동으로 연대한 활동은 별로 없었는데, 2003년에 주교회 산하 이주사목위원회에 이주노동자 사목 담당 부서를 설치함으로써 그동안의 개별적인 활동을 넘어서 단체 간의 네 트워크 형성을 이루고자 노력을 기울이기 시작했다(김우선 2005, 6-7).

1992년 말부터는 일부 개신교회에서도 지원 활동을 시작했으며, 11월 27일에는 전국적인 조직망을 갖춘 한국기독교교회협의회가 '한국교회외국 인노동자선교위원회'를 설립했다. 이것을 발전시켜 1993년 9월에 결성된 '한국교회외국인노동자선교협의회'는 초교파 개신교 단체로서 그 후 개신 교 교회들이 이주노동자 문제에 관여하는 데 큰 영향을 주었다. 개신교 교 단별로 구성된 선교협의회회도 적게는 몇 개에서부터 많게는 수십 개의 교회 나 지원 단체들로 구성되고 있는데, 위의 한국교회외국인노동자선교협의 회와 일부 중복된다.[17] 불교 계통의 단체들은 경제정의실천불교시민연합을 중심으로 1994년 1월에 '외국인 노동자 인권보호를 위한 불교대책위원회' 를 구성해서 지원 사업을 벌여 왔으며, 원불교는 2000년 2월에 '서울외국인 센터'를 설립해서 지원 활동에 동참했다. 종교 활동 차원이 아니라 사회운 동 차원에서 이주노동자 지원 활동을 시작한 것은 '외국인노동자인권을위 한모임'이 1992년 5월에 결성된 때부터였다.

1993년 초부터 이주노동자 상담소 형태의 지원 단체가 서울·수도권에 서부터 설립되기 시작하여 전국으로 확대되었으며, 단체가 가장 많이 설립 된 때는 1994년부터 1997년까지였다. 이때는 국내 기업들이 중소기업협동 조합중앙회를 통해 외국인 산업기술 연수생을 수입하면서 이주노동자 수

---

17 교단별 연대체로는 기독교장로회, 예수교장로회 통합측, 합동측, 감리교 교단에 각각 외선협이 있으며, 기독교장로회와 예수교장로회 통합측 연대체가 상대적으로 활발한 활동을 한다.

가 급증한 때였다(박석운 2001, 82-83 ; 설동훈 2005, 74-82). 2003년 8월에 이뤄진 조사 자료에 따르면, 이주노동자를 지원하는 단체는 155개에 이르며 분포는 경기도(35.6퍼센트)와 서울(27.7퍼센트)에 가장 많고 나머지는 제주도를 포함한 전국에 고루 분산되어 있다(설동훈 2003c, 27). 종교와 직접적인 연관성 없이 이주노동자들을 지원하는 '순수한' 의미의 시민단체들이 생겨나면서 의료나 법률과 같은 전문적인 서비스를 제공하는 단체도 생겨났다.

개별적으로 또는 교단별로 활동하던 지원 단체들이 전국적인 네트워크를 갖는 조직으로 발전한 것은 1995년이었다. 1994년 1월에 산업재해를 당한 미등록 이주노동자 14명이 경제정의실천시민연합 강당에서 농성을 벌인 데 이어, 1995년 1월에는 네팔 산업연수생 13명이 명동성당에서 몸에 쇠사슬을 감고 인간적인 대우를 요구하며 농성을 벌인 사건은 지원 단체들이 하나로 모여야 할 필요성을 보여 주었다. 이에 따라 1995년 7월에 약 열개 단체가 모여서 '외국인노동자대책협의회'[18]를 결성했다. 이후 외노협은 2000년 가을에 다른 성격을 갖는 단체들이 분화해 나갈 때까지 한국의 이주노동자 지원 운동을 대표하는 연대 기구로서의 역할을 담당했다.

한편, 이주노동자들은 지원 단체의 도움을 받아 자신들의 공동체 모임을 결성했다. 비교적 활발한 활동을 보인 곳은 필리핀(1992년), 네팔(1993년), 미얀마(1993년), 방글라데시(1993년), 스리랑카(1997년), 인도네시아(1998년) 등인데, 이들은 국내 이주노동자 지원 단체들과 연대 사업을 벌이기도 하고, 공동으로 집합 행동에 나서기도 했다. 이 공동체들은 외노협의 도움을 받아 전국 조직화를 시도한 적이 있었다. 각 나라의 공동체 지도자 약 열 명

---

18 정식 명칭은 '외국인이주노동자대책협의회'를 거쳐 현재는 '외국인이주노동운동협의회'이다

이 한국이주노동자기구(IMOK:International Migrant Workers Organization in Korea)의 결성을 위하여 1998년 6월 13~14일에 경기도 가평군 대성리에 모였다(박천응 2003, 41; 설동훈 2005, 86-87). 그러나 외노협 실무자들이 각 지원 단체를 배제한 상태에서 모임을 추진하면서 견해 차이 때문에 이 모임은 중단되고 말았다. 이주노동자 공동체 중에서 활발하게 움직이는 곳은 자기 나라의 명절에 맞춰서 민속 행사나 체육 행사를 열기도 하고, 아예 그 나라의 '국민 가수'에 해당하는 사람을 초청해서 공연을 열기도 했다. 그러나 이 공동체들은 사회운동 단체이기보다는 상호부조와 친목을 나누는 수준에 머무르고 있다. 각 지역에 있는 지원 단체의 도움으로 출신 국가별 공동체가 형성되어 있기는 해도 국가 간의 연대 활동은 거의 없다.

단체들의 분화

박석운은 2001년을 기준으로 이주노동자 지원 단체를 활동성과 연대의 틀에 따라 세 가지로 분류했는데, ① 외노협에 소속된 단체 ② 외노협에 소속되지는 않았지만 활발하게 활동하고 있는 단체 ③ 이주노동자 지원 활동은 부차적이고 외국인 선교에 더 관심이 많은 단체가 바로 그것이다(박석운 2001, 85). 이 중에서 세 번째 유형은 '운동'과 별 관련성이 없으므로 제외한다면, 단체를 분류하는 기준의 핵심은 외노협 참여 여부가 된다. 이 절에서는 2000년까지 한국의 이주노동자 지원 운동의 대표적인 연대체였던 외노협이 어떻게 분화해 갔는가를 살펴보도록 하자.[19]

외노협을 통해서 비교적 단일한 목소리를 내오던 이주노동자 운동 진영은 2000년에 들어서면서 분화를 겪기 시작했다. 그해 여름 외노협 사무국과 일부 회원단체에서 일하던 활동가 몇 명이 사표를 낸 후, 이주노동자들의 노동조합 결성을 목표로 10월에 이주노동자 노동권 완전 쟁취와 이주·취업의 자유 실현을 위한 투쟁본부(이노투본)를 설립했다. 이노투본은 다음 해인 2001년 4월에 서울경인지역 평등노동조합 이주노동자지부(이주지부)로, 그리고 2005년에는 서울경기인천 이주노동자 노동조합(이주노조)으로 발전했다.[20] 한편 2000년 겨울에는 외노협 전임 회장과 현직 부회장 등이 소속된 세 개의 단체가 외노협을 탈퇴했고, 이들은 이듬해 3월에 '이주·여성인권연대'를 결성했다. 이 연대 모임은 다른 세 단체와 함께 2003년 서울에서 연합 조직을 만들기로 결의한 후 '대전포럼' 혹은 '이주노동자지원단체연대'라는 이름으로 정례 모임을 하다가, 2004년 2월에 22개 단체의 연대 조직인 '이주노동자인권연대'(이주연대)를 발족시켰다. 바야흐로 이주노동자 운동의 분화가 시작된 셈인데, 현재 이주노동자 운동 진영은 크게 외노협, 이주노조, 이주연대로 나뉜다.[21]

외노협에서 이노투본이 분화되어 나온 이유로 외노협 지도부의 비민주성과 지나친 종교성을 들 수도 있지만, 근본으로는 이주노동자 운동에 접

---

19 외노협에 소속되지는 않았지만 열심히 이주노동자 지원 활동을 해 왔던 서울·인천 등 가톨릭 교구의 외국인노동자상담소, 그리고 한국교회외국인노동자선교협의회나 교단별 선교협의회에만 소속된 개신교회(또는 부속 상담소)들은 교구나 교단을 넘어서는 연대 활동이 활발하지 않아서 분석 대상에서 제외했다.

20 노동부는 이주노조가 △ 조합원 소속 사업장 명칭 △ 조합원 수와 대표자 성명 △ 외국인 등록번호 등 취업 자격 확인 자료 등을 보완 제출하지 않았고, 임원 세 명 중 두 명이 현행법상 취업 및 체류 자격이 없는 외국인이라는 이유로 노조 설립 신고서를 반려했다(『동아일보』 2005/06/06).

21 규모나 영향력 측면에서 볼 때 이주노조는 전국에 있는 수많은 단체 중 하나에 불과하므로 이 것을 다른 연대체와 동등하게 놓고 비교하는 것이 무리일 수 있다. 그렇지만 이주노조는 다른 단체와는 달리 노동조합이라는 독특한 성격 때문에, 비록 규모와 영향력은 작지만 별개로 구분한다.

근하는 입장 차이에 있다. 이노투본의 입장에서 볼 때 외노협의 활동은 ①
지나치게 포괄적인 법제도 개선 투쟁에 머물러 있었고, ② 정부나 국회에
로비하고 여론을 활용하는 캠페인에 머물러서 투쟁성이 사라졌으며, ③ 한
국인 활동가가 모든 일을 해 줌으로써 이주노동자들의 자활적 성장을 가로
막고 있었으며, ④ 너무 넓은 범위의 연대체여서 집중된 행동과 공동 투쟁
방향을 정립할 수 없는 것이었다(조대환 2001, 15-18). 한편 외노협 입장에서
보면 이주노조의 행동은 이주노동자들이 미등록 상태라는 현실과 노조 조
직화에 필요한 최소한의 의식화나 조직적 기반 형성이 매우 미약하다는 현
실을 무시하는 것이었다(박석운 2001, 89). 간단하게 말하자면, 이주노조는
외노협을 개량주의로, 외노협은 이주노조를 좌익 모험주의로 보는 셈이다.

한편 이주·여성인권연대가 외노협에서 탈퇴한 데에는 몇 가지 이유가
중첩되어 있다. 우선 탈퇴한 세 단체 대표 모두 여성이었다는 점에서 외노
협의 남성 대표 중심주의와 지도부의 비민주성에 대한 비판이 있고, 탈퇴
한 단체 중에 구미와 부산의 단체가 있다는 점에서 서울의 정보 독점에 대
한 지방 단체의 소외감이 있었으며, 대표가 성직자가 아닌 단체들이 탈퇴
했다는 점에서 성직자 중심주의에 대한 반발이 있었다고 볼 수 있다. 그러
나 외노협은 이주·여성인권연대와 이주연대가 외노협과 주도권 싸움을 벌
인 것으로 보고 있다. 특히 대한예수교장로회(통합) 소속 단체들이 대거 이
주연대로 옮겨 갔다는 점에서, 기독교장로회 소속 단체들이 우세한 외노협
과 교단 간 분열의 측면이 있다고 보기도 한다.

〈표 3-3〉은 이주노동자 운동과 관련된 위의 세 단체가 갖는 특성을 요
약한 것이다. 2002년에 있었던 불법 체류자 자진 신고에 대한 대응 방법을
두고 외노협과 이주노조(당시의 이주지부)는 첨예한 대립을 보였다. 외노협
은 이주노동자들이 자진 신고를 하고 나서 1년 동안만이라도 합법적으로

단체	성격	2002년 불법 체류자 자진 신고에 대한 입장	고용허가제에 대한 입장
외노협	지원 단체	본인 판단	지지
이주노조(이주지부)	노동조합	전면 거부	거부, 노동허가제 시행 촉구
이주연대	지원 단체	본인 판단	비판적 지지

출처: 설동훈(2005, 94-96) ; 이선옥(2005, 63) 재구성.

살 수 있는 것이 낫다는 판단에 "이주노동자들에게 최대한 객관적인 정보를 주고 판단은 본인이 하도록 한다"는 입장이었다. 그러나 이주노조는 노동 비자를 쟁취하는 것이 아닌 한시적인 합법화는 이주노동자들을 기만하는 것이라며 전면 거부를 천명했다(설동훈 2005, 95).[22] 이주연대의 입장은 외노협과 마찬가지로 본인의 판단에 맡기는 것이었다.

외노협과 이주노조는 새로운 제도인 고용허가제를 둘러싸고도 첨예한 대립을 보였다. 기존의 산업연수 제도는 이주노동자들을 노동자가 아닌 연수생의 자격으로 도입함으로써 근로기준법의 적용 대상에서 제외시키고 있으며 여러 측면에서 인권침해를 유발하는 요소가 있다. 꾸준한 입법 노력을 해 온 끝에 2003년 7월 31일에 드디어 고용허가제(외국인근로자고용 등에 관한 법률)가 통과되었지만, 이주노조는 고용허가제가 이주노동자들의 사업장 이동의 자유를 완전히 보장하지 않는 악법이라는 이유로 거부하고 대신에 이것을 보장하는 노동허가제를 주장하고 있다.[23] 반면에 외노협은 노

---

22 이주노조도 나중에는 실질적인 방향을 자진 신고로 선회했다(박석운 2002).

23 내국인 노동자의 일자리를 보호해야 한다는 사실과 단순노동 인력에 완전한 직업 선택의 자유를 주는 방식의 노동허가제를 시행하는 나라가 없다는 사실을 고려해 보면, 현재 이주노조가 주장하는 방식의 노동허가제가 단시일 내에 실현되기는 매우 어려워 보인다.

동허가제가 실현 불가능한 상황에서 산업연수생 제도보다 진일보한 고용허가제라도 일단 확보하는 것이 올바른 선택이라고 봤다. 이주연대의 입장은 사실상 외노협의 견해와 크게 다르지 않으며, 고용허가제에 대한 일종의 '비판적 지지'라고 볼 수 있다.

이주노동자 관련 단체의 분화, 특히 지원 단체(외노협, 이주연대)와 노동운동 단체(이주노조)의 분화는 한국에서만 볼 수 있는 것은 아니다. 다음 절에서 자세하게 다루겠지만, 한국보다 이주노동 경험이 앞선 홍콩과 필리핀의 예를 보면 이주노동 관련 단체들은 지원 조직과 민중 조직으로 나뉘며 이 조직들은 각각 한국의 지원 단체와 노동운동 단체에 대응하는 성격을 갖는다. 활동 방법과 내용도 각각 매우 유사하다. 이렇게 볼 때 시간이 흐르면서 각자의 성격에 따라 진영이 나뉘고 역할을 분담하는 것은 당연하다고 볼 수도 있다. 그러나 외노협의 분화는 이주노동의 본질보다는 개인적인 감정, 주도권 경쟁, 남자 대 여자, 종교 대 비종교, 교단 대 교단, 서울 대 지방 등을 축으로 해서 갈라진 측면을 보인다. 앞으로는 단체들이 각자가 추구하는 노선에 따라 선명한 색깔의 활동을 해 낼 필요가 있다.

이주노동자 운동의 성격을 둘러싼 두 가지 쟁점

(1) 운동인가, 복지인가

이주노동자를 지원하는 활동은 매우 다양한 내용을 포괄하고 있는데, 그중에서도 가장 기본적인 활동은 상담이다. 상담의 내용에는 임금 체불이나 산업재해 같은 노동 관련 사항도 있고, 사용주에 의한 여권 압류나 외출 금지 등 이주노동자 스스로 해결하기 어려운 모든 문제가 포함된다. 그 외에도 한글이나 컴퓨터를 가르쳐 주는 교육 프로그램, 의료 서비스 지원, 쉼터 제공, 종교 서비스 등의 활동이 이뤄지고 있다. 지원 단체들은 제도 개선 활동을 하기도 하지만, 일상적으로 진행하는 활동의 성격을 보면 사회운동 단체의 측면보다는 사회복지 기관의 성격을 더 강하게 보인다. 과연 이주노동자들을 지원하는 활동을 이주노동자 '운동'이라고 볼 수 있을까? 이 활동은 운동인가, 복지인가? 활동가들은 '운동적 시각'을 더 많이 가지고 있을까, 아니면 주로 '복지적 시각'을 가지고 있을까?[24]

운동적 시각과 복지적 시각의 차이는 이주노동을 바라보는 시각의 차이로 이어지고 제도 개선 운동에 대한 입장 차이를 낳는다. 주지하다시피 이주노동은 국제적인 불균등 발전으로 발생한 것으로, 개인의 선택이기도 하지만 구조적 강제 때문에 발생하는 면도 있다. 운동적 시각을 가진 사람이라면 이주노동자가 처한 구조적 상황에 관심을 가질 것이고 근본적인 해결을 고민하려 할 것이다. 반면에 복지적 시각을 가진 사람이라면 이주노동자가 처한 당면 현실의 해결에 발 벗고 나설 가능성이 크다. 전자는 불합리한 제도의 개선, 송출 비리 해결, 이주노동을 마치고 귀국해서 잘 정착할 수 있는 장기적인 방안 등에 더 많은 관심을 둘 것이고, 후자는 밀린 월급 받아내기, 산업재해에 따른 치료비 마련과 같은 위급한 문제 해결, 당장 필요한 기초적인 한국말 교육 등에 더 많은 관심을 가질 것이다.

---

[24] 사회운동은 특정한 목적을 달성하기 위한 민간 차원의 집단적, 조직적, 지속적 노력을 의미하며, 사회복지는 자신의 힘으로 최소한의 문화적이고 건강한 삶을 영위하기 어려운 사람들에 대한 사회적 원조를 의미한다(이영환 2005). 이때 '운동'은 문제 해결을 위한 (대개 국가에 대항하는) 저항의 측면을, '복지'는 보완의 측면을 띤다.

이주노조를 제외한 다른 지원 단체들은 과거에는 운동 단체로서의 정체성이 강했다면, 이제는 복지 기관의 성격이 강해지고 있다. 이런 현실은 단체의 활동 내용에서 잘 나타난다. 이주노동자 지원 단체를 대상으로 한 조사에 따르면 한글 교육을 하는 단체는 전체의 76.6퍼센트에 이르며, 이 밖에도 외국인 공동체 지원(61.7퍼센트), 선교·포교 활동(59.6퍼센트) 등을 활발히 하고 있다. 반면에 제도 개선 운동(34퍼센트)이나 노동조합의 지원을 받아내려는 노력(23.4퍼센트) 등에는 상대적으로 소극적인 것으로 나타났다(설동훈 2003c, 58). 이 수치는 이주노동자들을 지원하는 단체의 활동이 운동적 시각보다는 복지적 시각에 가깝다는 점을 말해 준다.

이주노동자 운동의 초기와 비교해 볼 때 요즘 지원 단체의 활동가 구성에도 큰 변화가 생겼다. 반드시 이주노동자 관련 단체에 국한된 문제가 아니라 시민단체 전반에 해당되는 점이기도 하지만, 예전에는 사회운동의 차원에서 활동하는 사람들이 많았던 데에 비해서 최근의 젊은 활동가들은 활동을 일종의 직업으로 생각하고, 복지관에 취업하는 느낌으로 들어오는 사람들이 많아졌다는 점이다. 심지어 단체의 대표는 돈 만들어 오는 사람이고 자기는 월급을 받는 사람이라는 사고방식을 보이는 경우도 있다. 활동을 오래한 '고참'들은 이들이 '직원'과 같은 자세로 활동하는 것에 대해서 불만을 가지고 있다. 규모가 큰 단체들은 정부의 '사회적 일자리' 프로그램 사업의 지원을 받아서 활동가를 채용하기도 하는데, 이런 경로로 들어온 활동가들은 이주노동자 지원 활동을 운동적 시각에서 보기보다는 복지적 시각에서 바라보는 경향이 뚜렷하게 나타난다.

한편 이주노조를 제외하면 과거와는 달리 정부와의 관계도 갈등적이기보다는 상호협조적이다. 산업연수생 제도가 폐지되고, 지원 단체들이 희망해 온 고용허가제가 시행되었다. 이주노동자 관련 정부 부서의 정책 수립과 예산 집행에 단체 대표들이 실무적인 조언을 하고 있으며, 예전에는 전무했던 예산이 일부 단체에 지원되기 시작했다. 단체들은 정부가 발주한 용역 사업을 시행하는 경우가 많은데, 이런 사업은 당연히 운동적 성격보다는 복지적 성격을 강하게 띤다.

운동적 시각과 복지적 시각 사이에 어느 것이 좋고 어느 것이 나쁘다는 결론은 성립하지 않는다. 양자의 활동은 상호보완적이며 서로를 필요로 한다. 그래서 아예 단체 간의 역할 분담을 고려해 볼 수도 있다. 예를 들면, 아직 이주노조가 자리를 잡지 못한 상태이기는 하지만, 노동운동에 해당하는 부분은 노조가 담당하고, 시민운동적 성격이 필요한 활동은 그쪽으로 특화된 지원 단체가 담당하고, 이주노동자의 복지에 관련된 것은 그 방면에 특화된 지원 단체가 맡아서 할 수도 있다. 운동 단체에서 복지 단체로 '변질'되고 있음을 안타까워하기보다는 오히려 더 많은 정부의 지원금을 받아서 훌륭한 시설을 갖춘 복지 기관이 생겨날 필요도 있다. 다만 최근에는 많은 지원 단체가 '복지관화' 경향을 보이고 있는데, 모든 단체가 그렇게 가는 것은 곤란하다. 향후에는 단체들이 획일적인 복지관화를 탈피해서 어떻게 활동의 다양화, 전문화를 꾀할 것인가를 고민할 필요가 있다.

운동적 시각과 복지적 시각이 반드시 대립적인 것은 아니고, 양자의 결합으로 오히려 새로운 영역이 개척될 수도 있는데, 그것이 바로 '사회복지 운동'이다. 사회복지 운동은 '사회복지 발전을 목표로 하는 사회운동적 노력'으로(이영환 2005, 19), 복지와 운동을 단지 병렬적으로만 결합한 것 이상의 의미를 가질 수 있다. 현실적으로 이주노동자들은 복지와 운동을 모두 필요로 한다. 그들을 위해서 지원 단체들이 사회복지 운동의 주체가 되어 국가의 복지 활동을 촉구하는 역할, 사회적 약자를 위한 대변자 역할, 정책과 행정에 대한 참여자와 감시자의 역할을 해낼 수 있다. 그러나 지원 단체의 '지나친 지원' 때문에 이주노동자들이 복지의 수동적인 수혜자로 전락하는 것은 피해야 한다. 한 가지 가능성은 사회복지 운동으로서의 이주노동자 운동이 '사회복지 당사자 운동'의 성격을 띠는 것이다.[25] 당사자 운동의 좋은 예는 최근에 있었던 장애인들의 이동권 확보 투쟁이다. 기존의 장애인 복지가 국가나 비장애인의 도움에 의존했던 것이라면, 당사자 운동으로서의 장애인 운동은 장애인이 스스로 자기결정권을 가지고 복지를 쟁취하려고 노력한다. 이것은 소수자 운동에서 최근 제기되기 시작한 '당사자주의'와 같은 맥락에 있는 개념으로, 도움을 받되 당사자가 원하는 방식으로 도움을 받겠다는 주체적인 의지가 표현된 것이다(윤수종 2005, 22). 문제가 발생하면 한국인 활동가가 모든 것을 해결해 주는 방식은 이주노동자들을 의존적으로 만들 뿐이다. 그들 스스로 일어설 수 있도록 하는 방법을 모색하는 것이 사회복지 운동으로서의 이주노동자 운동에 남겨진 과제다.

(2) 노동운동인가, 소수자 운동인가

이주노동자 운동은 이주자라는 '소수자가 하는 운동'일 수도 있고 이주해 온 '노동자가 하는 운동'일 수도 있다. 이 중에서 어느 쪽에 무게를 두는가에 따라서 소수자 운동의 성격을 띠기도 하고 노동운동의 성격을 띠기도 한다. 후자의 성격을 띠고 있는 이주노조를 먼저 살펴보자.

이주노조는 이노투본의 이름으로 외노협에서 분리될 때부터 '노동권 완전 쟁취'를 내세우며 노동운동임을 선명하게 드러냈다. 이후의 모든 활동도

---

25 사회복지 운동은 ① 시민사회운동에서의 복지 운동, ② 사회복지 당사자 운동, ③ 사회복지 종사자와 전문가의 운동으로 나눌 수 있다. 자세한 것은 이영환(2005, 25-26) 참조.

한국의 노동계와 밀접하게 연대하면서 이루어졌고, 결국 민주노총 산하의 조합이라는 깃발을 내걸었다.[26] 그러나 이주노조가 노동조합이고 이주노조의 활동이 노동조합 운동이기는 하지만, 엄밀한 의미에서 이주노조의 활동이 본격적인 노동운동이라고 말하기는 어렵다. 그 이유는 활동의 내용에서 이주노동자들의 주체적인 역량이 결여되었기 때문이다. 올바른 노동운동이 되려면 계급적 인식에 기초한 성원들의 주체적인 활동이 필요하다. 하지만, 대부분의 이주노동자가 오직 돈 버는 목적만을 위해 한국에 왔고 또 불법 체류하는 사람들의 비율이 압도적으로 높은 상황에서 계급의식을 가지고 주체적으로 노동운동에 뛰어든다는 것은 쉬운 일이 아니다. 이주지부가 외노협을 비판한 내용의 핵심이 한국인 활동가가 모든 일을 다 해서 이주노동자의 자활성이 성장하지 못했다는 것이지만, 정작 이주노조의 운동 방식도 한국인 활동가가 중심에 있고 이주노동자들은 주변에 머무는 형식이다.[27] 이것은 마치 한국의 노동운동 초기에 산업선교회가 노동자들을 '의식화시키고', 학생운동 출신들이 노동조합을 '결성해 주던' 것과 비슷하다.

지원 단체들의 활동도 내용상으로 볼 때 처음에는 노동운동의 성격을 추구하며 출발했다. 초기의 주요 활동 내용이 체불 임금 해결, 산업재해 보

---

26 물론 그렇다고 노동운동계가 이주노동자들의 활동과 조합 결성에 전폭적인 지지를 해 온 것은 아니다. 1999년 6월 8일 외노협 회의록에는 다음과 같은 민주노총 조직부장의 발언이 수록되어 있다. "(민주노총에서 이주노동자 조직화에 대한) 계획이 없는 것이 사실이다. (중략) 특히 외국인 노동자의 독자 노조는 정서적 충돌을 일으킬 우려가 있다. 실제 추진 과정에서의 한국 노동자 반응은 두고 봐야 할 일이다"(이선옥 2005, 58에서 재인용).

27 이선옥(2005, 100-102)은 2003년 11월 15일부터 380일 동안 명동성당에서 진행된 이주노동자들의 농성에서 한국인 '지도부'의 의견이 농성장의 의사 결정 과정을 실질적으로 주도했음을 보여 주고 있다.

상, 폭행 피해 구제 등이었고, 연대해서 공동으로 쟁취하려고 한 것도 '제대로 된 노동자 대접'이었으므로 이 운동이 노동운동의 성격을 띠는 것은 당연했다. 게다가 이주노동자 운동의 초기였던 1990년대 초중반에 이 운동에 뛰어든 활동가 중에 학생운동이나 노동운동 등 기존의 민중운동 경험이 있거나 그것을 지향하는 사람들이 많았다는 점은 이 운동이 노동운동적 성격을 가지게 한 조건들이었다. 또한 이주노동자 운동은 초기부터 노동조합을 지향했다. 이주노동자 노동조합에 대한 최초의 논의는 이미 1993년 9월 서강대학교 산업문제연구소에서 한국교회외국인노동자선교협의회, 가톨릭노동사목전국협의회, 외국인노동자인권을위한모임이 공동으로 주최한 행사 자리에서 일본의 가나가와 시티유니언이 소개되면서부터였다. 1994년 10월의 외국인 산업연수생 인권 실태 보고대회에서는 '외국인 노동자와 노동조합의 과제'라는 제목의 발제가 나오기도 했다. 외노협은 1999년 11월 '외국인 노동자 운동의 전망과 노조 건설을 위한 토론회'를 열기도 했다(박천응 2003, 41). 그러나 지원 단체의 활동이 노동운동적 지향성을 지녀 왔다고는 하지만, 이 운동을 본격적인 노동운동으로 추진하거나 노동조합 결성으로 연결시키려는 노력을 하지는 않았다. 노동운동을 지향하는 활동가들은 오히려 외노협에 '대항하는' 이노투본을 만들었다. 굳이 얘기하자면 이주노동자를 지원하는 외노협과 이주연대의 활동은 노동운동이라기보다는 노동운동에 친화력이 있는 시민운동이라고 볼 수 있다.

그렇다면 지원 단체의 이주노동자 운동은 소수자운동인가? 엄밀하게 말하면 아니다. 소수자 운동은 소수자들이 자신들의 정체성을 찾고 자신들의 존립 공간과 자유의 공간을 만들어 나가려는 운동이다(윤수종 1999). 따라서 이주노동자 운동이 진정한 소수자 운동이 되려면 그들 자신이 스스로의 주변적인 정체성에 대해서 자각해야 하고 그것을 행동에 옮기려는 주체적인 실천 의지가 있어야 한다. 물론 이주노동자들이 인종차별적인 한국 사회의 대접에 분노를 느꼈고, 이방인이라는 이유로 낮은 임금과 열악한 환경을 강요하는 제도의 부당함을 깨달았으며, 그래서 일부가 자신들의 권리를 찾으려는 운동에 참여하기도 했다. 그러나 지금까지의 참여 정도로 볼 때 이주노동자들이 소수자로서 자각하고 실천을 시작했다고 보기는 어렵다.

소수자 운동은 신사회운동의 일종으로 볼 수 있다. 신사회운동은 계급운동으로 환원되지 않는 다양한 이슈들을 중심으로 자본주의에 도전하면서 출현한 운동이다. 이 운동은 이슈, 가치, 행동 양식, 행위자 등 여러 측면에서 구사회운동과 구별되며, 보수화되고 관료화된 노동운동에 대해서도 비판을 가한다(Offe 1985). 그렇지만 이주노조가 선명한 계급운동을 지향하고 있고 지원 단체들의 활동이 복지 기관의 성향을 보이는 상황에서 이주노동자 운동이 신사회운동의 성격을 띠고 있다고 보기도 어려운 실정이다. 신사회운동이라면 다수자의 지배 영역을 축소해나가려는 소수자운동 특유의 작동방식을 보여야 할 텐데, 그것보다는 다수자의 지배를 전제로 하고 소수자의 권익을 방어적으로 지키려는 일종의 '소수자 권익보호 운동'(윤수종 2005, 30) 수준에 머무르려는 움직임을 보이고 있다. 초기의 이주노동자 운동이 자본의 국제 이동에 대항하는 '노동력의 자유로운 이동'이라는 이상을 지녔고 국가의 틀을 넘어서려고 생각했던 것에 비하면, 최근에 정부와의 관계 설정이 모호한 상황에서 정부가 발주하는 각종 '프로젝트 사업'에 치중하는 면, '언론 플레이' 중심으로 화려하게 사업을 진행하는 면 등은 '운동과는 거리가 멀다'는 비판의 빌미를 제공한다.

새로운 전망을 위한 문제 제기

　이주노동자 운동이라는 단어 자체로 보면 운동의 주체는 당연히 이주노
동자가 되어야 한다. 그러나 지금까지의 이주노동자 운동은 이주노동자에
'의한' 운동이 아니라 이주노동자를 '위한' 운동이었다. 한국말을 잘 못하고
미등록 노동자라는 신분 제약 등의 이유로 주체로 나서기 어려운 상황에서
어쩔 수 없는 선택이었을 것이고, 그런 제약 속에서 이주노동자들을 위해
지원 단체들이 해 온 방식은 서비스 제공 수준을 넘어서기 어려웠다. 서비
스를 제공하는 것 자체로는 문제가 없다. 그러나 '불쌍한' 이주노동자 개인
을 돕는 수준에 머무는 것이라면 운동이 되기에 미흡하다. 밀린 월급을 받
아주고 다친 곳을 치료해 주는 방식으로 개인을 잘살게 해 줄 수는 있겠지
만, 그 사람이 이주노동의 악순환에서 벗어나는 것을 도와주지는 못한다.
돈을 조금 번다고 해도 대부분은 동생이나 자녀의 교육비와 생활비로 쓰이
고 삶의 질을 향상시키는 데 쓰이므로 그 소비 수준을 유지하려고 또다시
이주노동에 나설 수밖에 없는 것이 이주노동의 악순환이다. 또 드물지만
제법 돈을 벌어서 돌아간다고 해도 혹시 그 사람이 자기 고향에서 다른 사
람들을 착취하는 위치를 차지하게 되는 측면이 있다면 지원 단체가 그 사
람을 도와줄 이유가 무엇이겠는가?
　선진국의 이주노동이 오랜 기간에 걸쳐서 이뤄져 왔고 그에 대한 제도
적 정비가 서서히 진화해 온 것에 비해서 한국은 제도도 제대로 갖추지 못
한 상태에서 짧은 시간에 대규모 노동력을 한꺼번에 받아들였다. 한국은
신자유주의적 세계 질서의 재편 시기에 이주노동이 발생하기 시작했다. 그
런 상황에서 운동을 벌여야 한다는 점에 한국 이주노동자 운동의 특수성이
있다. 게다가 이주노조는 기존의 노동운동도 위기라고 떠들고 있는 때에

이주노동자 운동을 노동운동으로 전화하려고 시도하고 있지만, 국내의 노동운동 진영이 큰 관심이 있는 것 같지는 않다. 노동운동 진영은 1990년대 중반까지만 해도 이주노동자가 한국 노동자의 고용 문제를 악화시킬지도 모른다는 점 때문에 오히려 우려의 시각으로 보기까지 했고, 지금 민주노총의 입장도 다만 연대하고 있음을 확인해 주고 소극적인 지지를 보내는 정도의 수준이라고 보는 것이 타당할 것이다. 노총이 소극적인 입장에 머물러 있고 일반 한국 사람들의 관심이 별로 없는 상황에서 미등록자가 다수인 이주노동자들이 독자적인 노동조합을 세울 수 있을까?

지금의 이주노동자 운동에는 긍정적인 가능성과 부정적인 가능성이 동시에 있다. 긍정적인 가능성은 한국 사회가 인종적 다양성에 대한 관심과 허용의 폭이 넓어지고 있다는 점과 지원 단체들이 이주노동자들의 귀환 이후 프로그램에 대한 관심을 키우기 시작했다는 점을 들 수 있다. 인권 단체들의 활동과 언론의 적극적인 보도에 힘입어 '더불어 사는 사회'라는 구호가 자연스럽게 받아들여지는 상황, 지원 단체들이 송출국의 시민단체와 연계하려는 움직임 등은 이주노동자 운동이 힘을 얻을 수 있는 환경이 될 것이다. 반면에 이주노동자 수가 늘 것이 예상되는 상황에서 한국인 노동자들과의 경쟁이 심화될 가능성이 있다는 점은 운동의 차원에서 부정적인 요소로 작용할 것이다.

많은 나라에서 내국인 노동자와 이주노동자 사이에는 불편한 관계가 형성되어 있고 이주노동자 운동은 내국인에 의한 도와주기 차원에 머물러 있다. 한국의 사회운동이 그동안 보여 준 건강성과 역동성으로 이주노동자 문제를 이끌어 갈지, 아니면 점차 체제 내에 흡수되어 보수화의 길을 걸으면서 이 문제를 주변적인 것으로 방치할 지는 아직 알 수 없다. 출산율 저하와 인구 구성 변화로 미뤄볼 때 수많은 이주노동자와 함께 살아야 하는 것은 피할 수 없는 현실이다. 한국의 사회운동 진영이 이주노동과 관련된 긍정적인 가능성을 적극적으로 이용하고 부정적인 가능성을 사전에 예방해야만 비로소 이주노동자들이 한국 사회의 최하층으로 주변화하고 그들의 거주지가 게토화되는 것을 막을 수 있다.

4. 외국의 이주노동자 운동 : 필리핀과 홍콩의 시민단체를 중심으로

시민단체와 이주노동

(1) 사회적 자본으로서 시민단체의 역할

앞에서 살펴본 것이 이주노동과 관련해 한국에서 이뤄지는 사회운동의 측면이라면, 여기에서는 필리핀과 홍콩에서 전개되는 이주노동자 운동 및 이주노동자 지원 운동을 살펴보기로 하자. 송출국과 유입국을 막론하고 시민단체는 이주노동자들에게 중요한 사회적 자본이다. 〈그림 3-2〉는 세계체제 안에서 국제 노동력 이동에 개입하는 요소들을 노동력 송출국과 유입국으로 나누어서 보여 주고 있다. 각국의 사회는 국가, 시장, 사회로 구성되어 있는데, 이주노동자들에게 사회적 자본이 되는 부분은 사회이며 시민단체는 사회를 구성하는 주요 요소 중 하나이다.[28] 시민단체는 그들에게 이주

---

28 '사회' 부문은 매우 광범위한 의미를 내포하고 있는데, 시민단체를 비롯한 이주노동자가 속한 가정, 친족 집단, 친구, 공동체 등이 여기에 포함되며 또한 이들이 가진 이주노동에 관련된 문화 (얼마나 일반적인가, 허용적인가 등)도 여기 포함된다. 자세한 논의는 설동훈(2000, 44-71) 참조.

〈그림 3-2〉 국제 노동력 이동에 개입하는 요인과 이주노동자의 사회적 자본

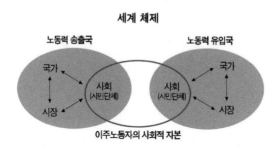

에 필요한 각종 정보를 제공하고, 이동에 필요한 경비와 위험을 줄여 주며, 이주 후 정착과 취업 및 노동 과정에서 발생하는 어려움을 해결해 주는 등 법률과 의료 서비스를 비롯한 각종 문제를 해결해 주는 사회적 자본이다.

송출국을 떠난 이주노동자들은 유입국으로 옮긴 후 현지 사정에 따라 출신국별로 나름의 공동체를 형성하기도 하며, 유입국이 이주노동자들을 대하는 수용 정도와 노동환경 등에 따라 사회문제를 야기하기도 한다. 이런 과정에서 발생하는 긴장과 갈등은 다양한 시민단체를 탄생시킨다. 따라서 특정 국가에서 이주노동 관련 시민단체 연구는 그곳에서 발생하는 이주 노동의 추세 변화를 이해할 수 있는 중요한 출발점이며 국제 노동력 이동의 복합적인 현실과 그 사회가 직면하고 있는 문제의 다양한 측면을 이해하는 데 중요한 정보를 제공한다. 필리핀의 상황에 대해서는 앞 절에서 살펴보았으므로 여기에서는 홍콩의 이주노동 관련 상황을 살펴보자.

홍콩은 155년 동안 영국 식민지 시절을 거쳐 1997년에 중국에 반환된 이래 비록 정치적으로는 사회주의 체제인 중국의 일부지만 '1국가 2체제'

라는 독특한 제도에 따라 자본주의 체제를 유지하고 있다. 한국과 비교해 볼 때 이주노동의 역사가 긴 홍콩은 인구 700만 명의 작은 도시이면서도 흔히 가정부라고 불리는 외국인 가사 노동자가 20만 명에 이를 정도로 이주노동이 보편화된 나라다. 이 중에서 약 14만 명은 필리핀에서 온 가사 노동자들인데, 이들은 정식 계약을 하고 합법적으로 일하러 왔기 때문에 일주일에 한 번씩 휴일을 가질 수 있다. 휴일 홍콩의 도심에서는 휴일을 즐기기위해 거리에 나온 필리핀 여성들을 쉽게 발견할 수 있으며, 특히 지하철·중앙역 광장 등에는 필리핀 여성들로 인산인해를 이룬다. 홍콩에는 출신 국가별 시민단체들이 활발하게 활동하고 있으며 영어권이라는 이점 때문에 국제 연대 조직도 많다. 특히 1990년대 후반에 있었던 아시아의 경제 위기와 중국에 반환된 이후에 중국인 노동자들의 합류로 홍콩의 이주노동은 새로운 국면을 맞고 있어서 한국의 실정에도 중요한 시사점을 준다.

나는 이 연구를 위해 홍콩에 있는 시민단체를 조사 대상으로 선정하면서 필리핀과 관련된 단체를 의도적으로 다수 포함시켰다. 현재 중국에서 온 노동자를 제외하면 홍콩에 거주하고 있는 이주노동자의 절대다수가 필리핀 출신이고, 특히 필리핀 출신의 가사 노동자가 많다는 점은 이주노동과 관련해서 두 나라 사이에 특별한 관계가 있음을 시사한다. 홍콩에는 필리핀 출신 가사 노동자들만을 지원하는 단체가 많으며, 또 이주노동자 전체를 지원한다고 주장하는 단체 중에도 실제로는 필리핀 출신 이주노동자가 주 수혜 대상인 경우가 많다. 그러므로 비록 홍콩에 있더라도 필리핀과 연결된 시민단체들을 조사 대상에 많이 포함시킴으로써 양국의 시민단체 간 국제 연대의 측면을 연구할 수 있다.[29]

면접 대상에 포함된 필리핀 단체들은 이주노동자 가족과 여성 이주노동자를 지원하는 단체, 이주노동자 밀집 지역에서 지역 운동을 하는 단체, 여성 이주노동자의 건강 문제, 특히 에이즈를 다루는 단체, 이주노동자들 스스로 만든 단체, 귀환자들의 경제적 자립을 위해 홍콩 아시아이주노동자센터가 설립한 단체, 아시아 지역 관련 단체들의 연락 본부, 그리고 인력 송출 회사들의 연합회 본부 등이다. 홍콩에서는 아시아이주노동자센터를 비롯해서 각국에서 온 가정부들을 도와주는 단체, 필리핀 출신 가정부들을 도와주는 단체, 필리핀 출신의 이주노동자 전체를 도와주는 단체, 여성 이주노동자들의 피난처, 필리핀 출신 이주노동자들이 스스로 만든 조직들의 연합체, 중국계 신이민자 문제를 다루는 일반 시민단체, 그리고 여러 노동조합총연맹 중의 한 곳을 방문하여 면접했다.[30]

(2) 기존 활동의 한계

한 사람의 노동자가 노동하기 위해 국가의 경계를 넘어서 이동하는 것은 쉽게 결정되지 않는다. 거리가 매우 가깝고 며칠이나 몇 주일에 끝나는 단기 이주의 경우에는 비교적 쉽게 결정이 이루어지겠지만 기간이 길어지고

---

29 필리핀에서는 인력송출회사연합회를 포함해서 일곱 개 단체를 면접조사했으며, 홍콩에서는 노동조합을 포함해서 여덟 개 단체를 조사했다. 표본은 각 단체의 특성을 고려하여 전문가 선발 표집법을 통해서 선정했다. 면접은 2000년 8월 7일부터 8월 18일 사이에 각 단체의 사무실에서 행해졌으며 모든 면접에서 영어를 사용했다. 대부분의 단체는 내가 기존에 방문(1998년 필리핀, 1999년 홍콩)했던 곳이고, 나머지도 동일 분야의 한국인 활동가들의 소개로 접근했으므로 면접은 매우 우호적인 분위기에서 진행되었다. 면접은 평균 두 시간에서 세 시간 정도가 소요되었다. 그 외에도 필리핀과 홍콩에서 이주노동 관련 단체에서 직접 활동한 경험이 있는 한국인 활동가들, 그리고 한국에서 일하는 다수의 활동가를 면접하여 현지 단체의 면접만으로 파악할 수 없는 부분을 보충했다.

30 공개하기 민감한 내용 때문에 면접을 인용할 때 피면접자와 소속 단체의 비밀 보장을 위해서 단체명을 밝히지 않았다.

<表 3-4> 이주 단계와 국가에 따른 시민단체의 주요 활동 내용

	이주 이전 단계	이주 단계	귀환 이후 단계	상시적인 활동
송출국의 시민단체	사전 교육 및 훈련 공항 출국 보조	잔류 가족 돕기 귀환 프로그램 준비	상담, 법률적 도움 쉼터(피난처) 귀환 프로그램*	홍보, 계몽 활동 연구 및 출판
유입국의 시민단체		상담, 법률적 도움 의료 서비스 교육(언어, 문화 등) 쉼터(피난처) 조직화 귀환 프로그램*		홍보, 계몽 활동 연구 및 출판

* 귀환 프로그램은 이주노동을 하는 동안 돈을 모아서 본국에서 자영업을 시작할 수 있도록 도와주는 것으로, 교육도 제공하고 협동조합의 형태로 돈을 빌려주기도 한다.

이동의 거리가 멀어지면 가기를 원하는 사람도 줄어들고 또 원한다고 해도 아무나 가기 어려워진다. 필리핀의 경우 비록 쉬운 결정이 아닐지라도 이주노동이 매우 보편화되어 있고 일상적인 행위로 여겨지므로 유리한 조건을 갖춘 사람들만 이동하는 선택성 경향은 낮은 편이며 이들을 지원하는 시민단체들이 다양한 내용을 가지고 활동하고 있다. 홍콩도 노동력 유입국으로서의 역사가 길고 수적으로 많은 이주노동자들이 와 있으므로 이들을 위한 시민단체들이 많이 활동하고 있다. 이주노동을 일련의 과정으로 파악한다면 이주가 이루어지기 이전 단계, 이주하여 현지에서 노동하는 이주 단계, 귀환 이후의 단계로 나누어 볼 수 있다. 이주노동자들을 위해서 활동하고 있는 시민단체의 주요 활동을 노동력의 송출국/유입국 여부와 이주 단계에 따라 분류해 보면 <표 3-4>와 같다.

이 표를 언뜻 훑어보면 유입국의 시민단체들은 현지에서 노동하는 단계에만 집중적인 활동을 하는 반면 송출국의 시민단체들은 이주의 각 단계에 걸쳐서 고른 활동을 하는 것으로 보인다. 그러나 엄밀하게 본다면 송출국의 시민단체들이 이주 이전 단계에 하는 활동은 별로 많지 않다. 필리핀에 있는 이주노동 관련 시민단체 중에서 정부의 허가를 받아서 출국 사전 교육을 하는 곳이 있지만 매우 소수에 불과하다.[31] 외국으로 이동하여 노동을 하는 동안에도 본국의 시민단체들이 하는 역할은 약한 편이다. 물론 본국에 남아 있는 가족 대상 프로그램을 운영하는 시민단체들은 일정한 역할을 하지만 그런 프로그램이 없는 단체들이 실질적으로 이 단계에서 하는 활동은 없다. 아래에서 자세하게 살펴볼 귀환 프로그램은 이주노동자가 외국에서 노동하는 동안에 송금한 돈을 저축시켜 주고 귀환을 대비하는 활동을 하는 것이지만, 실제로 이주노동 관련 시민단체 중에서 이와 같은 프로그램을 제대로 실시하는 곳은 매우 적어서 보편적인 활동이라고 보기 어렵다. 이렇게 볼 때 송출국 시민단체 활동의 대부분은 실제로 이주노동자들이 귀환한 이후에, 그것도 정상적으로 돌아온 것이 아니라 임금 체불이나 산업재해, 부당 노동행위, 성적 학대 등 여러 가지 문제를 가지고 돌아온 사람들만을 대상으로 이루어지고 있다고 볼 수 있다.

한편 유입국 시민단체들이 하는 활동 대부분은 이주 단계에 집중되어 있다. 현실적으로 이주노동자가 도착하기 전이나 그들이 그곳을 떠난 후에 그들을 위해 유입국에서 어떤 활동을 한다는 것은 예외적인 경우를 빼면 별로 없다. 이주 단계에서 이들이 하는 활동도 송출국의 시민단체들과 마찬가지로 문제가 발생한 이주노동자들을 위한 사후 처리에 해당하는 것이 대부분이다. 이렇게 볼 때 송출국과 유입국을 막론하고 시민단체들이 수행하는 사회적 자본으로서의 역할은 단지 문제가 발생했을 때 해결을 도와주

---

31 일부 시민단체는 정부 기관을 대행하여 출국 사전 교육을 실시한다. 이런 교육은 물론 유료이며 출국을 위해서는 필수다.

는 소극적인 수준에 그치고 있다. 물론 단체들의 상시적인 활동, 귀환 프로그램 등은 문제 해결의 차원이 아니라 문제가 발생하지 않거나 발생했을 때의 부정적인 영향을 최소화하려는 노력이라고 볼 수 있지만 많은 단체의 다양한 활동 중에서 이런 부분이 차지하는 비중은 상대적으로 매우 적다.

시민단체의 역할이 이처럼 소극적인 수준에 그치는 이유는 그들의 활동이 미약해서라기보다는 이주노동자들이 시민단체에 기대하는 수준이 낮거나 다르기 때문이다. 이주노동자들은 개별적으로 돈을 벌러 온 사람들이기 때문에 특별한 문제에 직면하기 전까지는 돈을 버는 것과 직접 연관이 없는 조직화나 교육에 기본적으로 무관심하다. 또한, 이들은 유입국에서는 노동자지만 그전에는, 그리고 나중에 본국으로 돌아가면 농부, 자영업자, 또는 실업자가 될 가능성이 크므로 노동자로서의 의식이 별로 없으며, 또한 이들의 출신국이 상대적으로 정치의식이나 시민으로서의 권리 의식이 낮기 때문에 시민단체를 적극적인 사회적 자본으로 활용하려는 생각을 갖기 어렵다. 이러한 한계를 극복하고자 시도한 것이 귀환 프로그램이다.

대안적인 사회적 자본으로서의 귀환 프로그램

귀환 프로그램은 홍콩에 있는 단체의 지원을 받아 1994년 필리핀에 설립된 한 단체를 중심으로 1996년에 시작되었는데, 궁극적인 목표는 이주노동의 악순환 고리를 끊는 것이다. 앞의 〈그림 3-1〉에서 본 것처럼 노동력 송출국의 일반적인 상황은 가난과 이주노동의 끊임없는 반복이라고 할 수 있다. 그런데 만약 이주노동자가 외국에서 번 돈을 소비에 모두 지출하지 않고 일부를 저축하고 이것을 이용해서 귀국한 후에 사업을 시작할 수 있다면, 또는 귀국한 사람들에게 소자본을 대여해 주고 사업을 일으킬 수 있다면 사정은 달라질 수 있을 것이다.[32]

> 국가 경제 전체를 개별 이주노동자나 단체가 변화시키는 것은 불가능하다. 그렇기 때문에 개인들이 이주노동 과정에서 번 돈을 저축하고, 이것을 신용조합의 형태로 묶어서 기금을 조성하고, 이 기금을 대여해서 작은 사업을 시작함으로써 스스로 직업을 만들어 내는 것이 이 프로그램의 목표가 된다. 간접적이지만 이들의 창업을 통해 지역사회에서 새로운 일자리를 만들어 내고 지역사회 내부의 공급과 소비의 완결 구조를 이끌어 내려는 목표도 가지고 있다(M씨, 필리핀 A단체 소속).

귀환 프로그램은 기존의 이주노동자 지원 활동이 가진 여러 가지 한계를 뛰어넘는 것으로 볼 수 있다. 첫째, 기존의 활동이 문제가 발생한 후에 그것을 해결하는 방식의 소극적인 활동인 데 비해서 이 프로그램은 결과를 예측하여 미리 준비하는 적극적인 활동이다. 둘째, 기존의 활동이 이주의 각 단계에 한정해서 이루어지는 반면, 이 프로그램은 단계를 넘나들면서 이루어지고 있다. 실제로 귀환 프로그램 교육은 귀환 후에는 물론이고 이주 이전에도 일부 이루어지고 있으며, 이주 후 현지에서 노동하고 있는 단계에서도 유입국에서는 저축을 유도하는 교육이, 그리고 송출국에서는 그 돈을 낭비하지 않도록 하는 교육과 저축이 이루어지고 있다. 셋째, 같은 맥락에서 이해될 수 있지만, 기존의 활동이 국가 간의 장벽을 넘어서지 못하

---

32 소자본 대여 운동(micro-finance supporting movement)은 이주노동 관련 단체만 하고 있는 것이 아니라 필리핀에 있는 노동 단체, 여성 단체, 지역 단체 등과 같은 '일반' 시민단체들도 하고 있으며, 이때 대여를 위한 자본을 외국에서 지원받는 경우도 있다. 이주노동자와 그의 가족에게 신용조합의 형태로 돈을 융자해 주는 단체가 물론 존재하지만, 귀환 프로그램은 이주노동자 자신이 송금한 돈을 저축으로 유도해서 자금을 조성한다는 점이 다르다.

고 일국적인 시각에서 이루어지는 데 비해서 이 프로그램은 노동력의 송출 국과 유입국 단체들이 연대해서 함께 사업을 진행하고 있다. 필리핀의 현 지 단체가 아예 홍콩에 있는 단체의 지원을 받아서 탄생했으므로 프로그램 시작부터가 국제적인 연대 활동의 결과였으며, 홍콩에 와서 일하고 있는 필리핀 노동자의 교육은 홍콩의 시민단체가, 필리핀에 남아 있는 가족과 귀환 후의 이주노동자에 대한 교육과 활동은 필리핀 현지 단체가 나눠서 하는 것도 지속적인 국제 연대의 좋은 예가 되고 있다. 마지막으로 이 프로 그램은 당면한 문제의 해결만이 목적이 아니라 이주노동자들의 의식변화 를 추구하고 있다. 활동가가 도와주어서 문제를 해결하는 방식이 아니라 이주노동의 악순환을 끊기 위해서 이주노동자인 내가 해야 할 일이 무엇인 가를 고민하고 실천하게 한다는 점에서 활동 과정에서 필요한 의식 변화를 이끌어 낸다고 볼 수 있다.

이런 장점에도 불구하고 귀환 프로그램이 기존의 시민단체 활동이 갖는 한계를 뛰어넘어 모든 이주노동자들에게 사회적 자본으로서의 근본적인 대안이 되는 데에는 문제점이 있다. 첫째, 취지와는 달리 잘 진행되지 않는 경우가 발견된다. 이것은 시민단체의 한계라기보다는 이주노동자의 한계 일 수 있다. 귀환 프로그램은 이주노동자와 가족이 처한 경제적인 상황을 극복하기 위해서 저축과 창업이라는 방법을 채택하고 있으며 그에 필요한 교육 등의 도움을 제공하고 있다. 이 프로그램이 의미하는 성공은 기본적 으로 개인이 자영업자(또는 소자본가)로 성공하는 것이며 귀환 이후에 다시 출국하지 않아도 되는 상태를 의미한다.

(그렇지만) 대부분의 이주노동자들은 자영업자로서의 사전 경험이 없으며 주위에 모범 적인 역할 모델을 가지고 있지 못하다. 다시 말하자면 이주노동자들은 자영업자가 되기

위한 사회적 자본을 충분히 가지고 있지 못하다. 시민단체가 바로 이와 같은 역할을 하려는 것이지만, 사회적 자본은 단기간의 교육과 훈련으로 쉽게 형성되기 어려울 수도 있다(K씨, 한국인 활동가).

두 번째로 이 프로그램은 홍콩과 필리핀이라는 밀접한 관계를 갖는 두 나라 사이에만 가능한 것일 수 있다. 두 나라는 이주노동자를 주고받은 역사가 제법 길고, 또 홍콩에 있는 이주노동자 대부분이 필리핀 출신이라는 특수성, 또 그들 대부분이 합법적인 체류자라는 신분 조건, 계약 연장을 통해서 비교적 장기 체류가 가능하다는 점, 그리고 홍콩에는 필리핀 출신 이주노동자들을 지원하기 위해서 필리핀에서 직접 건너온 활동가들이 많이 있다는 점 등은 이 프로그램이 이들 두 나라 사이에만 가능하게 하는 조건이다. 한국에서도 1999년에 홍콩에 있는 단체의 도움을 받아서 경기도 안산과 용인에서 필리핀 출신 이주노동자를 대상으로 귀환 프로그램 조직을 시도한 적이 있었지만 실패하고 말았다.

기초적인 준비가 미흡한 상태에서 몇 번의 교육만으로 시작한 것도 무리였지만, 홍콩과 비교해 볼 때 불법 체류 상태인 노동자들이 많았고, 노동자들의 지리적 이동이 심했으며, 저축 집단(savings group)에 대한 신뢰성이 낮았다. 또한 이 프로그램은 송출국 중에서 필리핀을 제외한 다른 나라에서는 사회 하부구조의 미비 때문에 시행하기 어려운 점이 있다. 은행 체계가 불안전하고 노동력 유입국의 은행 체계와 연결되어 있지 않으면 송금이 몇 달씩 걸리게 되고, 이런 상태에서 안심하며 저축하면서 프로그램을 준비하는 것은 쉽지 않다(G씨, 한국인 활동가).

마지막으로 귀환 프로그램의 목표 중에는 지역 사회에 일자리를 만들어 낸다는 것이 있다. 하지만 기본적으로 구멍가게 규모에 불과한 소규모 사업을 시작하는 수준의 개인적 성공을 추구하고 있는 상태에서 지역사회에 자기 말고 남을 위한 일자리를 만들어 낸다는 것은 현실적으로 쉽지 않다. 이 논리를 확대해 보면 국가 경제가 처한 전체 현실을 외면하고 개인적인 성공만을 추구한다는 것은 이 프로그램과 접촉하게 된 극히 일부의 사람에게는 성공을 가져다줄 수 있겠지만 대부분은 이주노동의 악순환을 극복하지 못함을 의미한다. 바로 이런 점을 중심으로 이주노동과 관련된 시민단체의 갈등 관계가 형성된다.

시민단체 사이의 갈등 관계

홍콩과 필리핀에는 이주노동자 관련 단체들이 매우 많이 있으며 다양한 기준에 따라서 분류할 수 있다. 예를 들어서, 주 수혜 대상이 누구인가에 따라서 국적별,[33] 성별, 특별한 문제 집단별 등으로 나눌 수도 있고, 주로 하는 활동의 내용에 따라 피난처 제공 단체, 가족 및 지역 사업 단체 등으로 나눌 수도 있다. 그러나 만약 각 단체에 소속되어 있는 사람들이 뚜렷하게 느끼는 구분이 있다면 그것을 분류의 기준으로 삼는 것이 타당하다. 필리핀과 홍콩에 있는 필리핀 이주노동 관련 단체 사이에는 크게 나누어서 두 가지 흐름이 존재한다. 하나는 이주노동자 자신들이 조직한 '민중 조직' 및 이에 동조하는 시민단체들이고, 다른 하나는 이 민중 조직과는 관계없이 개별

---

[33] 홍콩에는 이주 노동자들을 위해 활동하는 단체가 많지만 출신 국가별 장벽이 매우 높아서 국가별로 따로 단체를 구성하는 경향이 강하다. 대부분이 합법 체류자이고 복수노조가 허용되므로 (단체행동권은 없음) 노조도 국가별로 구성하며, 따라서 연대 활동이 잘 이루어지지 않는다.

〈표 3-5〉 이주노동 관련 시민단체의 성격에 따른 특성 비교

	민중 조직(Peoples' Organization)*	지원 조직(Supporting Organization)
구성원	이주 노동자 자신	이주노동자들을 돕는 활동가
이주 노동을 보는 시각	국내의 왜곡된 정치·경제적 구조와 소유 구조 때문에 이주할 수밖에 없다	가난한 개인이 잘살기 위해서 이주한다
성격	정치적	경제적/복지적
주요 활동	본국의 정치적 민주화를 위한 활동	각종 서비스(귀환 프로그램 포함)
안내서에 나타난 주요 단어	투쟁(struggle), 싸움(fight), 권리(rights)	도움(help), 봉사(service), 복지(welfare)

* 민중 조직에는 그것의 목적과 의의에 동참하는 지원 단체들이 포함된다.

이주노동자들을 돕기 위해서 만들어진 '지원 조직'이다. 물론 이들 두 가지 단체들은 모두 정부와 관계 없는 민간 조직이라는 의미에서는 모두 시민단체임에 틀림이 없지만, 전자의 경우 조직의 성원들이 바로 이주노동자들이고 자신들의 힘으로 조직했으므로 이주노동자들을 도와주려고 활동가들이 만든 후자와는 다르다고 스스로 정의한다. 〈표 3-5〉는 이주노동과 관련된 시민단체들을 누가 어떤 목적을 위해서 구성하는가에 따라서 분류했다.

비록 이주노동을 확대함으로써 필리핀 경제가 처한 어려움을 극복하려는 필리핀 정부의 방침에는 모든 단체들이 반대하지만 민중 조직은 이주노동이 발생하는 원인을 더 근본적인 곳에서 찾고 있다. 즉, 이들은 이주노동의 발생은 필리핀의 왜곡된 정치·경제적 구조가 낳은 결과이고 이것을 바로잡지 않고서는 어떠한 문제도 해결할 수 없다고 본다. 반면에 지원 조직들은 가난하고 직업을 찾을 수 없는 개인들이 돈을 벌고자 이주노동을 한다고 봄으로써 다소 현상에 초점을 맞춘다. 이러한 차이는 이 단체들의 기본적인 성격을 가르게 되는데, 민중 조직은 다분히 정치적 지향성을, 지원 조직은 경제적 또는 복지 지향적인 성격을 띤다. 따라서 전자는 이주노동

의 근본적인 문제 해결을 위해서 본국의 정치적인 민주화를 위한 투쟁을 주요 활동으로 삼게 되고, 후자는 그 성격상 이주노동자들을 위한 각종 서비스에 관심을 가지게 된다. 물론 양쪽 단체들이 배타적으로 한 가지 활동만 하는 것은 아니지만 활동의 중심은 한쪽으로 쏠리는 경향이 있다.

민중 조직과 지원 조직 사이에는 지향성이나 노선의 차이만 있는 것이 아니라 심한 적대감도 존재한다. 민중 조직의 입장에서 볼 때,

> 지원 조직들은 문제의 본질은 외면한 채 겉으로 드러난 부분만 보고 있으며, 따라서 이러한 활동은 오히려 근본적인 치료를 막고 이주노동이 영속화되는 결과를 낳는다. …… 귀환 프로그램과 기타 유사 프로그램은 이주노동자들에게 자금을 대여해서 이자놀이를 하는 것이다(V씨, 필리핀 B단체 소속).

한편, 지원 조직들은 민중 조직이 이주노동자를 위해서 실질적인 도움은 주지 못하면서 정치적인 구호에만 공허하게 매달리고 있다고 비판한다.

> 필리핀 민주화를 위해 홍콩에서 이주노동자들의 시위를 조직하는 것은 그들에게 아무런 도움도 주지 못할 뿐 아니라 국내 정치에도 아무런 영향을 끼치지 못한다. 그들은 자기들의 활동 이외에는 모든 것이 불필요하다고 생각하지만 사실은 이주노동자들에게 실제로 도움이 되는 것은 없다(R씨, 홍콩 A단체 소속).

이러한 분절은 연대 활동에도 심각한 장애를 초래하는데, 홍콩에서 일하고 있는 필리핀 이주노동자들의 임금 삭감 반대 등과 같은 권리를 위한 활동이 필요한 때에도 두 계열의 단체들은 각각 따로 집회를 열고 있다. 필리핀 내에서의 반목도 심각해서, 대부분 피면접자들은 면접자에게 다른 단체에 대한 비판을 거침없이 했다.

어느 분야를 막론하고 단체들은 현실을 바라보는 나름의 시각을 가질 수 있고 단체마다 서로 차이가 날 수 있지만, 안타까운 점은 이들 두 단체가 갖는 장점들이 서로 만나지 못하고 있다는 것이다. 이주노동 관련 시민단체의 활동이 갖는 소극성을 극복하고자 대안적으로 제시된 귀환 프로그램이 제대로 운영되려면 이주노동자들이 스스로 자각하고 공동체를 만들고 더 나아가 조직을 이루는 것이 가장 효율적이다. 그러나 현재의 귀환 프로그램에서 이주노동자들은 활동의 대상, 조직화의 대상일 뿐이며, 오히려 지원 단체 활동가들이 성공을 위해 애쓰고 있다. 반면에 이주노동자들이 만든 민중 조직은 보다 근본적인 구조 개선을 위한 본국의 정치투쟁 중심의 활동을 함으로써 귀환 프로그램에 대한 관심이 없을 뿐만 아니라 오히려 그것에 적대적이다. 단체 사이의 이 같은 갈등 구조는 시민단체가 이주노동자들의 진정한 사회적 자본으로서 움직일 기회를 가로막고 있다.

효과적인 사회적 자본이 되기 위해

시민단체는 이주노동자들에게 사회적 자본으로서의 역할을 하고 있으면서도 일정한 한계들을 가지고 있음이 밝혀졌다. 첫째, 이들의 역할은 국제 노동력 이동의 전체 과정에 효과적으로 개입하지 못하고 일부 단계에만 집중되고 있으며, 노동력 송출국과 유입국의 경계를 넘어서지 못하고 있어서 이주노동자들에게 효과적인 사회적 자본으로서의 역할을 못하고 있다. 둘째, 지금까지 시민단체가 해 온 역할이 갖는 한계를 극복하기 위한 대안으로 제시되고 있는 '귀환 프로그램'은 많은 장점에도 불구하고 근본적인 대안이 되기에는 아직 한계가 있는 것으로 보인다. 마지막으로, 시민단체가 이러한 한계를 넘어서 이주노동자들에게 더욱 효율적인 사회적 자본이 되는 데 장애가 되는 요인은 민중 조직과 지원 조직으로 나누어져 있는 시민단체 사이의 갈등 관계라고 볼 수 있다.

시민단체의 활동이 현재와 같이 뒤치다꺼리나 하는, 끝없는 소모전 방식이 아니려면 이주노동 전체 과정에 개입하는 활동이 있어야 하며, 비록 완전한 대안은 아니지만 귀환 프로그램처럼 이주노동자들에게 이주노동의 악순환을 끊을 수 있는 미래의 답을 제공할 수 있어야 한다. 귀환 프로그램이 반드시 귀환 이후만을 위한 것은 아니다. 사람들은 경제적인 이득이 눈앞에 보이면 모이게 된다. 이 프로그램을 통해서 돈을 모으고 나중에 직업도 찾을 가능성이 희미하게라도 보이면 시민단체에 찾아오게 되고, 그때 조직화를 시도할 수도 있고 여러 가지 다른 교육도 할 수 있다. 민중 조직의 조직력과 지원 조직의 실무 능력이 결합한다면 시민단체는 이주노동자들에게 훨씬 더 훌륭한 사회적 자본 역할을 할 수 있을 것이다.

이주노조를 제외하면 한국의 이주노동 관련 시민단체들은 필리핀과 홍콩의 예에 비추어 볼 때 지원 조직에 가깝다고 볼 수 있다. 비록 여러 가지 조건이 다르기는 하지만 같은 노동력 유입국인 홍콩의 경우는 한국의 현실에 많은 시사점을 제공한다. 홍콩에는 이주노동자를 돕는 많은 시민단체가 활동하고 있지만 이곳에서 활동하는 홍콩 주민들은 별로 찾아볼 수 없다. 주로 송출국에서 파견 나온 활동가가 담당하거나 이주노동자 자신들이 직접 일하고 있다. 홍콩 주민이 활동하더라도 대개 봉사나 자선 차원이지 사회운동 차원에서 활동하는 것은 아니다. 역설적이지만 유입국 주민들이 도와주지 않는 상황은 이주노동자 스스로, 또는 송출국 활동가들이 문제 해결을 위해서 직접 움직이게 하는 결과를 낳았다. 이에 비해 한국은 한국인 활동가들의 헌신적인 노력이 이주노동자들을 의타적으로 만들어, 이주노동자 스스로 문제 해결을 하지 못하게 하는 결과를 낳았다. 이것은 활동가 중심의 '서비스형 활동'의 한계이며, 여기에는 한국의 일반적인 시민단체들이 받는 '시민 없는 시민운동'이라는 비판이 적용될 수 있다. 한국의 이주노동 관련 시민단체가 이주노동자에게 더 나은 사회적 자본이 되려면 일방적으로 도와주는 방식에서 벗어나 그들 스스로 주체적으로 활동할 수 있도록 이끌어 주어야 할 것이다.

5. 이주노동자를 보는 두 개의 시각

한국 사회는 이주노동자를 '이주자'로 보기도 하고 '노동자'로 보기도 한다. 그들을 이주자로 보는 것은 외부인이나 이방인으로 본다는 뜻이고, 노동자로 보는 것은 하층 계급의 구성원으로 본다는 말이다. 먼저 이주자의 시각을 보자. 한국 사람들에게 이주노동자들은 동남아시아나 아프리카에서 온 '애들'이다. 미국이나 유럽에서 온 '사람들'이 차별받기는커녕 오히려 대접받는 현실로 미뤄 볼 때 한국 사람들은 이주노동자를 '인종'으로 느끼고 있음을 알 수 있는 부분이다. 한편, 이주노동자가 차별받는 이유가 가난한 나라에서 온 돈 없는 사람들이고, 그래서 한국에서 허드렛일에 종사하는 '아랫것들'이기 때문이라면, 이 차별은 하층 계급에 대한 차별로 볼 수 있다. 한국 사람들이 그들을 '계급'으로 보고 있다는 의미다.

인종으로서 이주노동자

'이주노동자'라는 단어가 주는 인상은 어떤 것일까? 많은 사람이 이주노동자를 가난한 나라에서 '굶주림을 피해 온 난민'으로 보며(한건수 2004, 452), '국가와 가족의 빈곤을 위해 희생'되고 있는 불쌍한 존재로 본다. 이런 시각은 한국이 '조국 근대화'라는 국가 지상의 과제를 달성하고자 총력전을 펼때, 농촌에서 서울로 올라와 가족의 생계와 장자長子 교육을 위해 자신을 희생한 여성 노동자들을 보는 시각과 크게 다르지 않다(김원 2005, 6).

과거 한국 여성 노동자들이 불쌍하게 여겨진 배경에 '연약한 여성'이라는 담론이 숨어 있던 것처럼, 이주노동자를 불쌍하게 여기는 배경에도 또 하나의 담론이 감춰져 있다. '그들은 우리보다 열등하다'는 것이다. 우리가 모든 인간은 동등하다고 아무리 부르짖어도 막상 현실은 그렇게 돌아가지 않는다. 이주노동자도 똑같은 인간이라고 주장할 수는 있겠지만 그들이 현장에서 똑같은 대우를 받는 것은 아니다. 이렇게 되는 이유는 우리 마음속에 깊이 자리 잡은 인종주의 때문이다(유명기 1995 ; 함한희 1995). 한국 사람들은 인종주의라고 하면 주로 백인이 흑인을 차별하는 것을 연상하게 되고, 백인에 의한 비백인 차별이 인종주의의 전형인 것처럼 생각한다. 그러나 한국 사람들이 이주노동자를 대하는 방식은 전형적인 인종주의 틀에 완벽하게 들어맞는다. 다음 발언이 좋은 예다.

> "한국 여자 친구 생기면 문제 생겨요. 한국 사람들(이) 화내요. 까만 사람이 한국 여자랑 얘기하면 욕해요."
> "우리들을 부를 때 강아지 부르듯 손짓하며 입술로 혀를 차는 소리를 냈었어요."(설동훈·최홍엽·한건수 2002, 181-182)

물론 한국 사람과 이주노동자들 사이에는 외모를 비롯해 여러 가지 측면에서 차이가 있다. 그렇지만, 차이가 자동으로 차별의 근거가 되는 것은 아니며 인종주의를 거칠 때 비로소 차별이 된다. 한국 사람들은 자신들이 다른 나라에서 온 이주노동자들과 '다른 종자'라고 생각한다. 이런 신체적인 특질은 정신적인 능력의 차이로까지 인식되는데, 당연히 우리는 우월하고 그들은 열등한 것으로 인식한다. 심지어 그들은 추하기까지 해서, 러시아의 백인 '미녀'들은 나이트클럽에 보내서 감상하지만, 동남아시아 여성들은 공장에 보내서 구박한다. 지금은 육로로 다녀오지만 금강산 관광 길이 열렸던 초기에는 배를 타고 금강산을 다녀왔는데, 내가 2000년에 금강산 관광을 위해서 동해 시에서 배에 올랐을 때가 기억난다. 배 입구에서 젊고 예쁜 러시아의 무희들이 화려한 옷을 입고 춤을 추면서 승객들을 맞이하고 있었다. 배가 출발하고 나서도 그 안에서 열리는 파티의 무대를 장식하는 사람들은 백인 무희들이었다. 그러나 배 안을 돌아다니다 보니 배의 객실을 정리하고 식당의 그릇을 치우는 사람들은 예외 없이 필리핀이나 인도네시아 등에서 온 아시아 여성 노동자들이었다. 우리가 갖고 있는 인종 서열이 그대로 반영된 모습이었다.

서양의 시각에서 동양을 미개하고 열등한 것으로 보는 것이 오리엔탈리즘이라면, 열등한 이주노동자의 이미지는 서구를 중심이나 표준, 이상으로 보고 한국이 속해 있는 아시아를 스스로 주변이나 비정상, 이탈로 봄으로써 우리와 그들을 문명-야만의 구도로 보는 '역전된 오리엔탈리즘'(김원 2005, 8)에서 나오며, 아시아를 비하하고 타자화하는 서구인의 시각을 그대로 복제한 우리 안의 '복제 오리엔탈리즘'(이옥순 2002)에서 나온다. 그들을 비하함으로써 우리는 스스로 서구와 비슷한 위치에 있다고 착각하게 되며, 그들과 거리를 유지함으로써 우리의 동질성을 위협하는 이방인들을 제어

할 수 있다고 믿는다. 순수한 혈통의 신화에 강박적으로 집착하는 한국 사회는 아주 사소한 차이를 갖는 사람들의 존재에도 민감하게 반응한다. 하물며 열등한 나라에서 온 '인종'의 존재는 그야말로 위협일 수밖에 없다.

계급으로서 이주노동자

한국 사람이 이주노동자를 차별하는 것을 인종주의적인 방식으로 해석하는 것은 우리와 그들의 관계를 한국인 대 외국인, 한민족 대 이방인, '우등한 우리' 대 '열등한 그들'의 구도로 보는 것이다. 그러나 따지고 보면 한국 사람들끼리도 차별은 있지 않은가. 정도의 차이는 있겠지만 어느 사회나 돈 있는 사람이 없는 사람을 무시하고, 배운 사람이 못 배운 사람을 업신여기고, 남자가 여자를 깔보고, 젊은이가 노인을 얕잡아 보는 등의 차별은 존재하는 것 아닌가. 자본주의 사회에는 계급에 기초한 차별이 존재하는데, 이주노동자 차별도 계급에 기초한 차별의 일종이다.

사회의 주도권을 가진 상층계급은 하층계급을 한 수 아래로 본다. 톰슨E. P. Thompson에 따르면 18세기 말 영국의 유산계급은 하층계급의 상당수가 살인자, 도둑, 주정꾼, 창녀 등이며, 그들에게 필요한 것은 인내, 노동, 절제, 절약, 종교라고 보았다. 그래서 교회 주일학교 교사들은 빈민 아동의 "사나운 정념을 길들이고, 지나치게 거친 그들의 태도를 억누르고, 혐오스럽고 음란한 그들의 상스런 말씨를 정화하고, 완강한 저항 의지를 고분고분하게 만들고, 그들을 정직하고 순종하고 예의 바르고 근면하고 유순하고 얌전하게 만들"어야 한다는 지침을 받았다(Tompson 1980). 일본에서도 공장 노동자들은 음주·노름·매춘과 집안에서 싸우는 짓을 그만둘 때까지 사회에서 존경받지 못할 것이라고 중간계층의 지속적인 충고를 받았다. 일본 중간계층의 관점에서 볼 때, 대다수 농촌 출신 공장 노동자들은 교육 정도와 문화적인 세련됨은 말할 것도 없고 자제력과 도덕적 훈련 면에서도 형편없는 사람들로 비쳤다(Smith 1988, 245 ; 구해근 2001, 191에서 재인용).

한국 사회도 예외가 아니다. 공장 노동은 오래전부터 하찮고 비천한 직업으로 여겼다. 유교적인 신분 질서 아래에서 육체노동으로 돈을 버는 노동자들은 '산업 전사'나 '수출 역군'이라는 이데올로기적 수사에도 불구하고 '공돌이'와 '공순이'라는 비하 대상에 불과했다(구해근 2001, 188-210). 많이 배운 사람이 임금을 더 받는 것이 당연한 사회에서 못 배운 노동자들은 힘없고 '만만한' 존재에 불과했고, 차별적인 착취를 하더라도 별 문제가 되지 않았다. 공장 내 생산직과 사무 관리직 사이에 극단적인 차별이 존재할 수 있었던 것도 육체 노동자에 대한 이런 시각과 무관하지 않다. 이주노동자에 대한 차별은 공장 노동을 경시하는 한국 사회의 태도와 관련이 있다. 이주노동자들은 한국 사회에서도 가장 열악한 곳에서 일하는 사람들이다. 안 그래도 출신국에 대한 부정적인 인상과 '튀는' 외모 때문에 인종적 편견에 따른 차별을 받을 가능성이 큰 그들은 가장 밑바닥 노동에 종사하는 사람들이라는 인식 때문에 이중적인 차별을 받고 있다.

그런데 차별은 계급 간에만 있는 것이 아니라 계급 안에도 존재한다. 노동자 계급 안에서도 성, 인종, 나이, 결혼 여부 등 자연적·사회적 요소의 분할선에 따라 차별적 착취가 발생한다(이종영 2003, 53). 똑같은 노동을 하더라도 '단지 그대가 여자라는 이유만으로' 저임금을 강요받고, 또 결혼한 여자라는 이유로 남편의 월급이 있을 테니 '안심하고' 해고한다. 밀린 급여를 받지 못하는 어느 방글라데시 출신 노동자는 공장 노동자 사이에도 서열이 존재한다면서 "한국인 관리자, 한국인 남자, 한국인 여자, 외국인 노동자

순"이라고 말한다(『국민일보』 2000/05/24 ; 김원 2005, 21에서 재인용). 한국인 노동자와 이주노동자 관계는 마치 정규직 노동자와 비정규직 노동자 관계와 유사한 측면이 있다. 노동자라고 다 같은 노동자가 아니다. 그레이^{Kevin Gray}는 이런 상태에 놓인 이주노동자들을 '계급 이하의 계급'이라는 점에서 '저층계급'^{underclass}으로 규정한다(그레이 2004). 이주노동자 차별은 결국 한국 사회 안에 있는 다양한 차별의 모습을 압축해서 보여 주는 것이다.

|4장| 화교, 우리 안의 감춰진 이웃

1. 사라져 버린 사람들

벌써 30~40년 전 얘기지만 내가 자라던 시절에는 화교가 그렇게 드물지 않았다. 물론 길거리 아무 데서나 부딪힐 정도는 아니었지만, 지금보다는 훨씬 더 우리와 가까이 있다는 느낌이었다. 한국 인구가 3,000만 명 정도였던 1970년대 초반에 화교 인구가 3만 명을 넘었으니 대충 인구 천 명당 한 명은 화교였던 셈인데, 서울이나 인천을 비롯한 대도시에 거주하는 화교의 비율이 월등하게 높다는 점을 고려하면 몇몇 큰 도시에서 살던 사람들은 그들을 접할 기회가 제법 많았을 것이다. 더구나 당시에는 중국식당 주인 대부분이 화교였으므로, 중국 식당에 들어가서 주문을 하면 한국말로 주문을 받은 종업원이 중국말로 주방에 주문 내용을 소리치던 모습이 별로 낯설지 않았다. 비교적 저렴한 가격에 맛있고 이국적인 음식을 먹으려고 들르던 그 식당을 우리는 중국 음식점이나 중국 식당이 아니라 '중국집'이라고 불렀다. 일본 식당을 '일본집'이라고 부르지 않고, 서양 식당을 '서양집'

이나 '미국집'으로 부르지는 않으면서 유독 중국 음식을 파는 집만 중국집이라고 불렀던 이유는 아마도 중국 음식을 파는 식당이라는 의미보다는 중국 사람이 사는 집이라는 의미가 더 강해서 그랬는지도 모르겠다.

엄밀하게 말하자면 사실 중고등학교에 다니던 시절에는 중국집이라고도 잘 하지 않고 주로 '짱깨집'이라고 부르곤 했다. '자장면'이라고 쓰고 '짜장면'이라고 읽는 음식을 '짱깨'라고 했으니 그렇게 부르는 것이 당시 학생들에게는 매우 자연스러운 일이었다. 생각해 보면 우리는 화교를 화교나 중국 사람이라고 부르기도 했지만 짱깨, 짱꼴라, 되놈, 왕서방 등으로 비하해서 부르기도 했다. 어쨌거나 자장면은 이제 중국 음식이라기보다는 한국의 서민들이 가장 즐겨 먹는 대표적인 음식의 하나가 되었다. 내가 군에 입대해서 훈련을 받던 부대의 입구에는 허름한 중국 음식점이 하나 있었는데, 먹어도 먹어도 배고프던 훈련병 시절에 그곳에서 솔솔 풍기던 기름진 자장면 냄새는 지금도 잊을 수 없다. 휴가 나가면 제일 먼저 자장면을 사 먹어야겠다고 다짐했던 사람은 나만이 아니었을 것이다. 이처럼 한 나라의 음식 문화를 바꿀 정도면 화교의 한국 적응은 매우 성공적인 것이 아니겠는가.

그런데 언제부터인가 그들은 우리 근처에서 사라져 갔다. 중국 식당 주인이 중국말을 쓰면 오히려 놀랄 정도로 그들은 '자기네 업종'에서조차 모습을 감췄고, 대신 그들 '밑'에서 배운 한국 사람들이 주인으로 나서기 시작했다. 특히 대형 중국 식당 주인이 화교인 경우는 더욱 드물다. 다들 어디로 간 것일까? 음식점을 그만두고 다른 직업을 가진 것일까, 아니면 다른 나라로 떠난 것일까? 화교는 유대인과 더불어 자기 나라를 떠나 사는 사람 중에서 가장 대표적인 성공 사례로 꼽히는 사람들인데, 왜 한국의 화교는 갈수록 모습을 감추고 있을까? 도대체 무슨 일이 있었기에 그럴까?

한국의 화교 수는 1972년의 3만 3,000명을 정점으로 지속적으로 줄어

지역	인원(명)	비율(%)	지역	인원(명)	비율(%)
서울	8,190	39.5	경북	456	2.2
부산	1,773	8.6	경남	394	1.9
경기	2,102	10.1	제주	265	1.3
강원	576	2.8	울산	300	1.4
충북	625	3.0	대구	930	4.5
충남	674	3.3	인천	2,749	13.3
전북	628	3.0	광주	327	1.6
전남	240	1.2	대전	506	2.4
			총계	20,735	100

〈표 4-1〉 화교의 지역적 분포 (2005년)

출처: 통계청 (2005b) 출입국관리 통계연보.

서 지금은 2만 명을 조금 넘는다. 그러나 사업이나 교육 등의 문제로 중국과 대만에 장기 거주하는 사람들을 제외하면 실제로는 2만 명이 안 되는 것으로 알려졌다. 〈표 4-1〉은 한국에 살고 있는 화교의 숫자와 지역 분포를 보여 준다.

화교는 여러 측면에서 한국 사람들과 유사한 삶의 모습을 보이고 있어서 출산율도 비슷할 것으로 예상된다. 그렇다면 1970년대 이후 지금까지 한국인의 인구가 약 1.5배 늘어났으므로 화교의 숫자도 5만에 가까워야 할 텐데, 오히려 남아 있는 그들의 숫자는 절반 정도로 줄었다. 그렇다고 화교의 사망률이 그 사이에 갑자기 치솟은 것은 아니다. 그들은 식당을 떠난 것이 아니라 아예 한국을 떠났다. 세계에 흩어져 정착한 각국의 화교들이 대체로 그 나라의 '국민'이 되어서 나름대로 잘살고 있는 것에 비하면 한국의 화교 숫자가 줄어든 것은 매우 유별나 보인다.[1]

어릴 때 한국에 왔거나 아예 한국에서 태어나 수십 년을 살면서 정든 땅인데도 불구하고 수많은 화교가 한국을 떠날 때에는 그만한 이유가 있다는 얘기다. 화교들은 자신들의 수가 줄어든 이유를 '한국 사회의 차별 때문'이라고 분명하게 잘라 말한다. 우리가 차별했다고? 이주노동자 차별을 반성하기는 해도, 화교 차별이라는 것은 익숙지 않다. 그저 별 관심이 없었을 뿐인데. 그들은 왜 한국 땅에 와서 살고 있을까? 왜 자기 나라인 중국에서 살지 않고 여기까지 왔을까? 화교는 도대체 누구일까?

화교는 두 개의 한자 '꽃 화'華와 '높을 교'僑로 이뤄져 있다. 여기에서 華는 중국 사람들이 스스로를 높여 부르는 말이고, 僑는 '타관살이하다' 또는 '임시적인 거처'의 의미이다. 두 글자의 합성어인 화교는 원래는 중국이 아닌 외국에서 임시로 살고 있는 중국 사람을 의미한다. 하지만, 현실적으로는 영구 이주해 간, 그러나 여전히 중국 국적을 유지하고 있는 중국 사람들을 통칭하는 용어로 쓰인다. 반면에 해외에 살면서, 중국 국적을 갖지 않고 현지 국가의 국적을 취득한 사람들은 화인華人으로 불리는데, 실제로 화인이라는 용어는 중국 국적의 유무에 관계없이 더 넓은 의미로 사용되고 있다. 좀 더 엄밀하게 구분하자면, 화교가 정치적이거나 법률적 속성을 반영하는 개념인 데 비해서 화인은 민족적 속성을 반영하는 개념이라고 볼 수 있다. 하지만 경우에 따라서는 중국 국적의 유지 여부에 관계없이 모두를 화교라고 부르기도 해서, 화교와 화인이 혼용되는 측면이 있다.[2]

화교는 한국을 포함한 전 세계 90여 개국에 흩어져 살고 있다(국가안전기

---

1 나라마다 화교가 받아들여진 모습은 매우 다양하다. 『동남아의 화인사회』(박사명 외 2000)는 동남아시아 각국에서 화교가 어떻게 적응하며 살아가는가를 보여 준다.

2 화교와 화인을 비롯한 중국계 해외 이민자 명칭에 관한 자세한 내용은 "중국 해외 이민의 제 명칭 분석 연구"(김경국 외 2005)를 참조. 한국 화교는 중국 국적은 아니지만 대부분 대만 국적을 갖고 있어서 그들을 화교라고 불러도 별 문제가 없으며, 화교 자신들도 스스로 그렇게 부른다.

획부 1995, 16). 이들의 숫자는 2005년 현재 약 3,800만 명이며 이중 77퍼센트는 아시아에서 살고 있다. 가장 많은 화교가 살고 있는 나라는 인도네시아로 757만 명이 살고 있으며, 그 다음으로는 태국(705만 명), 말레이시아(619만 명), 미국(338만 명), 싱가포르(268만 명) 순이다.[3] 죽竹의 네트워크Bamboo Network라고 불리는 화교 네트워크의 잠재력은 무한하면서도 위협적이다.[4] 특히 동남아시아 화교의 힘은 매우 막강해서, 국민의 태반이 중국계인 싱가포르는 말할 것도 없고, 인도네시아, 말레이시아, 태국 등에서 화교 자본은 금융, 교역, 투자 등의 근대적인 산업을 장악하여 국가를 움직인다고 해도 과언이 아니다. 화교는 각 나라에서 상장기업의 상당수를 장악하고 있는데, 예를 들면, 인도네시아에서는 화교가 전체 인구의 3~4퍼센트에 불과하지만, 국내 민간 자본의 약 70퍼센트를 소유하고 있으며, 태국에서는 전체 인구의 10퍼센트를 차지하는 화교가 태국 4대 민간 은행을 모두 소유하고 있다. 말레이시아에서는 화교가 기업 자산의 약 절반가량을 소유하고 있고, 필리핀에서는 전체 인구의 2퍼센트가 채 안 되는 화교가 이 나라 1,000대 기업의 3분의 1 이상을 소유하고 있다(와이던바움 외 1996, 43-44).

하지만, 한국 화교의 사는 모습은 사뭇 다르다. 경제적으로 주도권을 잡은 것도 아니고, 정치나 문화 분야에서 두각을 나타내는 것도 아니다. 오히려 있는지 없는지 잘 모를 정도로 조용하게 묻혀 있는 소수자라고 하는 편

---

3 전 세계 화교 인구를 7,000~8,000만 명으로 추산하기도 하는데, 이는 대만, 홍콩, 마카오에 사는 인구를 합친 수이다. 그러나 이 지역에 사는 이들은 스스로를 화교라고 전혀 생각하지 않는다. 이들을 화교로 보는 것은 '중화인민공화국'의 시각일 수 있다(대만 교무위원회(僑務委員會) 홈페이지(http://www.ocac.gov.tw)).

4 '죽의 네트워크'라는 말은 '죽의 장막'이라는 표현에서 나온 것이다. 중국이 개혁·개방을 하기 전인 1970년대까지는 외부 세계에 실체가 잘 알려지지 않아 베일에 가려져 있다는 의미이다.

이 맞을 것이다. 다음에서는 '100년 손님'인 화교가 어디에서 왔는지, 한국에서 살게 된 역사적 배경은 무엇인지를 살펴보고, 그들이 사는 모습과 한국 사회가 가한 차별의 모습을 돌아본다. 마지막으로는 화교들이 가진 정체성이 어떤 모습으로 남아 있는가를 밝혀 보고, 다인종·다민족 사회가 되어 가는 한국 땅에서 우리가 어떤 입장을 가져야 하는가를 짚어 보겠다.

2. 한국 화교의 역사

화교 사회의 성립

한국과 중국은 지리적으로 인접해 있기 때문에 당연히 옛날부터 많은 사람이 빈번하게 왕래와 이주를 했을 것이다. 중국에서 한반도로 사람이 이주한 기록 중에 가장 오래된 이야기는 사마천의 사기에 나온다. 중국 주나라 무왕이 은나라를 멸망시키고 은나라의 왕족인 기자를 조선의 왕으로 봉했고, 이때 기자가 5,000의 군중을 데리고 조선에 이주하게 된 것이 중국인의 한반도 이주 최초의 일이라고 한다. 물론 이는 중국 한나라 때에 중화사상에 기초해서 기록한 역사이며, 한국에서도 고려 중후기에 유교 문화가 들어오면서 사대주의에 기초해서 중국 중심의 역사 해석을 한 결과이다(김종규 1993, 6 ; 이이화 1998, 149-156). 어쨌든 그 이후로 중국과 한반도는 지속적으로 교류가 이어져서 많은 중국인이 우리나라로 건너왔을 것으로 추정되며, 현재 한국의 성씨 중에도 중국인을 시조로 한 성씨가 많다. 그러나 우리가 화교라고 부르는 중국인들이 본격적으로 우리나라에 정착해 살기 시작한 것은 1882년 임오군란 이후였다.

임오군란은 1881년에 창설된 별기군에 비해 형편없는 대우를 받던 구식 군인들이 13개월이나 밀린 군료미 중 한 달치로 받은 쌀조차 썩었거나 쌀겨와 모래가 섞인 것에 분노하여 일으킨 난이었다. 13명의 일본인을 살해하고 일본 공사관을 습격하자, 일본은 '거류민 보호'라는 이름으로 군함을 파견했다. 조선이 정변에 휩싸이자 청나라가 일본을 견제하기 위해 재빠르게 위안스카이袁世凱,우창칭吳長慶 등의 지휘 아래 3,000여 명의 병력을 조선에 파견했고(김종규 윗글, 8 ; 이이화 2003, 271-291), 이때 함께 들어온 40여 명의 민간인을 군역상인軍役商人으로 보는데, 이들을 오늘날 한국 화교의 선조로 본다. 하지만 이들 군역 상인들은 1885년 6월 '청일천진조약'에 따라 양국 주둔군이 철수하자 중국 군대와 함께 돌아갔다(박은경 1981, 24).

화교의 한국 정착에 관한 화교 측의 기록을 보면 1882년 조선이 청과 맺은 조청상민수륙무역장정朝淸商民水陸貿易章程이 화교 이동의 시작인 듯하다. 이 조약은 일종의 불평등조약으로, 화교 상인은 한국 지방 관원의 승인을 받으면 내륙 지방에 들어갈 수 있다고 명기되어 있다. 일본 등 다른 외국 상인은 개항장에서의 활동만 인정한 반면, 중국 상인은 내륙 깊숙이 들어가 상행위를 하도록 허용한 이 조약은 중국 측의 집요한 주장이 관철된 것이었다. 처음에는 개항장에만 몰려 있던 화교는 이 조약에 따라 점점 내륙 지방으로 들어가서 상행위를 하게 되었고, 이들의 횡포가 심해 지역민과의 갈등도 생겼다. 심지어는 조선 정부가 발행하는 내륙 지방 행상 인증서까지 위조하여 지방 관리를 괴롭혔다는 기록이 나온다(박은경 1981, 25-26).

중국 상인들은 조선에 주둔한 위안스카이의 정치적 권세와 '무역장정' 조약에서의 특권적 위치에 힘입어 급속히 성장했다. 이렇게 중국 정부의 지원에 힘입어 중국 상인들이 급성장한 사례는 동남아시아의 화교 이민사에서 찾아볼 수 없는 예외적인 사례였다. 전통적으로 동남아 화교는 중국 정부가 방치한 가운데 스스로 생존하고 개척해 왔다. 예를 들어, 1600년대에 필리핀에서 발생한 몇 차례에 걸친 수만 명에 이르는 화교 학살에 대해서도, 그리고 1740년에 네덜란드 통치 아래 있던 인도네시아 바타비아(자카르타의 옛 이름)에서 있었던 화교 1만여 명 학살에 대해서도 중국 정부는 '조국을 버린 자들'이라는 이유로 구원의 손길을 주지 않았다(이덕훈 2002, 51). 반면, 조선에 온 중국 상인들은 위안스카이 등의 비호 아래 서울 소공동, 인천 선린동 주변에 차이나타운을 형성하면서 상하이 등지에서 구입한 영국제 면제품과 중국산 비단을 들여와 조선인 객주를 통해 금·은·인삼 등을 가져가는 중계 무역을 주로 했다(한홍구b 2001). 당시 중국 상인들은 중국 관헌의 힘을 믿고 횡포를 부려 조선인의 반발을 사기도 했는데, 납을 채굴하려고 묘지를 파다가 이에 반발하는 한국인 묘지 주인 일족 두 명을 살해하거나, 중화회관을 건립할 땅의 주인이 자기에게 땅을 팔지 않는다고 조선의 현직 관리이던 땅주인을 구타하는 일까지 생겼다(박은경 1981, 27).

〈표 4-2〉를 보면 1883년 전국에 209명에 불과하던 화교의 수는 조선이 식민화되는 1910년에는 무려 1만 1,818명으로 급증했다. 비록 '무역장정' 조약에서 비롯된 중국 상인의 특권적 지위와 독점적 지배력이 1894년 청일전쟁에서 청이 패배하면서 급격히 쇠퇴했지만, 화교의 숫자는 꾸준히 늘어났다. 화교 상인의 특권이 사라짐에 따라 장사를 위해 이주해 온 화교의 수는 줄어든 반면, 자연재해와 전란을 피해 조선으로 와 노동자와 농민으로 사는 화교 수는 증가했다. 특히 서해 바로 건너에 있는 산동성山東省을 중심으로 '의화단義化團운동'이 일어나자 많은 피난민이 몰려들었다.

산동성 부근에는 청나라 중기부터 백련교白蓮敎의 한 분파인 의화권義和拳

〈표 4-2〉 화교인구의 증가 추세 (1883~1910)			
연도	서울	인천	전국
1883	82	54	209
1884	99	48	354
1885	353	235	700
1906	1,363	714	3,661
1910	1,828	2,886	11,818

출처: 박은경(1981, 29).

이라는 비밀결사가 있었는데, 이들은 한국의 태권도와 같은 권술拳術을 전수하고, 주문呪文을 외면 신통력이 생겨 칼이나 철포에도 상처를 입지 않는다고 믿었다. 1894년 청일전쟁 후 열강의 침략으로 중국은 분할 위기에 처했고, 값싼 상품의 유입 등으로 농민의 경제생활은 파괴되었다. 특히 특권을 지닌 기독교 포교는 중국인의 반감을 사 배외적인 기운이 높아 갔다. 의화권은 1899년 명칭을 의화단으로 바꾼 후 산둥 지방을 중심으로 기독교회를 불태우고 신도를 살해하는 반기독교 운동을 전개했고, 파산한 농민들의 지지가 늘어나면서 급속하게 확대되었다. 그러나 1899년 말에 위안스카이가 산둥 지방장관에 취임하면서 의화단을 탄압하자 이들은 허베이성河北省 으로 흘러들어 갔고, 1900년 6월 열강에 선전포고했다. 베이징까지 침입한 의화단은 관군官軍과 함께 열강의 공사관을 공격하고 베이징이나 톈진天津은 의화단원이 거리에 넘쳐 날 정도로 세력이 절정에 이르렀으나, 1901년에 영국·러시아·독일·프랑스·미국·이탈리아·오스트리아·일본 등 여덟 개 나라 연합군에 패하여 중국의 식민지화는 한층 깊어졌다.[5]

5 두산백과사전(http://100.naver.com).

이와 같은 정치적인 이유 외에도 중국에서 가장 인구밀도가 조밀한 지역이었던 산둥성 일대에 자연재해가 빈발하면서 이재민들이 살길을 찾아 조선으로 왔다. 현재도 한국 화교의 95퍼센트 이상이 산둥성 출신인데, 이는 광둥성廣東省 등 중국 남부 출신이 주류를 이루는 다른 나라의 화교들과 구분되는 특별한 현상이다. 자장면도 산둥성 고유의 지방 음식이다.

일제 강점기의 화교

일제 강점기에 화교 수는 꾸준히 증가했다. 1910년 1만 1,818명에 불과하던 화교 수는 1920년에는 2만 명을, 그리고 1930년에는 6만 명을 넘었으며 1942년에는 8만 명을 넘어섰다. 〈표 4-3〉을 보면 화교의 인구 구성에서 여성의 비율이 아주 낮았다는 것을 알 수 있다. 1910년에는 전체 화교 중 여성은 9.2퍼센트에 불과했다. 1939년에는 여성 화교가 26.9퍼센트로 늘어나기는 했으나 여전히 남자의 3분의 1도 되지 않았다. 대부분의 이민 사회는 초기에 남성 비율이 높은데, 그 이유는 남성이 먼저 이주해서 정착에 성공한 다음에 여성들이 이주하는 경향이 나타나기 때문이다. 한국의 화교 사회도 마찬가지로 초기에 이주한 사람 대부분이 미혼 남자들이거나 아니면 식구들을 고향에 남겨 두고 혼자 온 기혼 남성들이었다.

1930년까지 꾸준하게 증가하던 화교 수는 1931년부터 급격하게 줄어들었다. 그 후 1930년대 중반에 다시 늘기 시작하다가 1937년부터 한 번 더 줄어들었다. 화교 수가 줄어든 두 시기는 화교와 관련된 중요한 사건이 발생한 시기이다. 1931년에는 국내에서 화교 탄압의 원인이 된 완바오산萬寶山 사건이 일어났고, 1937년에는 중일전쟁이 일어나서 많은 화교가 본국으로

<表 4-3> 일제 강점기의 화교 인구*

연도	전체	남성	여성	여성 비율(%)
1910	11,818	10,729	1,089	9.2
1920	23,989	21,382	2,607	10.9
1930	69,109	.	.	.
1931	56,502	.	.	.
1932	41,303	.	.	.
1933	37,732	.	9,559	.
1934	49,334	39,775	11,775	19.4
1935	57,639	45,864	14,007	20.4
1936	63,981	49,974		21.9
1937	43,000			
1938	48,533	37,169	11,364	23.4
1939	51,014	37,296	13,716	26.9
1940	63,976	.	.	.
1941	73,274	.	.	.
1942	82,661	.	.	.
1943	75,776	.	.	.
1945**	12,648	.	.	.

* 일부 수치는 남녀의 합이 전체와 맞지 않으나, 원자료 그대로 표기함.
** 1945년 자료는 남한만의 숫자임.
출처: 박은경(1981, 31-32, 69).

귀환했다. 여기에서는 일본 제국주의에 의한, 그리고 그에 따른 조선 사람들의 화교 탄압이 구체적으로 나타났던 완바오산 사건을 살펴보자.

당시 일본은 만주와 중국 본토 침략 기회를 잡으려고 조선인과 중국인 사이의 갈등을 부추겼다. 때마침 중국 창춘長春 근교 완바오산의 한 농촌에서 논에 물을 대는 문제로 7월 1일에 중국인과 조선인 사이에 물꼬 싸움이 일어나, 중국 농민과 조선 농민 몇 사람이 부상을 당했고 중국 경찰과 일본 경찰이 출동했다. 창춘의 일본영사관은 중국 군경이 조선 농민들에게 큰 피해를 입힌 것처럼 의도적으로 허위 정보를 유포했다. 국내 언론이 이를 확인하지도 않고 보도했고, 흥분한 군중은 국내 중국인 상점과 가옥을 습격하고 화교를 학살하는 등 전국에서 반중국인 폭동이 일어났다. 7월 2일 저녁과 3일 아침에 호외로 뿌려진 기사의 제목은 '중국 관민 800여 명과 200 동포 충돌 부상, 주재중駐在中 경관 대 교전 급보로 창춘 일본 주둔군 출동 준비. 삼성보에 풍운참급風雲斬級', '대치한 일·중 관헌 1시간 교전. 중국 기마대 600명 출동. 급박한 동포 안위', '철퇴 요구 거절, 기관총대 증파', '전투 준비 중' 등으로 매우 자극적이었다(양필승·이정희 2004, 48).

열흘에 걸친 반중국인 폭동의 결과는 엄청났다. 국제연맹의 만주사변 보고서인 "리튼 보고서"*The Lytton Report*에 따르면 사망 127명, 부상 393명, 재산 피해 250만 원이었고, 조선총독부 고등법원 검사국 자료에 따르면 사망 122명, 부상 227명이었으며, 중국 자료에 의하면 사망이 142명, 실종 91명, 중상 546명, 재산 손실 416만 원, 영사관에 수용된 난민이 화교 전체 인구의 3분의 1에 육박하는 1만 6,800명이었다. 이 사건으로 검거된 자만 1,800여 명이었고, 사형 한 명을 포함하여 벌금 이상의 처벌을 받은 사람만해도 1,011명에 달했다. 총독부는 이들을 수용하기 위해 교도소 가건물을 지어야 했다(한홍구 2001a). 비록 일본의 계략으로 벌어진 일이라고는 해도 결과적으로 국내 화교 수는 그 뒤 몇 년 동안 급격하게 줄었다. 이 일이 있고 두 달이 지난 9월 18일에는 일본 관동군이 뤼순旅順에서 폭발을 조작해, 이를 빌미로 만주사변으로 불리는 전쟁을 만주 전역에서 일으켰고, 이듬해에는 일본의 괴뢰국인 만주국을 세웠다.

조선에서 화교에 대한 부정적인 감정이 비극적인 양상으로 폭발한 것은 국내에서 조선인과 화교 사이에 조선, 일본, 중국의 3국 관계가 반영되었기 때문이었다. 일본은 중국 대륙을 침략하기 위해 끊임없이 구실을 찾았고 조선인을 내세워 중국과 조선 사이를 이간질했다. 중국의 입장에서 보면 이미 국권을 상실한 조선은 일본의 앞잡이였다. 완바오산 사건이 일어나기 전에도 이미 만주의 중국인들은 조선인 이민을 일제를 끌어들이는 중국 침략의 앞잡이로 여겨 박해를 가했고, 조선인들은 이에 '민족주의적'으로 대응해 국내에서 화교를 배척했다. 이러다 보니 국내에서 화교에 대한 부정적인 인상이 형성되었다. 오래된 노래 가사를 살펴보자.

> 비단이 장사 왕서방 명월이한테 반해서
> 비단이 팔아 모은 돈 통통 털어서 다 줬어
> 띵호아 띵호아 돈이가 없어도 띵호와
> 명월이 하고 살아서 돈이가 없어도 띵호아
> 우리가 반해서 하 하 하 비단이 팔아서 띵호아

이것은 1930년대에 김정구가 불러서 인기를 끈 '왕서방 연서'의 가사인데, 비단 장사를 하는 화교 왕서방이 기생에게 반해서 돈을 다 날렸다는 내용이다. 김동인의 단편소설 『감자』에도 같은 성을 가진 농부 '왕서방'이 등장한다. 왕서방의 감자밭에서 감자를 훔치다가 들킨 가난한 복녀가 오히려 왕서방과 정을 통하며 돈을 받아 살아가게 되었고, 왕서방이 다른 여자와 결혼을 하자 질투심 때문에 복수를 하려다 오히려 죽게 되었다는 얘기이다. 마지막 장면이 복녀의 남편과 한의사가 왕서방에게 돈을 받고 복녀가 뇌일혈로 죽은 것처럼 덮어 버리는 것으로 끝나는 이 소설은 우리나라 자연주의 소설의 대표작인데, 여기에서 화교인 왕서방이 배금주의자이자 호색한^好色漢으로 등장한 것은 매우 흥미로운 일이다(양필승·이정희 2004, 36, 76).

위의 예에서 본 것처럼 당시 화교는 한국 사람들과 일상적으로 접촉하면서 살았으며, 여러 분야에서 매우 활발한 경제활동을 펴서 오히려 한국과 일본인의 견제 대상이 되기도 했다. 1926년 동아일보의 독자 투고란인 '자유종'에는 화교들의 득세를 개탄하는 다음과 같은 글이 실렸다.

촌읍의 우자(愚者)들은 "중국 상인은 대국인이라 정직하고 신용이 유(有)하여 물품도 가격이 염(廉)하고 품질이 호(好)하다" 하여 막(마구) 사는 바람에 중국인들은 이를 기화로 교묘한 수단으로 폭리를 식(食)한다. …… 여하한 촌읍에라도 …… 중국인의 포목점이 없는 곳이 없도다(『동아일보』 1926/02/15 ; 박은경 1981, 37에서 재인용).

좀 더 구체적으로 살펴보면, 1923년에 비단과 삼베를 수입·판매하던 화교의 주단, 포목점이 전국에 400여 개에 달했고, 1929년에는 원산에만 화교 상점 수가 432개, 그중에 주단, 포목점이 전체 상점 수의 6할, 종사자 수의 6할, 총 수입액의 7할을 차지했다. 중화요리점도 매우 번성해서 1926년에 이미 1,200여 호에 이르렀고, 종사자도 3,800명이나 되었다. 1920년대에는 화교들이 상당한 자본을 축적했고, 활발한 경제활동을 벌여서 화교 한 사람이 내는 영업세와 소득세는 일본인과 조선인보다 많았다. 당시 조선에서 시가지세市街地稅와 가옥세의 최고 납부자는 동순태同順泰라는 무역상을 경영하던 화교 탄제성譚傑生이었다는 사실은 1920년대가 화교 자본의 황금기였음을 보여 준다. 공장 노동자와 건설 노동자 중에서도 화교 수가 무시하지 못할 정도로 많았는데, 특히 1928년에 공사 현장 토공土工의 16퍼센트, 석공石工의 31퍼센트를 화교가 차지했다(양필승·이정희 2004, 36-43).

조선에 온 화교들이 대부분 산둥성 출신인데, 원래 산둥 사람은 집을 떠날 때 세 개의 칼을 재산으로 갖고 떠난다고 한다. 첫째는 옷감을 자르는 칼이고, 두 번째는 머리카락을 자르는 칼이고, 세 번째는 요리하는 데 필요한 칼로서, 산둥 사람이면 누구나 이 칼로 포목점, 이발소, 음식점을 할 수 있는 능력을 갖추었다는 뜻이다. 이 세 직업은 시대에 따라 주 종목이 바뀌기는 해도 화교들이 가장 많이 종사하는 직종이고 일제 시대에도 예외는 아니었다(박은경 1981, 42).

화교 자본의 급성장에 위협을 느낀 조선총독부는 견제를 시작했다. 1920년에 관세를 개정해 원가의 75퍼센트이던 관세가 4~5배 올랐다. 1928년 이후에 일본의 경공업이 발달해서 방직 제품이 조선에 진출하자 중국에서 들어오는 모시의 과세율을 10퍼센트에서 50퍼센트로 높였고 나중에는 100퍼센트로 인상했는데, 그래도 계속해서 중국 비단과 모시가 들어오자 아예 수입을 완전히 금지하기도 했다(박은경 1981, 55-56). 한편, 삼베 재배를 적극 장려하여 중국 삼베 수입을 막아서 화교 상인들의 활동을 급격하게 감소시켰으며, 만주 지역 지배력을 강화하기 위해 만주 중심으로 중국 무역을 추진함으로써 화교 경제는 다시 한 번 타격을 입게 되었다. 이런 압박의 결과로 영업세를 내는 화교의 수는 1930년 4,102명에서 1938년에는 불과 1,536명으로 줄어들게 되었다. 이러한 경제적인 상황 변화와 위에서 언급한 1931년의 반화교 폭동, 그리고 중일전쟁의 영향으로 당시 화교의 경제적 영향력은 급속하게 축소되었다(양필승·이정희 2004, 46-50).

해방 이후의 화교 사회

해방과 더불어 화교 사회를 억압하던 일본이 물러가자 화교들은 경제적으로 새로운 기회를 맞이했다. 미군정이 제대로 된 통치 구조를 만들지 못하고 대외 무역과 관련된 규제의 틀이 없는 상태에서 화교 상인들은 한국의 무역을 주도했다. 그것은 일본 상인이라는 규제자 겸 경쟁자도 없고 한국 상인들은 아직 무역을 모르는 상태였기 때문에 가능했다. 해방 직후 중국은 실질적으로 남한의 거의 유일한 무역 대상국이었다. 1946년, 중국은 한국의 수출에서 82퍼센트, 수입에서 84퍼센트를 차지했다. 1947년에는 미국과의 무역 증가로 중국 무역의 비중이 수출에서는 53퍼센트, 수입에서는 45퍼센트로 줄어들었지만, 여전히 전체 무역의 절반 정도를 차지하고 있었다. 한국은행 조사 자료에 따르면 당시 중국과의 무역 중에서 화교 상인 자본과 한국 상인 자본의 비율이 7 대 3이라고 하는데, 그 정확성은 알 수 없으나 당시의 화교들이 얼마나 활발하게 움직였는가를 짐작할 수 있다. 특히 1948년 인천의 화교 무역상 13개소가 한국 전체 수출액의 21퍼센트, 수입액의 16퍼센트를 차지했다는 사실은 당시 화교 상인의 위세를 말해 준다(박은경 1981, 59-60).

다른 한편에서 화교 사회는 커다란 시련을 맞이하기 시작했다. 1948년에 대한민국 정부 수립과 더불어 외국인 출입을 규제하자 중국인의 한국 이주가 중단되었고 이때부터 화교 사회는 순전히 인구의 자연 증가에 의존하여 커 갈 수밖에 없었다. 한편, 중국에서는 1949년 사회주의 정부 성립 이후 이주 억제를 위해 외국 이동을 금지시키면서 화교들이 대개 1년에 한 차례 해 오던 고향 방문조차 할 수 없게 되었다. 게다가 중국이 '공산화'되어 반공을 내세운 한국의 적대국이 됨으로써 화교 무역상들의 주업이던 중국과의 교역이 중단되자 경제적으로도 큰 타격을 받게 되었다. 1952년에는 중국과의 무역이 전체 수입에서 2퍼센트, 수출에서는 0.2퍼센트로 급감함에 따라 한국의 화교 무역은 급격히 쇠퇴했다.

그 결과, 1948년 15개에 이르던 화교 무역상이 1962년에는 아예 하나도 없었다. 이렇게 되자 화교들의 주요 직업은 날이 갈수록 중국음식점으로만 한정되었다. 1948년에 332개에 불과했던 화교 요식업체는 1962년에는 1,636개, 1972년에는 무려 2,454개로 비약적으로 늘어났다(박은경 1981, 62). 화교 중에는 작은 가게를 운영하는 사람도 있고 한의사도 있었지만, 이 정도면 '화교 직업 = 중국 식당'이라는 등식이 성립될 정도였다.

해방 이후 화교의 직업 구성이 바뀌게 된 데에는 중국 무역의 쇠퇴라는 외부 조건 말고도 다른 이유가 있다. 한국 정부의 차별 정책이 바로 그것이다. 1948년 정부 수립 이후에 한국 정부는 다양한 정책을 통해서 화교를 압박하기 시작했다. 물론 모든 정책이 화교에게 불이익을 주려고 실시한 것은 아니지만, 그렇게 보이는 것도 있고, 결과적으로 그렇게 된 것도 있다. 다음 장에서는 화교에게 불리하게 작용한 한국 정부의 정책을 살펴보기로 하자.

3. 화교 차별의 모습들

정책에 의한 차별

이승만 정권 이래 한국 정부는 화교의 경제 역량을 견제하고 제한하는 갖가지 정책을 시행했다. 1950년 자유당 정부는 외래 상품의 불법 수입을 금지한다는 명목으로 '창고봉쇄령'을 내렸는데, 이것은 물건 보유량이 많았던 화교 무역상들에게 큰 타격을 입혔다. 전쟁 이후 정부는 한국인 무역상을 보호하려고 외국인의 무역에 외환 사용을 제한했다. 그 당시에 무역 때문에 외환을 사용하는 외국인이래야 화교 외에는 별로 없었다는 점을 고려해 보면, 이 조치는 화교 무역업자들을 견제하기 위한 것이었다. 게다가 이승만 정권과 박정희 정권이 각각 한 차례 시행한 화폐개혁은 현금 보유량이 많은 화교에게 큰 피해를 주었다. 비록 다른 경제적인 이유 때문에 화폐개혁이 이뤄졌다고 할지라도 화교 중에는 자신들의 현금자산을 무용지물

〈표 4-4〉 화교와 관련된 법령·정책

연도	법령·정책	내용
1950	창고봉쇄령	외국인의 부두 창고 사용 금지로 화교 무역에 악영향
1953	제1차 화폐개혁	현금을 많이 보유한 화교들에게 불리
1961	외국인토지소유금지법	토지를 헐값에 매각하거나 한국인 부인이나 친구 명의로 바꿨다가 사기당함
1962	제2차 화폐개혁	
1968	외국인토지소유금지법 개정	주거용에 한하여 1세대1주택 200평까지 소유 가능
1970	외국인 토지취득 및 관리에 관한 법	1가구당 1주택(200평 미만), 1점포(50평 미만)까지만 허용, 그러나 임대 불가
1973	가정의례준칙	결혼식 피로연, 회갑연 등 금지, 중국 식당에 불리
1973	쌀밥 판매 금지령	면 종류만 판매 가능, 3개월 만에 취소
1970년대	서울 도심 재개발 사업	차이나타운 완전 해체
1977	부가가치세 시행	세금제도에서 화교들에게 불리하게 작용
1998	외국인토지소유제한 해제	화교를 위해서가 아니라 외환위기 때 해외 투자 유도하려고 실시
2002	영주권 제도 도입	화교가 한국에 영주하는 존재로 받아들여짐
2004	주민투표법	합법 체류 외국인의 지방자치단체 활동에 대한 제한적 참여 허용

출처: 한홍구(2002, 42-45), 설동훈 외(2004, 6).

로 만들기 위해서 대한민국 정부가 화폐개혁을 시행했다고 믿는 사람들이 많다. 이는 사실 여부를 떠나서 그동안의 배타적인 정책 때문에 한국 정부에 대해서 화교들이 갖게 된 피해의식을 보여 준다.

1961년에 제정된 '외국인토지소유금지법'은 외국인의 토지 소유를 금지함으로써 화교 사회에 치명타를 가했다. 이 법에 따라 모든 외국인들은 자기 명의로 갖고 있던 모든 땅과 집을 팔아야만 했는데, 당시 한국에 살고 있던 외국인이라고 해 봐야 잠시 머물렀다 돌아가는 미군을 제외하면 화교가 대부분이던 시절이다. 즉 외국인의 토지 소유를 금지한 것은 결국 부동산을 소유한 외국인의 대부분인 화교의 토지 소유를 금지한 것이라는 의심을 지우기 어렵다. 결국 화교들은 몇 대에 걸쳐 살아오던 집과 상점, 논밭을 헐

값에 처분할 수밖에 없었다. 이들 중에는 이것을 피하기 위해서 친한 한국인 친구 명의로 소유주를 바꾸는 경우가 많았는데, 친구의 배신으로 땅을 잃어버리는 사건이 빈발했다. 나는 화교들을 면접하면서 실제로 이런 사연을 여러 번 접했는데, 심지어는 그 일 때문에 부모님이 화병으로 돌아가셨다는 사람도 있었다. 결과적으로 외국인토지소유금지법은 도시 근교에서 채소 등의 환금작물을 재배하던 화교 농민을 완전히 사라지게 했다.

이 법은 1968년에 개정되어 주거 목적의 1세대 1주택에 한하여 200평까지 소유할 수 있게 바뀌었다가, 1970년에 제정된 '외국인 토지 취득 및 관리에 관한 법'으로 외국인 한 가구당 200평 이하의 주택 한 채, 50평 이하의 점포 한 채를 소유할 수 있도록 바뀌었다. 그러나 취득한 토지의 건물은 타인에게 임대할 수 없으며 논밭이나 임야의 취득은 아예 불가능했다. 거주지 면적을 아파트 평수로 가늠하는 요즘의 기준으로 보면 주택 한 채당 200평을 허용한 것은 제법 넉넉한 것으로 생각할 수도 있다. 그러나 농사를 짓는다면 200평은 아예 경작이 불가능한 면적에 불과하다. 점포 한 채를 50평까지 허용한 것도 마찬가지다. 제법 규모 있는 음식점일 경우, 주차장을 포함해서 수천 평에 이르는 현실을 생각해 보면, 정부의 이 조치는 화교들에게 '구멍가게'만 한 점포만 가질 수 있도록 제한한 것에 불과하다.

해방 직후에 반짝했던 무역업의 쇠퇴 때문에, 그리고 60년대 초반부터 시작된 이런저런 토지 소유 제한으로 많은 화교 농민들이 농촌을 떠나면서 화교 직업의 주류는 식당업으로 변화했다. 그러나 이 분야에서도 유형무형의 차별이 가해졌다. 1973년에 공포된 '가정의례준칙'이 한 예이다. "혼례·상례·제례·회갑연 등의 가정의례에서 허례허식을 일소하고, 그 의식 절차를 합리화함으로써 낭비를 억제하고 건전한 사회 기풍을 진작할 목적으로 제정"한 대통령령인 가정의례준칙은 그나마 남아 있던 대형 중국 식당에 큰 타격을 주었다.[6] 게다가 비록 석 달 만에 취소가 되기는 했지만 1973년 3월 5일에 내려진 '쌀밥 판매 금지령'은 정말로 기가 막히는 조치였다. 이 조치는 한국인이 운영하는 식당을 보호하려고, 중국 식당은 쌀로 만든 모든 음식(볶음밥, 잡채밥 등)을 팔 수 없게 했던 황당한 것이었다. 1977년에 시행된 부가가치세도 화교들에게 불리하게 작용했다. 부가가치세 제도는 판매자가 상품을 판매할 때 걷은 세금과 상품(재료)을 구매할 때 지불한 세금의 차액을 자기의 세금으로 내는 것이다. 이 제도하에서는 모든 거래를 영수증으로 증명해야 하는데, 가족 경영의 전통을 갖고 있던 화교들에게는 이것이 익숙지 않아서 벌금이나 영업 정지를 당하는 경우가 많았다. 게다가 세금을 산정할 때 화교와 한국인 사이에 차별이 존재했다는 주장도 있는데, 화교인 왕춘식 씨는 다음과 같이 말한다.

고유 업종인 중국 음식점 경영자들(은) 1977년 시행된 부가가치세제로 인해 많은 타격을 받았다. 같은 업종에서 비슷한 매출을 올려도 한국인과의 세금 차이가 많았고, 화교에게는 과세 특례를 전혀 해 주지 않았다. 결과적으로 부가가치세 시행은 많은 화교들을 미국이나 타이완으로 내몰았다(왕춘식 2002, 235-244).

위의 제도와 정책이 화교의 경제활동에 직·간접적으로 부정적인 영향을 미쳤다면, 1970년대 초반 서울 도심 재개발 사업은 화교들에게 상징적인 공간의 해체라는 결과를 낳았다. 이미 19세기 말부터 형성되기 시작한 중국인 상가 집단 마을은 출신 지역별로 현재의 서울 종로구 수표동·관수

6 외국인의 토지 소유를 제한하는 법 때문에 당시에 남아 있던 대형 중국 식당은 화교 남성과 결혼한 한국인 부인이나 친척, 친구 등의 명의인 것으로 알려졌다.

동 일대(산동계), 서소문 입구(저장계), 소공동(광동계)에 자리를 잡았다. 그러다가 일제 강점기와 전쟁을 거치면서 인구가 감소하고 세력도 약해지면서 서울 도심부를 벗어나 연희동·왕십리·영등포 등지로 옮겨 갔고, 1950년대 이후로는 도심부의 화교 집단 상가는 소공동만 남게 되었다. 서울 시청 바로 건너편, 현재의 프라자호텔 자리에 있던 화교 마을은 보기에도 비참할 정도의 슬럼 지대였다. 1966년에 방문한 미국의 존슨 대통령을 환영하는 행사가 서울 시청 앞 광장에서 열릴 때 미국 측 텔레비전 카메라가 맞은편의 화교 마을을 비췄고, 미국에서 이 장면을 본 동포들이 형편없는 서울 도심의 모습을 부끄럽게 여겨서 시청 주변의 슬럼 지대를 깨끗하게 해 달라는 탄원서를 청와대 민원비서실에 접수할 정도였다(손정목 2003, 124-140).

서울의 도심 전체에 대한 재개발을 추진하던 서울시는 박정희 대통령의 관심에 힘입어 화교 마을을 '개발'하기 위한 노력을 기울였다. 1971년 5월 21일에 서울시 재개발 팀이 화교 상인들과 처음 만나기 시작했는데, 대체로 3대 이상을 그곳에서 살아온 화교들을 설득하기 위해서 서울시는 그 지역에 대규모 현대식 고층 빌딩을 지어서 '화교회관'이라는 이름을 붙이고 화교 점포를 입주시키고, 공사하는 동안에는 가건물을 지어 준다는 조건을 제시했다. 재개발을 하되 중국인의 연고권을 우선할 것이며 이 지역에 특색 있는 차이나타운을 조성하겠다는 약속도 했다. 이런 사실은 대만 정부를 감동시켜서 대만 정부는 당시 돈으로 2억 원이라는 큰돈을 지원하겠다고 알려 왔다. 1년 뒤인 1972년 10월까지 화교회관을 건립하겠다는 협정문이 발표된 후 1971년 10월 18일부터 약 닷새 동안에 걸쳐 화교 마을은 철거되었다. 그러나 약속은 지켜지지 않았다. 화교들이 수차례의 진정을 하고, 대만 총영사, 참사관, 대사도 서울시와 접촉을 했지만 약속은 지켜지지 않았다. 1972년 여름, 불신감과 좌절감으로 지쳐 버린 화교들로부터 한국

화약(주)이 토지를 매입하기 시작하자 그들은 하나 둘 땅을 팔고는 떠나 버렸다.[7] 이로써 서울 도심의 유일한 차이나타운이던 소공동 화교 마을은 완전히 사라지고 말았고, 그 자리에는 한국화약(주)이 세운 프라자호텔이 자리를 잡았다. 나이 든 화교 중에는 당시 서울시에서 시행한 모든 도심 재개발 사업이 처음부터 화교들의 부동산을 빼앗기 위해서 만들어진 공작이었다고 주장하며 '음모론'을 펴는 사람도 있다.

박정희 정권 시절에 화교들에게 불리한 정책이 왜 그렇게 많이 나왔는지 정확히 알 수는 없지만, 중국을 미개하고 더러운 지나支那로 경멸한 일본식 교육을 받은 박정희를 비롯한 권력 실세의 성향 때문이 아닌가 추측하기도 한다(한홍구 2001b, 44). 여하튼 한국 사회의 갖가지 제약과 차별, 그리고 변화하는 경제적 조건에 대한 적응 실패는 화교의 재이주를 초래했다. 1970년대에 접어들면서 미국, 호주, 대만, 일본 등지로 재이주를 모색하는 화교가 급속하게 증가했고 그 결과 화교 인구는 1972년을 고비로 감소 추세로 돌아섰다. 이제는 앞에서 언급한 것처럼 약 2만 명의 화교가 주로 서울과 수도권, 인천, 부산, 대구 등 대도시 지역을 중심으로 살고 있다.

---

7 당시 서울시 기획관리관 겸 토지계획국장이었던 손정목은 소공동 화교 마을 재개발 사건을 '소공동 화교 축출 작전'이라고 표현했다. 비록 처음부터 축출 계획이 있었던 것은 아닐지 모르지만, 결과적으로 너무나도 교묘하고 감쪽같이 진행된 '잘 짜인 한 편의 연극'이어서 그런 표현을 썼을 것으로 짐작된다(손정목 2003, 140-154).

화교들이 느끼는 차별

화교들은 오랫동안 차별받아 오면서 소수자인 자신의 신분과 관련해서 한국 사람과 이야기하는 것을 꺼리는 경향이 있으며, 특히 '관官'에 대해서는 더욱 민감하게 반응하는 편이다. 이런저런 차별을 받더라도 그것을 적극적으로 표출해서 주장하고 싸우기보다는 그냥 참고 넘어간다. 오랜 경험을 통해서 "어차피 해도 안 된다"는 것을 잘 알기 때문일 것이다. 그렇다고 차별에 대한 억울함이 없을 리가 없다. 여기에서는 2003년에 실시한 『국내 거주 화교 인권실태 조사』[8] 결과를 토대로 화교들이 다양한 종류의 차별에 대해서 어떻게 생각하고 있는가를 살펴보기로 하자.

(1) 취업과 승진에 관한 차별

화교의 직업이 과거에 비해 많이 다양화된 것은 사실이지만 이들은 여전히 직업 선택에서 일정한 제약을 받고 있으며 직장에 들어간 다음에도 승진에서 상당한 차별을 받는다고 생각한다. 화교는 자영업 등의 영리 활동에 대해서는 한국 국민과 동등한 법적 지위를 갖지만 국적상 외국인이므로 대한민국 국적을 지닌 자에 한해 채용하게 되어 있는 경찰 공무원, 장교, 외무 공무원 등이 될 수는 없다. 외국인이 일반 공무원이 될 수 없다는 법적 규정은 없지만 공권력 행사나 국가 혹은 공공 단체의 의사 결정에 참여하는 공무원으로 채용되는 것은 현실적으로 거의 불가능하다. 또 공익성이

---

8 2003년 국가인권위원회의 용역을 받아 전국의 화교 693명을 대상으로 광운대 중국학과의 장수현 교수와 공동 조사·연구한 결과 보고서이다.

<表 4-5> 취업과 승진에서 느끼는 차별 (단위:%)

차별의 종류	심각하다	그저 그렇다	심각하지 않다
취업하는 단계에서 느끼는 차별	77	16	7
승진하는 단계에서 느끼는 차별	79	15	6

강한 대부분의 공공 단체 임직원도 될 수 없다. 변호사, 공인회계사, 관세사 등 전문 직종의 경우 국적과 관련된 제한 조항은 없지만 시행령과 시행규칙에서 부분적으로 주민등록등·초본 등의 구비 서류에 대한 규정을 통해 외국인을 배제하는 경우가 있다.

일반 회사에 대한 외국인의 취업은 법적으로 제한받지 않는다. 그러나 면접 대상자 중 많은 사람은 중국어 능력을 필요로 하는 특별한 직무를 제외하고는 화교가 한국 회사에 취직하는 것이 어렵다고 생각한다. 삼성이나 현대와 같은 대기업의 최고위급 임원 자리에 오른 화교가 없는 것은 아니지만 대기업에 취직하고 승진하는 것은 매우 힘들다는 것이 지배적인 의견이다. 화교 단체에서 일하는 L씨(남 38세)는 취업과 승진에서 화교들이 맞닥뜨리는 어려움을 다음과 같이 표현하고 있다.

> 좀 안타까운 게 화교가 가질 수 있는 직업군이 한정되어 있어요. 왜냐면 대기업 들어가기도 상대적으로 어렵습니다. 들어간다 해도 진급 문제가 상당히 많고 한계가 있고……. 그런 얘기를 선배들이 후배한테 많이 합니다. 아예 처음부터 포기하는 분도 계시고 대학을 나와도 개인 사업을 하는 분들도 계시고 이렇게 되겠죠.

<표 4-5>에서 나타나듯이 화교의 77퍼센트가 취업 단계에서 차별을 심각하게 느끼고 있다. 화교들과 대화를 나눌 때면 어김없이 등장하는 것이 바로 이것인데, 특히 한국 사회에 '중국 열풍'이 불기 전에는 훨씬 더 심했

다고 한다. 다시 말해서, 지금은 그래도 1992년 중국과의 수교 이후에 교역이나 접촉이 늘어났고 중국어를 할 줄 아는 사람들에 대한 수요가 늘어나서 그나마 취업이 잘되는 편이라는 것이다. 그 이전에 한국에 있는 대학을 졸업하고 취업 시장에 나섰던 사람들이 겪었던 '수모'는 화교를 접촉할 때마다 등장하는 단골 메뉴이다.

일단 성공적으로 취업이 된다고 해도 승진 문제에 이르면 이야기는 또 달라진다. 여기에는 79퍼센트가 차별을 심각하게 느끼고 있다고 응답했다. 한국 회사들이 화교를 통역을 위한 역관譯官 정도로만 생각하고 채용하는 것 같다는 지적을 하기도 한다. 즉, 필요해서 채용하기는 하지만 특정한 일만 시키며, 일정한 수준까지는 승진을 허락하지만 그 이상은 한국 사람들끼리만 차지한다는 지적이다. 외환위기 때 해고된 화교들의 사례는 이때 매우 중요한 증거가 된다. 물론 한국 사람들도 무더기로 해고된 때지만 화교들은 자신들이 더 큰 피해를 봤다고 인식하고 있다.

최근 중국이 우리 경제에서 차지하는 중요성이 급속히 증대하면서 중국어에 능통하고 중국 문화를 잘 이해하는 인재에 대한 수요가 커지고 있으므로 취직과 승진에서 화교들의 상황이 과거보다는 많이 나아졌을 것이라 짐작할 수 있다. 그러나 직장 생활의 어려움과 승진에서의 차별 등에 대한 이야기를 계속 들어 온 화교들에게는 취직과 승진이 아직도 한국인에 비해 훨씬 높은 장벽을 가진 것으로 느껴지는 것이다.

(2) 공공·민간 서비스에서의 차별

구청이나 동사무소와 같은 공공기관에서의 차별을 얼마나 심각하게 느끼는가를 묻는 항목에 조사 대상자의 50퍼센트가 심각하게 느낀다고 응답

〈표 4-6〉 공공·민간 서비스에서 느끼는 차별 (단위 : %)

차별의 종류	심각하다	그저 그렇다	심각하지 않다
공공기관(구청, 동사무소 등)에서 느끼는 차별	50	28	22
은행 등 금융기관에서 느끼는 차별	58	19	23
휴대전화, 인터넷 가입 등 상업 서비스에서 느끼는 차별	79	13	8

했다. 이는 수치 자체로는 높지만 앞에서 살펴본 다른 항목과 비교해 보면 상대적으로 낮은 편에 속한다. 기본적으로 외국인 관련 업무는 동사무소가 아니라 구청에서 관장하고 있다. 외국인등록사실증명 등의 서류를 떼려면 거주지 구청을 가면 된다. 사실 구청에서 외국인에게, 다시 말해서 화교에 게 특별하게 불리한 절차를 요구하거나 특별히 더 불친절하게 대하지는 않을 것이다. 물론 개인적으로 그런 직원이 있을 수 있지만 그런 경우는 한국인 민원인에게도 발생할 수 있는 일이므로 별개로 치자. 그렇다면 왜 절반이나 되는 화교들이 그렇게 생각하고 있을까?

개별 면담을 해 보면 과거에는 공공기관에서 불편함을 많이 느꼈지만 지금은 '양반이다'라는, 즉 많이 개선되어서 이제는 제법 좋다는 진술을 한다. 지금과 비교해 보면 예전에는 한국 사회 전반에 걸쳐 화교에 대한 부정적인 인상이 더욱 많았다고 볼 수 있고, 또 한편으로는 공공기관이 화교와 한국인을 막론하고 민원인에게 불친절하고 고압적이었던 것도 사실이다. 이런 기억이 뇌리에 남아서 화교들은 지금까지도 공공기관에서 차별하는 것으로 인식할 수도 있다. 사회심리학적으로 보면 한 사회에서 불리한 입장인 소수자로 사는 것은 객관적인 상황을 자신에게 부정적으로 해석하게 하는데, 화교의 경우, 한국 사람과 똑같은 불친절을 겪어도 '화교이기 때문에 당한다'는 느낌으로 발전할 수 있다.

화교들이 실제로 불편과 불이익을 많이 느끼고 억울함을 호소하는 것은 공공기관보다는 주로 일상적으로 이용하는 상업 서비스 부분이다. 〈표 4-6〉을 보면 58퍼센트의 화교가 은행 등의 금융기관에서 심각하게 차별을 느끼고 있다. 원칙적으로 화교들은 외국인이지만 '거주자'이므로 금융기관에서 내국인과 동등하게 대우받게 규정되어 있다. 그러나 화교들이 많이 살지 않아서 화교들과의 거래가 별로 없는 지점의 일선 창구에서는 이런 규정을 숙지하지 못하고 있을 수 있으므로 한국인 고객과는 다른 대우를 받을 가능성이 있다.

휴대전화나 인터넷 가입과 같은 경우에는 문제가 훨씬 더 심각하다. 위의 표에서 보듯이 전체 응답자의 79퍼센트가 심각하게 차별을 느끼고 있어서 문제가 가볍지 않음을 알 수 있다. 자주 가는 사람이야 다르겠지만 대부분 은행을 방문하는 횟수는 상대적으로 별로 많지 않다. 그러나 요즘처럼 컴퓨터를 이용한 업무와 놀이가 일상화된 세상에서는 인터넷 사용이 필수적이며, 따라서 회원 가입도 빈번하게 있는 일이다. 자기 집이나 PC방에 앉아서 컴퓨터를 하다가 원하는 사이트에 아무 때나 가입하는 한국인 친구들과는 달리 자신은 즉시 가입이 불가능하다는 것을 발견하는 것은 매우 큰 충격이 아닐 수 없다. 회사마다 요구하는 내용이 다르지만 외국인 등록증을 팩스로 보내야만 한다는 얘기를 들으면, 그래서 그런 서류를 만들어서 팩스로 보내고 어쩌고 하다 보면 차별을 느끼지 않을 수 없다.

이런 일이 발생하는 원인 중에서 가장 일차적인 것은 화교들이 가지고 있는 외국인등록번호가 한국인들의 주민번호와 다르다는 점에서 발생한다. 한국인의 주민번호는 뒷자리 첫 번째 번호가 남자의 경우에는 1이나 3으로, 여자의 경우에는 2나 4로 시작한다. 그러나 외국인등록번호에서는 남자가 5, 여자가 6으로 시작하므로 인터넷에서 인식되지 않는다. 물론 외국인등록번호를 인식할 수 있는 프로그램이 개발되어 있지만, 그것을 설치해 놓은 몇몇 회사의 프로그램에서만 인식되고 그렇지 않은 대부분의 경우에는 인식되지 않는다.

거리를 걸어가다가 즉석에서 휴대전화기를 구입하는 친구와는 달리, 집에 가서 서류를 챙기고 본사에서 허가를 받아야만 구입할 수 있다면 스스로 다른 존재임을 느끼지 않을 수 없을 것이다. 더구나 외모나 억양에서 한국 사람이 아니라고는 꿈에도 의심할 수 없는 사람이 주민번호 기입란에 '엉뚱한' 번호를 기입한다면 얼핏 봐서는 잘못 쓴 것으로 오해하기 십상이다. 길에서 휴대전화나 신용카드를 신청하려다가 그런 번호를 써 넣으면 신청받는 사람들은 당황하거나 처리할 수 없는 지경에 이르고 만다. 그들은 대개 본사 직원이 아니므로 규정이 어떠한지 알지 못하는 경우가 많다.

인터넷 서비스 이용, 은행 등의 금융기관 이용, 그리고 휴대전화 가입 등 상업적 서비스 이용에서 화교들이 겪는 불편을 해소하기 위해서는 두 가지 방법이 필요하다. 첫 번째는 적극적인 홍보와 강력한 지도이다. 정부가 민간 기업에 외국인등록번호 인식 프로그램 설치를 적극 홍보하고 또 강력하게 지도함으로써 화교들과 한국에 거주하는 외국인 모두의 불편을 덜어줘야 하고, 은행 등의 기관에서는 외국인에게 서비스를 제공할 수 있는 범위에 대해서 직원 교육을 하도록 해야 한다.

두 번째는 외국인등록번호의 개선이다. 앞에서 지적한 것처럼 외국인등록번호는 뒷자리 첫 번호가 5나 6으로 시작되어서, 처음 보는 사람들은 이상한 번호라고 생각하거나 또는 외국인임을 알아차릴 수 있으며, 또한 인터넷에서 인식도 되지 않는다. 만약 이 번호를 한국인들의 주민번호와 같은 형식으로 바꿀 수 있다면 많은 문제가 해결될 수 있을 것이다. 이렇게 하면 외국인임을 파악할 수 없어서 문제가 생긴다고 지적할 수도 있겠지만, ① 외국인등록증 자체가 이미 외국인임을 보여 주고 있고, 또한 ② 번호만으로 외국인임을 구별해 낼 수 있게 하는 것은 인권침해의 소지가 있으므로 오히려 개선을 적극적으로 고려할 필요가 있다.

한 걸음 더 나아가서 등록 외국인에게 아예 주민등록증을 부여하는 방안도 고려할 수 있다. 왜냐하면 주민등록증은 '주민'임을 증명하는 것이지 '국민'임을 증명해 주는 것과는 상관이 없기 때문이다. 이 방안은 어떠한 기준에서도 차별받지 않아야 한다는 국제 규약의 정신을 가장 적극적으로 실천하는 방법이기도 하다.

(3) 세금과 복지 혜택에 관한 차별

〈표 4-7〉은 복지 혜택과 세금에서 화교들이 느끼는 차별의 심각성을 보여 주고 있다. 화교의 50퍼센트가 세금에서 느끼는 차별이 심각하다고 응답했고, 복지혜택에 관해서는 79퍼센트가 심각하게 차별을 느끼고 있다고 말했다. 귀화하지 않은 화교들은 국적상 외국인이다. 따라서 원칙적으로 그들은 '국민'으로서의 권리를 누릴 수 없다. 그러나 위의 주민등록증 부여와 관련해서 언급한 것과 마찬가지로, 이것과 관련해서도 조금 다른 시각을 가질 수도 있다. 즉, 한국 땅에 살고 있는 화교를 '국민'의 개념이 아니라 '주민'의 개념으로 볼 수도 있다는 말이다.

현재 저소득층 가정, 장애인, 노인, 소년소녀 가장 등 사회적 약자에 속하는 사람들은 국민기초생활보장법에 따라 정부로부터 지원을 받는다. 그러나 그와 같은 복지 혜택의 수혜 대상은 대한민국 국민에 국한되어 있기 때문에 화교 중에 국가의 복지 지원을 필요로 하는 사람들이 있음에도 불구하고 아무런 혜택을 받을 수 없다. 이런 형편은 거주비자(F-2)를 가진 사람이건 영주비자(F-5)를 가진 사람이건 마찬가지이다. 화교가 복지 수혜대

<표 4-7> 세금과 복지 혜택에 관해서 느끼는 차별 (단위 : %)

차별의 종류	심각하다	그저 그렇다	심각하지 않다
세금에서 느끼는 차별	50	35	15
복지혜택에서 느끼는 차별	79	15	6

상이 되려면 현재로서는 귀화해서 한국 국적을 취득하는 방법밖에 없다. 문제는 이들이 한국 사람들과 똑같이 세금을 내고 있다는 것이다. 한국에 합법적으로 살고 있는 주민이고 또 주민으로서의 의무를 이행하고 있는데도 불구하고 인간의 기본권에 해당하는 복지 혜택을 받을 수 없다는 것은 차별을 느끼게 하는 또 하나의 원인이 된다.

화교가 비록 외국인이기는 하지만 기본적으로 내국인과 함께 살아온 한국 사회의 일원이면서 내국인과 다름 없이 주민세, 교육세, 재산세 등의 세금이나 공과금 등 국가에 대한 의무를 지고 있다는 점에 근거하여 화교에게도 기본적인 복지 혜택이 부여되어야 한다. 국제인권규약 제9조는 사회보장을 모든 자의 권리로 규정하여 내외국인 차별을 부정하고 있으므로 화교에 대한 복지 지원은 선택이 아니라 의무라고 볼 수 있다. 화교는 마루나 구들장 밑에 엄청난 현금을 숨겨 놓고 사는 알부자가 아니다. 특히 장애인과 극빈자에 대한 혜택 부여 문제는 화교의 인권 개선을 위한 노력 중에서도 최우선적으로 고려되어야 할 심각한 문제이다.

한국 화교가 비록 대만 국적을 유지하고 있기는 하지만 대만 정부로부터 복지 혜택을 받을 가능성은 없으므로 결국 그들을 위해 최소한의 인간다운 삶의 조건을 보장하는 것은 우리 정부의 몫이다. 오랜 기간 동안 한국 사회에 거주하면서 세금을 비롯한 갖가지 의무사항을 준수해 온 지역 주민이라는 점에 근거하여 내국인과 동등한 혜택을 받도록 해 달라는 그들의 주장은 충분히 납득할 만하다.

〈표 4-8〉 정부 정책과 한국인의 차별에 대한 동의 여부 (단위 : %)			
차별의 종류	동의한다	잘 모르겠다	동의하지 않는다
한국 정부가 화교에 대해 차별적인 정책을 취하고 있다는 의견에 동의하는가	50	28	22
한국인이 화교에 대해 차별적인 태도를 가지고 있다는 의견에 동의하는가	46	36	18

(4) 정부 정책과 한국인의 차별적인 성향

〈표 4-8〉을 보면 한국 정부가 화교에 대해 차별적인 정책을 취하고 있다는 의견에 응답자의 50퍼센트가 동의한다고 말했다. 앞에서 살펴본 내용은 화교들이 각 분야에서 대부분 심각한 차별을 느끼고 있다는 점을 보여 줬는데, 그런 관점을 고려해 보면 역으로 절반의 응답자가 한국 정부의 정책이 차별적이라는 지적에 동의하지 않았다는 것이 오히려 의외이다. 다소 아전인수의 해석일 수 있지만 무리하게라도 추정해 본다면, 이는 최근 몇 년 동안 한국 정부가 취한 일련의 조치가 긍정적인 반응을 얻었기 때문으로 볼 수 있다. 비록 화교들을 위한 것은 아니었지만 부동산 소유 제한의 폐지, 영주권 부여, 귀화 절차 간소화 등은 화교 사회가 한국 정부를 불충분하나마 긍정적으로 평가할 수 있는 토대를 만들었을 것이다.

한국인들이 화교에 대해 차별적인 태도를 보이고 있다는 의견에 동의하는가에 대해서도 유사한 결과를 보였다. 위의 표를 보면 전체의 절반에 가까운 46퍼센트의 응답자가 동의한다고 대답했고, 동의하지 않는다는 사람은 18퍼센트이다. 절반 정도의 화교들은 한국 사람들이 화교를 차별한다고 생각하는 셈이다. 면접 도중에 화교들은 자주 "한국 사람들이 요즘에는 정말 좋아졌다"고 말한다. 좋아진 정도가 이것이라면 이 수치는 아직도 갈 길이 멀었음을 보여 준다.

(5) 귀화와 관련된 의식

한국 화교들은 한국에 거주한 이래로 강제 귀화의 압력을 받지 않았다. 한국 정부가 들어선 이후에도 화교들의 국적에 대해서는 이렇다 할 압력을 행사하지 않았다. 그 결과 아직은 화교의 압도적인 다수가 귀화하지 않은 채 대만 국적을 보유하고 있다.

귀화하지 않은 사람이 대다수라면 그 이유는 무엇일까? 〈표 4-9〉는 화교들이 귀화하지 않는 데 각 이유가 얼마나 중요한가를 보여 주고 있다. 항목을 살펴보면 ① 한국이 싫어서 ② 어차피 한국을 떠날 것이어서 ③ 대만 국적 유지가 사업상 불가피해서 ④ 한국 국적으로 살면 불편해서 귀화하지 않는다는 사람은 별로 없음을 알 수 있다. 다시 말해서 화교들은 한국이 좋고, 한국에서 계속 살 예정이지만 귀화를 하지 않고 있다. 그렇다고 대만 국적을 반드시 유지해야만 하는 것도 아니고, 한국 국적을 가진다고 불편해지는 것도 아니다. 게다가 귀화를 한다고 해서 화교 사회에서 따돌림을 당할까 봐 걱정하는 것도 아니다.[9]

반면에 귀화하지 않는 이유를 순서대로 나열해 보면 ⑤ 자신들이 중국 사람이므로 중국(대만) 국적을 지켜야 한다는 응답이 가장 많았다. 그 다음으로는 ⑦ 귀화하면 화교 정체성이나 문화를 잃을 것 같아서 ⑧ 귀화 절차

---

9 설문조사 결과가 그렇게 나왔음에도, 이 응답은 해석할 때 약간 주의할 필요가 있다. 말로는 귀화 여부를 결정할 때 남의 시선을 상관하지 않는다고 해도, 완전히 무시할 수 없는 분위기가 있을 것으로 보인다. 실제로 인천화교학교 교장으로 있던 C씨가 2000년에 한국 국적을 취득한 것은 화교 사회에 큰 충격을 주었다. C씨는 화교학교 발전을 위해 1억 원의 기부금을 내놓기도 하는 등, 화교 사회에 대한 기여도가 아주 큰 인물이었지만 민족성을 상징하는 화교학교의 교장으로서 한국에 귀화한 것은 용납되기 어려웠기 때문이다. 화교학교 학생들의 문제 제기가 직접적인 원인이 되어 C씨는 결국 교장 자리에서 물러날 수밖에 없었다(장수현 2001).

귀화하지 않는 이유	전혀 중요 하지 않다	별로 중요 하지 않다	그저 그렇다	다소 중요한 편이다	매우 중요하다
① 한국이 싫다	24.5	24.3	41.1	5.5	4.6
② 어차피 한국을 떠날테니 불필요하다	32.8	29.1	29.0	5.3	3.8
③ 대만 국적 유지가 사업상 불가피하다	32.1	24.5	33.5	6.9	3.1
④ 한국 국적으로 살면 불편하다	30.3	27.9	29.0	7.4	5.3
⑤ 중국 사람이므로 반드시 중국(대만) 국적을 지켜야 한다	7.2	9.1	21.6	24.2	37.8
⑥ 귀화를 안 하는 것이 (본인 또는 자녀가) 한국의 대학 진학에 유리하다	19.5	20.8	29.9	18.8	11.1
⑦ 귀화하면 화교 정체성이나 문화를 잃을 것 같다	15.5	17.8	25.7	22.5	18.5
⑧ 귀화 절차가 너무 까다롭다	15.0	18.9	28.1	18.2	19.8
⑨ 화교 사회에서 따돌림을 당할까 걱정	39.2	26.0	22.5	7.4	5.0

가 너무 까다로워서 ⑥ 한국의 대학 진학에 유리할 것 같아서이다. ⑥번과
⑧번의 경우는 다소 현실적인 이유라고 볼 수 있고, ⑤번과 ⑦번은 '문화
적인' 이유라고 볼 수 있다. 즉, ⑤번과 ⑦번은 민족·국적과 관련해서 화교
들의 솔직한 감정을 보여 주는 것으로, 그들은 스스로 중국 사람이라고 생
각하며 또 그렇게 살아가고 싶어 한다는 것을 알 수 있다. 여기에는 논리적
인 설명이나 이성적인 증명이 필요하지 않다. 그저 그것을 원하는 것이다.
일본에서 요즘은 재일 조선인의 귀화가 늘어 가는 추세지만, 그동안 그들
이 온갖 박해에도 귀화하지 않고 버텨 왔던 것도 그저 '그렇게 하고 싶어서'
였다. 따져 보면 귀화하는 것이 훨씬 유리하다는 것을 누구나 알지만 그들
은 그렇게 하지 않았다. 화교들이 앞으로 평생을 한국에서 살면서, 그리고
그들의 자식들도 여기에서 살아갈 것으로 믿으면서도 귀화하지 않는 이유
는 그저 그들은 그것을 원하기 때문이다. 그러므로 아무리 부드럽게 표현
을 해도 '여기서 살려면 귀화하세요'라는 말은 사실은 화교들에게 스스로의

〈표 4-10〉 자녀의 귀화에 대한 생각 (단위 : %)				
전적으로 찬성	찬성	아무래도 좋다	반대	전적으로 반대
4.3	11.7	40.0	27.4	16.5

존재 이유를 포기하라는 강제일 수밖에 없다.

한편 〈표 4-10〉을 보면 자신의 귀화와는 달리 "자녀가 귀화하는 것에 대해서 어떻게 생각하는가"라는 질문에는 '전적으로 찬성'하는 사람이 4.3퍼센트, '찬성'하는 사람이 11.7퍼센트이었고, '전적으로 반대'하는 사람이 16.5퍼센트, '반대'하는 사람이 27.4퍼센트이었다. 중간에 해당하는 '아무래도 좋다'고 대답한 사람 40.0퍼센트를 빼고 보면 반대가 압도적으로 많은 셈이다. 그러나 이 질문의 응답 결과를 읽을 때 유의할 점이 있다. 즉, 이 질문의 응답에서 '아무래도 좋다'고 말한 사람은 비록 적극적으로 독려하지는 않겠지만 사실은 자녀의 귀화를 용인하는 사람으로 봐야 한다. 이렇게 볼 때, 자녀의 귀화에 반대하지 않는 사람의 비율은 앞의 세 경우를 모두 묶은 56.0퍼센트가 되는 셈이다. 비록 자신은 귀화하지 않았지만 자녀 세대에는 그들이 원하는 대로 변해 갈 것으로 보고 있다. 한국 문화로의 적응 속도와 폭이 부모 세대와는 비교할 수 없이 빠르고 넓은 지금 젊은 세대의 특성을 고려하면, 장기적으로는 귀화하는 화교의 수가 늘 가능성도 있다.

4. 화교학교의 학력 인정을 둘러싼 형평성과 인정 근거

2006년 현재 한국에는 총 45개의 외국인학교가 있다. 그중에서 18개가 화교학교인데 소(초등)학교가 14개이고 중·고등학교가 네 개이다.[10] 물론 학교라는 이름을 붙이고 있기는 하지만 화교학교를 포함한 모든 외국인학교는 한국 정부로부터 정규 학교로 인정받지 못하고 있다. 그 이유는 이 학교들이 한국의 교육인적자원부가 요구하는 교육 내용을 갖추고 있지 못하기 때문이라는 것인데, 과연 그 이유만으로 화교학교의 학력을 인정하지 않아도 되는가의 여부가 논의의 핵심이 된다. 여기에는 세 가지 차원에서 형평성을 논의할 수 있는데, 그것은 ① 대만에 있는 한국인학교를 대만 정부가 어떻게 인정하고 있는지 여부 ② 일본에 있는 재일동포 민족학교를 바라보는 시각과 어떻게 연계해서 볼 것인지 여부 ③ 국내의 다른 외국인학교와 화교학교의 위상을 어떻게 볼 것인지 여부 등이다.

화교학교를 둘러싼 형평성 문제

(1) 대만의 한국인학교와의 형평성

화교학교의 학력 인정과 관련해서 교육인적자원부가 제출한 의견서에 따르면, 대만 교육부가 대만에 있는 한국인학교의 학력을 인정하는지는 명

---

10 인천화교소학교와 인천중산중학교는 합쳐서 하나로 계산하기도 한다. 이 경우 전체 화교학교의 수는 17개가 된다.

확하게 드러나 있지 않다. 다만 대만에는 '외국교민학교설치법'이 있어서 기본적인 규정을 두고 있다(교육인적자원부 2006).

대만의 외국교민학교설치법(2004. 4. 13 수정)
제7조 외국교민학교의 교육 과정, 교사 자격, 설비, 학생 모집, 수업료 등은 본국에서 정한 규정에 따른다.
제8조 외국교민학교는 중국어, 중국 역사 등 과목을 설치하여 학생들의 중화 문화에 대한 인식을 증진시켜야 한다.

상호주의 원칙에 따라 우리도 화교학교의 학력을 인정해야 한다는 주장은 대만 현지 상황을 정확하게 점검한 이후에야 재론할 수 있을 것이다. 그런데 만약 대만 정부가 대만 한국인학교의 학력을 인정한다고 하더라도 '상호주의'를 기계적으로 적용하는 것은 곤란하다. 왜냐하면 대만의 한국인학교는 현재 유치원과 초등학교만 설치되어 있는 반면, 한국 화교학교는 초·중·고등학교까지 있기 때문이다. 대만의 한국인 유치원과 초등학교는 그곳의 대학 입학 자격과 사실상 별로 관련이 없는 데 비해서, 한국의 화교학교는 대학 입학 자격과 직접 관련이 있다. 한국에서 대학 입학 자격에 연계성이 있다, 유리하다, 불리하다는 것은 고려할 요소가 대단히 많다. 따라서 학력 인정과 관련해서 대만과 한국 간의 상호주의는 정부 수준에서 별도로 협의와 조정이 필요한 부분으로 보인다.

정리해 보면, 비록 대만이 현지 한국인학교의 학력을 인정하는 것으로 가정하더라도 상호주의 원칙에 따라 한국 화교학교의 학력을 그대로 인정하기는 어렵다. 이 점에 대해서는 양국 정부 간의 협의와 조정이 필요하다. 오히려 화교학교의 학력 인정 필요성은 다른 점에서 발생한다.

(2) 일본의 재일동포 민족학교와의 형평성

일본에 있는 재일동포 민족학교(이하 민족학교)는 민단(재일본대한민국민단)과 연계된 곳이 네 개에 불과한 데 비해서 조총련(재일본조선인총연합회)과 연계된 곳은 각급 학교를 통틀어 150여 개에 이른다. 현재 일본 대학의 절반 정도는 각 대학이 알아서 민족학교 졸업생들에게 대학 입학 자격을 인정하고 있지만, 국립대학은 인정하지 않고 있다. 여기서는 일본의 외국인학교와 민족학교의 학력 인정에 대한 최근의 논란을 살펴보자.

2003년 3월 6일 일본 문부과학성은 객관적인 학교 교육 평가 단체의 인정을 받은 영·미계 외국인학교에만 대학 수험 자격을 부여하고, 조총련계 민족학교를 비롯해 민단계 민족학교, 중화학교 등 이른바 아시아계 민족학교를 배제한다고 발표했다. 여기서 객관적인 학교 교육 평가 단체의 평가 기준은 영어로 교육하는 것이 주요 요건이므로, 영어로 가르치는 외국인학교만 인정하겠다는 의미이다.

아시아계 민족학교에 대한 명백한 차별인 이 발표에 대해서 엄청난 항의에 직면하자 일본 문부과학성은 같은 해 8월 6일 '대학 입학 자격의 탄력화에 대하여'라는 내용을 발표했다. 이 발표는 객관적인 학교 교육 평가 단체의 인정을 받은 영·미계 외국인학교 졸업생과 각국 대사관을 통해 그 자격이 인정되는 외국인학교 졸업자에겐 대입 자격을 부여하지만, 그렇지 않은 외국인학교 졸업생들은 각 대학의 개별 심사에 따른다는 것이 핵심이다.

따라서 영·미계 외국인학교를 비롯해 인도네시아, 독일, 한국계 학교 학생들이 졸업과 동시에 대입 자격이 주어지게 되었다. 그러나 수교를 맺지 않은 북한과 관련이 있는 조총련계 민족학교는 제외되었다. 반면에 역시 수교를 맺지 않은 중화민국계 학교는 일본의 '재단법인 교류협회'를 통해 공적으로 확인 가능하다는 이유로 역시 대입 자격을 부여하기로 했다. 조총련계 민족학교에 대한 의도적인 배제가 의심스러운 대목이다. 이 문제가 우리와 무관하지 않은 이유는 조총련계 민족학교 재학생의 절반은 한국 국적을 가진 학생들이기 때문이다.

간단하게 정리해 보면, ① 영미계 외국인학교는 영어를 쓰기 때문에 학력이 인정된다. ② 한국계 민족학교와 대만계 중화(화교)학교를 포함하는 다른 외국인학교들도 대사관 또는 다른 기관을 통해서 학력이 인정된다. ③ 그러나 일본 내 외국인학교의 대다수를 차지하는 조총련계 민족학교는 학력이 인정되지 않는다.

각종 현실 문제에 부딪힐 때마다 우리가 자주 참고하는 일본의 경험은 노골적인 차별성 때문에 외국인학교 학력 인정과 관련해서는 좋은 사례라고 보기 어렵다. 문부과학성이 학력 인정과 관련해서 새로운 정책을 발표했던 시점도 이른바 '납치 문제'로 반북 정서가 강하던 때여서, 조총련계 민족학교에 대해서 정상적인 정책을 폈다고 보기는 곤란하다.

그럼에도, 일본의 사례에서 주목할 것이 하나 있다. 정치적으로 민감한 조총련계 민족학교를 제외하고는 모든 외국인학교에 대해서 실질적으로 학력 인정을 하고 있다는 점이다. 외국인학교에 내국인인 일본인이 얼마나 다니고 있는지는 파악하기 어렵지만, 졸업생들은 보통의 일본 학교를 졸업한 학생들과 똑같은 권리를 누리고 있다. 화교학교를 포함하는 모든 외국인학교의 학력을 전혀 인정하지 않는 한국과는 대조를 이룬다.

(3) 국내의 다른 외국인학교와의 형평성

인기 있는 가수 그룹 SES의 한 사람이자 미국 영주권자인 김유진 씨가 고려대학교에 입학한 것과 관련해서 2001년 초 한국 사회에서는 매우 뜨거운 논쟁이 벌어졌다. 한쪽에서는 고등학교 학력 인정을 받지 못하는 무인가 외국인학교를 졸업한 학생이 어떻게 대학에, 그것도 소위 '명문대'에 들어갈 수 있느냐고 반발했고, 반면에 다른 쪽에서는 한국에 있는 외국인학교를 졸업하면 세계의 모든 대학에 다 진학할 수 있는데 유독 한국에 있는 대학에는 들어갈 수 없다면 한국의 교육 체계에 문제가 있는 것이 아니냐는 반론을 폈다. 결국 이미 두 학기를 다닌 김유진의 입학이 취소되었다.[11] 이처럼 외국인학교의 학력 인정 문제는 외국 영주권 소지자를 포함하는 내국인의 입학과 관련해서 매우 민감한 주제임에 틀림없다.

아직까지 한국에 있는 외국인학교 중에서 한국의 학력 인정을 받는 학교는 없다. 즉, 모든 외국인학교는 한국의 학력 인정 체제에 따르면 '무인가 학교'인 셈이다. 이들 학교의 학력을 인정하기 위해서 지난 몇 년 동안 여러 차례 입법 추진이 있었지만, 외국에서 산 경험이 있는 학생들에게 유리해 질 수 있다는 우려, 교육 시장이 '무분별'하게 개방될 가능성과 관련한 여러 가지 쟁점 등의 다양한 문제 때문에 계속 실패하고 말았다. 2006년에도 규제개혁위원회가 다시 이 문제를 들고 나왔는데, 앞으로 여러 나라와의 자유무역협정 체결 등과 맞물려서 교육시장 개방을 둘러싼 이 문제는 치열한 공방이 예상된다. 외국인학교의 학력 인정 문제는 여러 가지 요소들을 고려해서 정책적 판단과 국민적 합의를 통해서 풀어 나갈 필요가 있다.

그런데 문제는 화교학교를 다른 외국인학교와 동일하게 바라보는 것이 타당한가라는 점이다. 잘 알려진 것처럼 한국 사회에서 화교의 역사는 이

---

[11] 김유진 씨는 1년 동안 소송한 결과, 2002년 2월 11일에 '입학허가취소 처분 무효확인소송'에서 승소했다. 법원은 "K외국인학교의 대학 입학 학력이 인정되지 않는 것은 사실이지만, 대학 측이 신입생 선발 과정에서 자격을 제대로 살피지 않았고, 원고가 두 학기를 이수한 상태에서 입학이 취소돼 불이익이 큰 점 등을 감안할 때 입학 취소는 부당하다"라고 밝혔다.

미 100년을 넘었고, 화교의 '한국화'는 한국 사람들이 생각하는 것보다 훨씬 더 깊숙하게 진행되었다. 화교는 적어도 지금까지 한국 사회에서 영주하고 있는 외국인 중에서 '민족 집단'이라고 할 수 있는 유일한 사람들이기도 하다. 2002년부터는 영주권 제도가 도입되어서 임시 거주자의 딱지를 떼고 한국에 영원히 살 수 있는 자격을 얻었고, 비록 지방선거에 국한되기는 하지만 2006년부터는 참정권도 획득해서 그해 5·31 지방선거에서 처음으로 자신들이 사는 지역의 대표 선출을 위한 투표에도 참여했다. 이들은 한국 땅에서 영원히 살 사람들이며, 게다가 시간이 지나면서 귀화자도 급증할 것으로 예상되어 화교는 명실상부한 한국 사회의 일부가 될 것으로 전망된다. 이러한 화교를 잠시 다녀가는 다른 외국인과 똑같이 간주하는 것은 매우 큰 문제가 있다.

다른 외국인학교는 기본 성격이 임시 거주자들을 위한 것이다. 주한 외교관의 자녀, 한국에서 사업을 하는 외국인의 자녀, 외국 회사의 한국 지사에서 일하는 외국인의 자녀가 학생의 대부분이고, 기본적으로 이들은 부모의 한국 근무가 끝나거나 본인이 고등학교 과정을 마친 뒤에는 본국이나 제3국의 대학으로 진학하는 경우가 많은 것으로 알려졌다. 물론 그들 중에서 한국의 대학에 진학하려는 학생들도 있겠지만, 그들은 현재 외국인 특례 입학에 해당되어 대학이 정한 기준에 따라 정원 외 2퍼센트의 범위에서 진학할 수 있으며 내국인 학생들에게 미치는 영향은 없다.

인천에 한국 최초의 화교학교가 설립된 것이 1902년이니까 벌써 100년이 넘는 역사를 지니고 있다. 재학생 대부분은 화교지만, 그중에 최소 30퍼센트에서 최대 60퍼센트 사이로 추정되는 상당수 학생의 어머니는 한국인이다. 어머니가 한국인이 아닐지라도 몇 대 째 한국에서 태어나서 자라나는 화교 학생들은 여러모로 한국인과 크게 다를 바가 없다. 한국의 신세대

대중 가수에 열광하고 월드컵이 열리면 한국의 16강 진출을 기원하며 한국 음식을 먹으면서 성장한다. 언어도 마찬가지다. 화교 학생들이 편안하게 구사하는 언어는 중국어가 아니라 오히려 한국어이다. 오죽하면 화교학교에 '중국어로 말하자'는 의미의 표어가 곳곳에 붙어 있겠는가.[12] 다만, 그들은 자신의 문화적 유산을 자랑스럽게 여기고 뿌리를 소중하게 간직하고 싶어서, 또는 그런 부모 때문에 화교학교를 선택했다. 미국에 있는 한글학교, 일본에 있는 민족학교에 다니는 동포들의 마음과 같은 것이다.

학력 인정이 이루어져야 하는 근거들

(1) 국제 규약 준수

사람은 누구나 인권을 보호받을 권리가 있다. 인권은 출생과 동시에 지니게 되는 인간 고유의 권리인데, 사람들은 자기가 태어난 나라뿐 아니라 다른 나라에서도 법률로써 자신의 기본권을 보호받는다. 외국에 사는 한국인이 인권을 보장받아야 하는 것과 마찬가지로 한국에 머무르는 외국인들도 당연히 자신의 인권을 보장받을 권리가 있다. 게다가 대한민국 헌법 제6조 제2항은 "외국인은 국제법과 조약이 정하는 바에 의하여 그 지위가 보장된다"고 규정하고 있으므로, 한국이 비준·공포한 조약과 일반적으로 승인된 국제법규에 외국인의 지위를 규정하고 있을 경우, 이는 국내법과 동일

---

12 인천화교학교에는 "我是中國人, 我愛說中國話"(나는 중국인이며 중국말 하기를 좋아한다)라는 표어가 걸려 있다. 학생들이 워낙 한국말을 많이 사용하기 때문에 교내에서만이라도 중국말을 사용하자는 간절함이 담겨 있다(오명석 2002).

하게 적용되어야 한다.

한국이 1990년에 비준·공포한 '국제인권규약'의 자유권 규약 제27조에는 "민족적·종교적·언어적 소수자가 존재하는 나라에서 해당 소수자에 속하는 자는 그 집단의 다른 구성원과 함께 자기의 문화를 향유하고, 자기의 종교를 믿으며, 실천하고, 자기 언어를 사용할 권리가 부정되어서는 안 된다"고 명시하고 있다. 그리고 역시 1991년에 비준·공포한 '아동의 권리에 관한 국제협약' 제29조 다항에는 아동 교육이 "자신의 부모, 문화적 주체성, 언어 및 가치 그리고 현 거주국과 출신국의 국가적 가치 및 이질 문명에 대한 존중의 개발" 목표를 지향해야 한다고 규정하고 있으며, 제30조에는 "인종적·종교적 또는 언어적 소수자 원주민이 존재하는 국가에서 이러한 소수자에 속하거나 원주민인 아동은 자기 집단의 다른 구성원과 함께 고유 문화를 향유하고, 고유의 종교를 신앙하고 실천하며 고유의 언어를 사용할 권리를 부인당하지 아니한다"고 규정하고 있다.

화교들이 화교학교에 다니고 자신들의 언어로 교육받는 것은 자기 문화를 향유하고 자기 언어를 사용할 권리를 행사하는 것이므로 국제 규약들이 보장하는 권리에 해당한다. 이런 점에 미루어 볼 때 화교들이 자기 언어로 교육받을 권리는 보장받아야 하며, 자기 언어로 교육을 받는다는 사실 때문에 상급학교 진학에 불리하게 작용하는 상황은 개선되어야 한다.

(2) 교육부 기준의 충족

과거에는 화교학교 졸업생의 상당수가 대만에 있는 대학으로 진학했지만, 최근에는 4분의 3이 넘는 대다수가 한국의 대학으로 진학한다. 이에 맞춰서 화교학교들은 아예 한국 대학에 진학하려는 학생들을 위한 맞춤교육을 실시하고 있다.

한성화교중학 고등부에서는 과거 고 3때 귀국 진학반과 한국 내 대학 진학반으로 나누던 것을 한국 내 대학 입학 지원자가 급증하는 추세에 따라 1997학년부터는 2학년부터 나누어 한국 내 대학 입학 지망자들에 대한 교육을 강화했다. 한국 내 대학 입학 지망자들에 대한 배려 차원에서 한국어 수업도 2학년은 주 4시간, 3학년은 주 8시간으로 보강했다. 이 밖에도 한국 내 대학 진학반을 위하여 계열을 '갑, 을, 병, 정'으로 세분화했고 한국 역사(고 2의 '갑, 을, 정'은 주 2시간, 고 3의 '을, 정'은 주 3시간), 한국 지리(고 3의 '을, 정'만 주 3시간), 한국 사회(고 2는 주 2시간, 고 3은 주 3시간) 교과목을 개설하여 한국인 교사가 강의하도록 하고 있다. 영어로 가르치는 외국인학교들과 매우 큰 차이가 있는 셈이다.[13]

현재 화교학교에서 가르치는 한국 관련 내용의 양은 교육부나 규제개혁위원회가 기존에 추진했거나 현재 추진하고 있는 외국인학교 학력 인정을 위한 최소 기준을 훨씬 상회하고 있다. 교육부가 2003년에 추진한 외국인학교 학력 인정 추진을 위한 내용에 따르면, 교육부는 한국어, 한국 문화, 역사를 구분하여 주당 각 1시간 이상, 또는 통합하여 주당 2시간 이상의 교육 과정을 운영하면 학력 인정을 한다는 안을 가지고 있었다. 화교학교를 제외한 외국인학교들이 위의 내용을 충분히 다루지 않고 있는 데 비해서 화교학교는 이미 그것을 훨씬 상회하는 한국 관련 내용을 충분하게 가르치고 있다. 따라서 화교학교의 학력 인정은 전체 외국인학교의 학력 인정과는 분리해서 적극적으로 추진할 필요가 있다.

'교육 시장' 개방을 대비해서 외국인학교의 학력을 인정하려던 정부의

---

13 한국 내 모든 화교 소학교에서 5학년부터 한국어를 주 2시간씩 가르치고 있다.

기존 시도는 교육 단체 등의 반대로 번번이 실패했다. 반대 논리는 이것을 인정하면 교육 시장이 개방되고, 그렇게 되면 한국의 학교 교육이 무너진다는 것이다. 전체 외국인학교의 학력 인정 문제는 교육시장 개방 등을 고려해 국가적 차원에서 깊이 논의하고 차근차근 준비해 갈 문제이지만, 이것과 화교학교의 학력 인정을 연동해서 처리할 필요는 없다. '외국인' 학교라는 일반성으로 함께 처리할 것이 아니라 '화교' 학교라는 특수성을 고려해서 따로 해결해 가는 것이 바람직하다.

(3) 소수자의 선택권 존중

흔히 '자기 탓'을 주장하는 사람들은 두 가지 근거를 얘기한다. 첫째는 기준을 갖춰서 학력 인정 신청을 하면 됨에도, 화교학교가 "자신들의 선택에 의해" 신청하지 않았으므로 인정해 줄 필요가 없다는 의견이고, 둘째는 학력 인정이 안 되는 것을 알고 입학했기 때문에 인정하지 않아도 된다는 의견이다.

첫째 주장은 화교학교가 기준을 갖춰서 신청하면 된다는 의견인데, 학력 인정 학교로 지정받을 수 있는 기준을 갖춘다는 것은 화교학교의 모든 교육 내용을 포기함을 의미한다. 초·중등 교육법 시행령 제97조와 제98조에 따르면 화교 중·고등학교가 학력을 인정받으려면 각각 한국의 중·고등학교에 '준하여' 교육 과정을 운영해야만 한다. 이 말은 한국의 일반 중·고등학교와 똑같은 것을 가르쳐야만 한다는 얘기이며, 따라서 화교학교가 아닌 일반 학교가 되라는 얘기가 된다.

다음으로, 학력 인정이 되지 않음을 알고 입학했기 때문에 개인이 감수해야 한다는 의견에 대해서 생각해 보자. 물론 화교들은 학력 인정이 되지 않음을 알고 화교학교에 진학한다. 그러나 화교학교에 진학하는 것은 화교들에게 일종의 '어쩔 수 없는' 선택이다. 개별 화교의 입장에서 보면 물론 한국 학교에 갈 수도 있다. 그러나 그것은 자기의 정체성을 버리는 것이 된다. 소수자로 살아가고 자기의 문화유산을 소중하게 간직하며 살고 싶은 사람들에게 학력 인정을 미끼로 자신을 버리라는 것은 가혹한 일이다. 한 민족의 정체성 유지를 위해 일본에서 집단 폭행을 당하거나 치마를 찢기는 속에서도 민족학교에 다니는 수많은 재일동포 학생들에게 우리는 갈채를 보내고 있지 않은가.

그 외에 고려해야 할 사항들

학교 재원을 학생들의 납입금에 전적으로 의지할 수밖에 없는 화교학교는 학생 수의 감소로 경영에 큰 어려움을 겪고 있다. 상당수의 소학교가 이미 폐교되었고, 학생 수가 열 명도 안 되는 곳이 네 곳, 20명이 안 되는 곳이 세 곳임을 감안하면 수년 내에 몇 개가 추가로 문을 닫을 가능성이 높다.

학생 수 감소와 이에 따른 재정 악화로 화교학교에서는 학생들을 위한 다양한 교과목 개설과 분반이 이루어지지 못하고 있다. 게다가 교사에 대한 낮은 급여와 대우는 교사, 특히 이과 계열 교사 확보에 어려움을 안겨 주고 교사들의 사기에도 영향을 주고 있다. 한국 사회의 문화 다양성에 크게 일조하고 있는 화교 사회와 화교학교를 위해서 정부는 오히려 적극적으로 화교학교를 지원해야 한다. 화교들은 교육세를 포함한 모든 세금을 한국인들과 똑같이 내고 있으므로 화교학교를 지원하는 것이 특혜가 될 수는 없다.

그러나 학력을 인정한다고 해서 기존의 외국인 특례 입학 자격을 박탈하는 것은 전혀 적절하지 않다. 두 사안은 별개로 다뤄져야 한다. 화교학교의 학력을 인정한다고 해서 그곳 졸업생들이 한국 학생들과 동일한 내용을 배우는 것은 아니므로 한국 학생처럼 수능시험을 똑같이 치르고 경쟁하는 것은 곤란하다.

특례 입학과 관련해서 현재 더 큰 문제는 어머니의 국적과 관련된 것이다. 화교 여성과 한국인 남성이 배우자인 가정인 경우는 아버지의 국적에 맞춰서 한국 학교에 진학하는 경우가 대부분이지만, 화교 남성과 한국인 여성이 배우자인 가정 자녀들은 역시 아버지의 국적에 따라 화교학교에 진학하는 경우가 많다. 이럴 경우 대학 진학 시에 어머니가 한국인이라는 이유 때문에, 즉 부모가 모두 외국인이 아니라는 이유 때문에 외국인 특례 입학의 적용 대상에서 제외되는 현재의 상황은 문제가 있다. 현실적으로 화교들은 아이를 대학에 보내기 위해서 ① 어머니가 할 수 없이 한국 국적을 버리고 대만 국적을 취득하거나 ② 서류상 이혼을 함으로써 한국인 어머니가 없는 것처럼 위장해야 하는 경우까지 등장하고 있다.

아예 아버지도 한국 국적을 취득하고 아이를 한국 학교에 보내면 될 것 아니냐는 주장은 별로 설득력이 없다. 앞에서 살펴본 것처럼 소수자가 자신들의 문화를 지켜 나갈 권리는 보장되어야 하기 때문이다. 다른 외국인 학교에 다니는 아이들과는 달리, 화교학교에 다니는 아이들은 한국 사회에 '영원히' 살고 있으면서 스스로 학교를 유지하고 있는 유일한 소수자 집단 성원이라는 특수성이 인정되어야 한다.

흔히 국가 경쟁력을 중요한 가치로 말하는데, 한국 사회 내에 중국어를 유창하게 구사하는 인력을 자기 돈 들여서 해마다 배출해 주는 기관이 있다는 사실은 한국 정부로서는 매우 고맙게 생각할 필요가 있다. 그들이 중국이나 대만의 이익을 위해서 일할 것이라는 의구심은 정말로 편협한 생각에 불과하다. 외국으로 떠날 화교들은 이미 다 떠난 셈이므로, 지금 한국에 남아서 살고 있는 화교들은 한국을 고향으로 생각하고 한국에 자기 뼈를 묻을 생각을 하는 사람들이다. 자기가 살고 있는 나라의 이익이 바로 자기의 이익임을 누구보다도 잘 아는 사람들이기 때문에 국가적 이익 때문에 화교학교의 학력을 인정하지 않겠다는 것은 논리가 성립되지 않는다.

5. 세 가지 변화

앞서 살펴보았던 〈표 4-4〉는 화교와 관련한 최근의 긍정적인 정책 변화를 보여 준다. 먼저 외국인 토지 소유 제한의 해제를 살펴보자. 긴 세월 동안 화교들이 가장 소망했던 것은 자기 땅을 갖는 것이었다. 이민 갈 사람은 이미 다 간 상황에서, 남아 있는 사람은 결국 한국 땅에서 뭔가를 해야 한다. 하지만 일정한 크기 이상의 땅을 갖지 못한다는 것은 화교들에게 커다란 심리적 장벽으로 작용했다. 대부분이 음식점을 운영하는 실정에서 아무리 운영을 잘해도 결국 '50평'이라는 한계를 넘지 못한다는 것은 근대적 자본가로서의 성장을 근본적으로 가로막는 장벽이고, 결국 구멍가게를 유지하는 정도의 '야심'만을 가능하게 만들었다. 토지법에 의한 불이익은 한국이 외환위기 극복을 위한 외자 유치 목적으로 외국인의 국내 부동산 취득을 자유화한 1998년 6월에야 비로소 사라졌다. 그러나 땅값은 지난 수십년 동안 오를 만큼 올라서 화교들에게는 이미 그림의 떡이 되었고 한국인들이 부동산 투기로 목돈을 챙긴 다음이다. 더구나 이 조치는 화교들의 권익을 보호해 주고자 시행된 것이 아니라 외자 유치 목적으로 이루어진 것이기 때문에 정부가 화교를 배려하기 시작했다고 보기는 매우 어렵다.

두 번째로는 2002년에 도입한 영주권 제도다. 중국에서 이주해 온 화교 1세는 물론이고 그들의 후손들은 비록 한국 땅에서 태어나더라도 원칙적으로 외국인이므로 출입국관리법에 따라 일정 기간마다 체류 허가를 받아야만 한다. 영주권 제도를 도입하기 이전에는 모든 화교가 5년마다 체류 허가를 새로 받아야 했는데, 그나마 1995년 이전에는 2년마다 한 번씩 출입국관리소에 가서 허가를 갱신했다. 고작 몇 년에 한 번씩 체류 허가를 갱신하는 것이 뭐 그리 어려운 일인가라고 생각할 수도 있겠지만, 이것은 화교들에게 매우 큰 정신적인 부담으로 작용했다. 대부분 자영업에 종사하다 보니 사업장을 하루 비우기도 쉽지 않은 일이고, 어쩌다 보니 깜빡 까먹고 벌금을 내는 것도 억울한 일이다. 하지만 필요한 서류를 챙기고 '관청'에 가서 조마조마한 마음으로 새로 허가를 받는 것 자체가 생각보다 훨씬 심각한 일이다. 화교 남편과 결혼한 한국인 부인은 다음과 같이 쓰고 있다.

> 너무 슬퍼졌습니다. 결혼한 지 2년밖에 안 됐지만 그동안 수없이 보아 온 남편의 모습이 떠올랐기 때문입니다. 제가 보기엔 정말 멋지고 착하고 능력 있는 우리 남편, 그런데 무슨 공적인 서류 제출을 할 때마다 의아스러울 정도로 소심하고 위축됩니다. 글씨가 조금 비뚤어지거나 사진 붙이다가 풀이 조금 묻어도 벌벌 떱니다. 서류의 공란을 채워 나가는 데 한나절 동안 진땀을 뻘뻘 흘립니다. 거절당할까 봐, 거부당할까 봐 항상 두려웠나 봅니다. 한국에서 태어나 지금껏 살아오면서 거부당한 것이 너무나 많았던 겁니다. 항상 이것 때문에 안 되고 이걸 해 가면 저것 때문에 안 되고……. 그런 경험들이 너무나 많았나 봅니다(화교경제인협회 홈페이지).

남의 나라에서 사는 사람이 그 정도의 불편함은 견뎌야 한다면 할 말이 없지만, 방법이 있다면 굳이 그렇게 주기적으로 고통을 줄 필요는 없을 것이다. 아무튼 오랜 기다림과 진통 끝에 2002년에 드디어 화교들에게 영주비자(F-5)가 주어졌다. 2005년 통계를 보면, 이미 국내의 전체 화교 중에서 53.1퍼센트가 영주권을 취득했고(통계청 2005), 기존의 거주 비자(F-2)가 만료되어서 갱신해야 하는 화교들은 대부분 영주권을 받을 것으로 예상된다.

세 번째는 참정권이다. 2004년에 개정된 주민투표법은 영주권을 취득한 후 3년이 경과한 19세 이상의 외국인이 지방선거에서 투표할 수 있다고 규정하고 있다. 이 법에 따라 드디어 2006년 5·31지방선거에서 외국인들이 선거에 참여했는데, 선거권이 주어진 외국인 6,579명 중의 6,511명이 화교라는 점에서, 영주자의 투표권 행사는 실제로 화교의 참정권이 실현된 것이라고 볼 수 있다. 사람에 따라서는 지방선거에서 투표하는 것이 별 의미 없다고 생각할 수도 있다. 전국의 투표율도 절반을 겨우 넘는 수준(51.6퍼센트)에 불과한데, 그까짓 거 안 하는 게 무슨 대수냐고 생각할 수도 있다. 그러나 그동안 할 수 없었던 사람들에게는 각별한 의미를 주는 것이었다.

꿈만 같았다. 인천 차이나타운에 후보자들이 중국어로 된 현수막을 걸고 중국어 명함까지 돌렸다는 뉴스를 보고도 실감이 안 났다. 사실 스무 살짜리 학생도 투표하는 마당에 한국 땅에서 45년을 살아온 나는 선거권이 없다고 생각하니 그동안 많이 서러웠다. 4년 전 지방선거 때 선거 유세하는 후보자들은 이곳(부산 초량동) 상해거리를 그냥 지나쳤다. 물론 우리에게 투표권이 없어서 그랬겠지만 그 섭섭함이란 이루 말할 수 없었다. 나역시 그때 길에서 후보자가 인사를 건네면 너무나 부끄러웠다. 악수하고 명함까지 건넸는데 나중에 혹시라도 내가 외국인인 것을 알게 되면 얼마나 흉볼까 싶어 먼 길을 돌아가곤 했다. 하지만, 이번에는 선거 기간 내내 '우리 집만 해도 유권자가 세 명이나 있으니 당신들 나한테도 잘 보여야 돼' 싶어 절로 어깨가 으쓱해지고 후보를 더 꼼꼼히 살피게 되었다(『오마이뉴스』 2006/06/07).

5·31지방선거에서 얼마나 많은 화교가 투표에 참여했는지는 알 수 없다. 그러나 투표를 할 수 있다는 사실은 화교들에게 매우 중요한 상징적인 영향을 미쳤다. 그동안 무심코 지나치던 지역 문제에 관심을 갖기 시작했고, 언제까지나 손님이 아니라 주인일 수 있다는 생각을 하기 시작했다. 한국 사람보다 화교의 숫자가 더 많은 동네는 별로 없겠지만, 상대적으로 화교가 많이 사는 동네에서는 출마한 후보가 화교의 복지나 민원 문제에 더 많은 관심을 갖도록 만드는 효과를 가질 수 있을 것이다.

6. 그들은 정말 남인가?

한국의 화교, 스스로를 한화韓華라고 부르는 그들은 중국계 사람들이다. 그러나 그들은 근현대 동북아의 복잡한 역사 속에서 매우 독특한 정체성을 지니게 되었다. 한국에 살고 있는 대부분의 화교는 대륙 중국에 속한 산둥성 출신이며, 아직도 그들은 산둥 지방 사투리를 쓰고 있다. 그러나 그들은 중국의 공산화와 남한의 반공 체제 때문에 고향인 중국과 껄끄러운 관계에 있는 대만 국적을 지닐 수밖에 없었다. 게다가 그들은 한국의 화교학교에서 대만 정부에서 보내주는 교과서를 가지고 공부해 왔으며, 대만 국기인 청천백일기靑天白日旗에 경례하며 학교를 다녔다. 1992년에 갑자기 한국이 대만과 단교하고 중국과 수교하자 한국 화교들은 큰 충격과 분노에 휩싸였다. 명동의 대만대사관 자리를 중국에게 내 주기 위해 마지막 예식을 할 때 화교들은 눈물을 흘리며 개탄했다.

지난 (1992년) 8월 24일 오후 4시, 서울 중화민국 대사관에는 약 2,000여 명의 화교들이 운집하여, 충격과 함께 착잡한 심정으로 중화민국 '청천백일기'의 하강을 눈물로 지켜보았다. …… 화교 중·고등학교 학생들은 슬픔과 상실감으로 눈물을 흘렸으며, 이 땅에서 직업을 가지고 살아오던 화교들은 앞길의 막막함 때문에 눈물지었다(왕쓰웨 1992).

그러나 10여 년이 지난 지금 화교들에게 대만이 중국으로부터 독립국가가 되려는 것에 대해서 어떻게 생각하느냐고 물어보면, 예외 없이 그것은 곤란하다고 말한다. 대만은 중국의 일부라는 얘기다. 중국을 고향으로 두고 대만식 교육을 받으며 한국에 사는 화교들, 과연 그들은 누구인가?

한국에서 화교학교를 졸업하고 국립대만대학을 다닌 뒤에 미국으로 이민 간 A씨는 자기가 대만에서 받았던 대우가 일종의 외국인 차별과 유사하다고 말한다.

대만에서 보면 나는 외성인(外城人)이다. 대만 본토인이 아니라는 얘기다. …… 내가 중국 사람인데도 대만에 가니까 대만 친구들은 나를 한국 사람으로 봤다. 나는 부모님이 다 중국 사람이라서 100퍼센트 순 중국 사람이다. 그래서 한국에서 한국 사람들이 나를 중국 사람이라고 할 때는 섭섭한 게 없었는데, 대만에서 나를 한국 사람이라고 하니까 그때는 정말 섭섭했다(남 44세).

고향으로 알고 찾아간 대만에서도 그들은 이방인이었다. 출신 지역에 따른 차별이라고 하기보다 아예 외국인 대접이다. 반면 그들도 한국을 고향처럼 그리워한다. 대만의 습한 날씨가 아닌 쾌청한 한국의 날씨와 '다방 커피'의 맛은 그들에게 진한 고향의 기억으로 남아 있다. 그곳에서 한국 화교들은 자기들끼리 모임을 만들어서 서로 친하게 지내며 의지하고 있다. 한국에 있을 때에는 중국계라는 공통점을 중심으로 작은 세상을 만들어 살 수밖에 없었는데, 이제 거꾸로 대만에서는 한국 출신이라는 공통점에 속박

당해 살고 있는 셈이다(신윤동욱 2001).

미국으로 간 화교들은 어떨까? 캘리포니아 주에 사는 한국 출신 화교들의 모임인 캘리포니아 한화연의회韓華聯誼會의 2002년 추산 따르면, 미국에는 약 1만 5,000명의 한국 화교들이 터를 잡은 것으로 알려졌으며, 그중에서 로스앤젤레스를 중심으로 하는 캘리포니아 남부 지역에만 7,000여 명이 살고 있다.[14] 고국인 대만에 가지 않고 미국을 선택한 그들은 새로운 기회의 땅에서 성공적인 삶을 영위하고 있는 것으로 자평하고 있다. 그렇지만 다인종·다민족 국가인 미국에서 그들은 새로운 정체성의 혼란에 직면했다. 미국은 세계 각국에서 온 이민자들로 이루어진 나라지만 주류를 이루는 백인을 제외하면 각 인종 또는 민족 집단별로 친목이나 거래의 영역을 가진 경우가 많다. 샌프란시스코의 차이나타운, 로스앤젤레스의 코리아타운, 마이애미의 리틀 아바나 등은 그런 영역이 아예 지리적인 공간을 차지한 예이다. 한국 화교들은 미국에 살고 있는 다른 중국 사람들, 즉 중국계 미국인의 일부가 되어서 그 영역을 기반으로 살거나 그것으로부터 성장해 주류 사회로 진출할 것이 예상된다. 그러나 그들은 '중국'의 정체성을 예상만큼 가지고 있지 않으며, 오히려 한국 출신이라는 정체성을 더욱 강하게 가지고 있다.[15] 그들은 중국에서 직접 건너온 사람들과 자신들을 구분했다.

[14] 미국 거주 한국 화교는 80년대 초부터 미국 내 주요 지역에 한화연의회를 결성해서 상호 친목과 공동 발전을 도모해 왔고, 1996년에는 미국의 아홉 개 지역 한화연의회 대표가 모여 미주한화연의회총회(美洲韓華聯誼會總會)를 공식 발족시켰다(『영남일보』 2005/10/10).

[15] 그러나 미국에 이민 간 한국 화교 2세들은 한국에 대한 기억이 없기 때문에 한국 화교로서의 정체성이 없다.

일단 우리하고는 다른 체제에서 살아오지 않았는가. 우리가 받은 대만식 교육도 그렇고 한국에서 보고 배운 것도 그렇고, 공산당이라면 무조건 나쁜 사람들이라고 생각했다. 인상이 안 좋은 거다. 그리고 요즘 중국 사람들은 너무 돈만 생각하는 것 같다. 자식이 결혼한다면 물론 한국에서 온 화교가 제일 좋지만 중국에서 온 사람보다는 차라리 한국 사람이랑 하면 좋겠다(B씨, 남 52세, 미국 거주).

미국에 사는 한국 화교들은 자신이 중국계이면서도 대륙의 중국 사람에 대해서 가진 인상은 한국 사람이 가진 것과 매우 비슷하다. 이런 인상은 이들에게 자녀의 배우자로 어떤 사람들을 선호하는가를 물었을 때 명확하게 드러났다. 1순위는 물론 한국 화교였고, 2·3순위는 대만 사람과 한국 사람이 비슷하게 나왔다. 중국 본토 출신은 언제나 가장 끝 순위를 차지했다.

한국 화교들의 주요 활동 무대도 차이나타운이 아니라 오히려 코리아타운이 된다. 한화연의회의 임원에 따르면 중국 식당을 운영해도 코리아타운에서 하지, 차이나타운에서 하는 사람은 단 한 명도 없다. 그렇게 된 데에는 여러 가지 이유가 있겠지만, 가장 중요한 문제는 언어 장벽과 문화의 차이다. 중국계인 한국 화교가 차이나타운에서 언어 장벽을 느낀다는 말은 매우 생소하게 들리지만 엄연한 현실이다. 한국 화교는 산둥성 출신이므로 중국의 표준어인 만다린을 쓰지만, 미국의 차이나타운에서는 광둥어를 써서 의사소통이 불가능하기 때문이다.[16] 게다가 그들은 한국에서 태어났거나 수십 년을 살았기 때문에 중국보다는 한국 실정에 더 밝고, 사고방식도

---

16 홍콩에서 사용되는 광둥어는 만다린과 소통이 전혀 안 된다. 요즘은 중국에서 미국으로 여행 가는 사람들이 많아서 차이나타운에서도 만다린을 할 줄 아는 사람들을 고용한다. 하지만 상점 주인들은 대부분 광둥어를 사용하며, 차이나타운에서 통용되는 공용어는 여전히 광둥어다.

한국적인 것에 더 익숙한 데다가 차이나타운과는 아무런 연결 고리가 없다. 비록 중국계라고 하지만, 차이나타운에는 이미 오래전에 연줄 망이 굳어져서 한국에서 온 화교가 비집고 들어갈 틈은 없다.

외국에서 살고 있는 한국 화교들은 한국적 정체성이 매우 강하며, 제3국에 살고 있어도 마음의 고향은 중국이나 대만이 아니라 한국에 있는 경우가 많다. 1982년에 브라질로 이민간 C씨는 그곳에서 한인 단체에 드나들며 한인 사회와 가깝게 지내고 있다.

> 고향이 뭐냐고 물으면 어렸을 때부터 몸에 밴 것, 그런 곳이라고 대답하겠다. 기회만 되면 한국에 가서 살고 싶다는 생각이 든다. 이번에(인터뷰 한 달 전) 한국에 가서 처음으로 비원 같은 고궁에도 가보고 뽑기도 사먹고 포장마차에 가서 친구들과 술도 마시고 그랬다. 사실 조국이라는 것은 부모의 국적을 따라가는 것인 줄 알았는데 이번에 가 보니까 그렇지 않았다. 추억이 있는 곳이 조국이고 고향이더라. 그러다 보니 내가 (중국에 대해서) 배신자인가 하는 생각이 든다. 역시 사람은 태어난 곳에서 살아야 할 것 같다(남 43세).

멀리 브라질에서 매끼 김치를 먹고 시래기 된장국과 미역국을 끓여 먹는다는 그는 오이지도 직접 담가 먹는다고 한다. 앞에서 인용한 B씨는 이미자의 노래를 세상에서 제일 좋아한다고 말한다. 부부가 모두 화교인 D씨는 미국에서 아이들을 한글학교에 보내고 있다. 부모를 공경하는 한국 문화를 가르치기 위해서란다. 이들은 정말 우리와 아무 상관없는 남인가?

7. 우리에게 필요한 시각

화교들은 이제 한국 사회의 일부이다. 떠날 사람들은 이미 다 떠났고, 지금 한국에 살고 있는 화교들은 대부분 한국에서 계속 살겠다고 결심한 사람들로 볼 수 있다. 우리와 함께 영원히 살 사람들이다. 김치가 없으면 밥을 못 먹는다는 사람도 있고, 중국 노래는 지루해서 못 듣겠다는 사람도 있다. 화교 청소년들은 한국말을 일상적으로 쓰고 있으며 한국의 청소년들과 마찬가지로 잘 나가는 연예인의 콘서트를 따라다니며 열광하고 있다. 오죽하면 화교학교에 중국어로 얘기하자는 표어가 붙어 있을까. 먹는 음식에서부터 생각하는 것까지 거의 모든 면에서 화교는 한국 사람과 구별해 내기 어려우며, 젊은 세대로 갈수록 이런 경향은 더욱 강해진다. 그럼에도 불구하고 그들은 자신들이 중국계 후손임을 자랑스럽게 여기고 있고 앞으로도 그렇게 살고 싶어 한다.

화교를 여행 온 외국인과 똑같이 볼 것인가, 아니면 특별한 역사와 특징을 갖는 영주자로 볼 것인가가 중요하다. 이미 몇 세대를 거쳐서 한국에서 살아왔고 앞으로도 그럴 예정인 사람들을 잠시 들러 가는 외국인과 동일시하는 것은 정서적인 형평성에 문제가 있다. 게다가 화교가 한국 거주민으로서 한국에 제공한 납세 등의 의무에 대한 대가가 복지 혜택 등으로 전환되지 않고 있다는 점은 물질적인 형평성 문제를 낳고 있다.

과연 화교는 외국인인가? 그들은 스스로를 어떻게 보고 있으며 앞으로 한국 사회와의 관계를 어떤 식으로 만들어 가려는 것인가? 그들을 잠시 머물러 있는 사람으로 봐야 할까, 아니면 한국 사회 속에서 영구히 뿌리를 내릴 사람으로 봐야 할까? 그들은 한국인화 될까, 아니면 계속해서 외국인으로 남을까? 이러한 질문들은 화교의 정체성과 한국 사회 속에서의 입지에 대한 진지한 논의가 필요함을 말해 준다. '한국인이 아니면 외국인'이라는 이분법적 시각으로는 한국 화교의 정체성을 정확하게 설명할 수 없다. 그들은 중국인이라는 정체성을 가지고 있으면서도 이미 한국화된 스스로의 모습을 긍정적으로 보고 있다. 중국인인가 한국인인가는 바깥에서 보는 사람들의 관심이지 그들에게 양자는 뚜렷하게 구분되는 것이 아니다.

우리는 그들을 한국 사회 속의 소수민족으로 보는 관점을 가질 필요가 있다. 기존의 정책이 그들에게 다양한 불이익을 가함으로써 한국 땅을 떠나거나 귀화하도록 강요하는 것이었다면, 이제는 그들 자신이 원하는 모습대로 한국 사회 안에서 살아갈 수 있도록 해 주자는 것이다. 강제적인 동화정책을 통해서 그들에게 '국민되기'를 강요하기보다는, 자기의 뿌리에 자부심을 가진 소수민족으로서 우리에게 그들의 풍성한 역사와 문화를 나눠줄 수 있도록 하자. 그들을 국민이 아니라 주민으로 보자는 얘기다. 민족정체성과 국적은 스스로의 선택에 맡겨 두자. 우리도 이제 그 정도의 '똘레랑스'tolérance, 관용를 보일 여유를 가지고 있지 않은가. 한국 땅에 도착한 최초의 이주노동자인 화교, 앞으로는 화교가 아니라 '중국계 한국인'이 될 그들을 이제 우리의 이웃으로 받아들이자.

| 5장 | 우리 곁을 떠나간 혼혈인

1. 피가 순수하다는 것

　2006년 2월, 한국계 미국인 하인스 워드Hines Ward가 미국의 미식축구 결승전인 슈퍼볼에서 최우수 선수로 선정되자 온 나라가 이른바 '워드 열풍'에 휩싸였다. 미식축구라고는 본 적도 별로 없고 규칙도 잘 모르는 사람들이 영웅의 탄생을 찬양해야 할 것 같은 착각에 빠졌고 마치 자기 일처럼 기뻐해야만 할 것 같은 강박에 시달렸다. 물론 이것은 상업주의에 기초한 언론의 반복적인 과잉 보도 때문에 발생한 일인만큼 언론의 냄비와도 같은 보도 자세에 대해서 철저한 비판을 해야 마땅하지만, 그 보도를 접한 사람들도 사실 기분이 그리 나쁘지는 않았다. 그가 팔뚝에 자기의 이름을 한글로 새겼다는 것도 그렇고, 말끝마다 어머니를 찾는 것도 효도를 강조하는 우리의 정서에 잘 들어맞았다. 게다가 그는 늘 겸손한 태도를 보여 줬고, 심지어 생긴 것도 착하게 생기지 않았던가. 그로 인해서 우리는 우리가 혼혈인에 대해서 가져 왔던 편견과 차별의 모습을 반성할 기회를 가졌고, 단일민족 신화를 가르치는 교과서가 개정되어야 한다는 의견 일치를 보았고, 인종차별을 포함하는 차별금지법 제정이 필요하다는 것도 알게 되었다. 그래서 이젠 모든 문제가 다 끝났는가? 앞으로는 모든 일이 잘 될 것인가?

"한국인에게는 다른 민족의 피가 40퍼센트 정도는 섞여 있다." 학계에서 존경받는 원로 학자인 재외동포재단의 이광규 당시 이사장이 언론과의 2006년 인터뷰에서 한 말이다(『연합뉴스』 2006/04/05).[1] 원로 학자가 구체적인 수치를 들어서 말씀을 하셨으니, 단일민족의 신화를 철석같이 믿어 온 우리에게는 커다란 충격이자 일종의 '배신'이 아닐 수 없다. 그런데 곰곰이 생각해 보니 이 말에도 약간의 문제가 있다. 이것은 결국 우리 몸에는 순수한 한국인 피 60퍼센트와 다른 민족의 피 40퍼센트가 섞여서 흐르고 있다는 얘기이거나, 아니면 한국인 중에서 60퍼센트는 다른 민족과 섞이지 않은 순수한 종자라는 얘기가 아닌가. 아마도 전자를 일컫는 말이겠지만, 어느 경우나 60퍼센트의 순수함이 전제되어 있기는 마찬가지다. 몽골의 침략, 임진왜란, 병자호란 등을 겪으면서 그쪽 사람들과 섞인 일도 있고 중국에서 귀화한 성씨들도 있고 하니 대충 40퍼센트 정도는 섞였다 치고 나머지는 순수한 채로 남아 있는 것으로 보자는 얘기, 아무래도 뭔가 좀 걸린다.

'40퍼센트 발언'은 기존의 단일민족 신화보다는 진일보한 것이 틀림없지만, '순수한 피'를 가정했다는 점에서 여전히 기존의 틀에서 자유롭지 못

---

[1] 이것과 비슷한 얘기가 2003년 일본 국립유전자협회의 한국인 DNA 분석 결과에도 나온다. 이 결과에 따르면 한국인 고유의 DNA형은 40퍼센트에 불과하며, 나머지 중에서 중국인 형(型)은 22 퍼센트, 오키나와인 형이 17퍼센트에 이른다고 한다. 한편 현재 국내에 있는 성씨를 조사한 결과 약 46퍼센트가 귀화 성씨라고 판단되는데, 인구 수로 보면 몇몇 성씨를 포함하느냐 아니냐에 따라 전체 인구의 약 20퍼센트에서 거의 절반에 달한다. 자세한 내용은 박기현(2007) 참조.

하다. 우리가 사용하는 순혈과 혼혈이라는 단어는 순수한 피와 불순한 피를 전제한 개념인데, 과연 사람의 피가 순수하거나 불순할 수 있을까? 순수한 인종, 순결한 민족은 과연 존재하는가? 이렇게 물었으니 답은 당연히 '아니다'라고 말해야 할 것 같다. 사람이 혈통 증명서를 가진 개나 말이 아닌데, 어떻게 순종이니 잡종이니 하는 표현을 쓸 수 있겠는가. 인종이나 민족의 개념도 실제로 존재하느냐 아니냐를 놓고 말들이 많은 것이 현실인데, 거기에 '순수한'이라는 수식어마저 붙여 놓고 있으니 선뜻 '순수한 인종과 민족은 존재한다'고 말하기가 쉽지 않다.

그렇지만 우리는 '순수한 피'의 존재를 늘 머릿속에 그리고 있다. 섞을 '혼'混과 피 '혈'血을 합쳐서 혼혈이라는 표현을 사용한다는 것은 '순혈'이 있다는 것을 전제하며, 따라서 혼혈은 뭔가 섞여 있어서 순수하지 못한 것, 불순한 것이라는 생각을 하게 된다. 거기에서 한 걸음 더 나아가 혼혈은 우리의 순수함을 해치는 것, 그래서 피해야 할 것으로 여기는 생각도 있다. 미국에서 있었던 예를 하나 들어보자. 존경받는 흑인 의사인 드루Charles Drew는 흑인으로서 최초로 미국 컬럼비아대학교에서 의학박사 학위를 받은 사람이다. 1938년에 쓴 박사 학위 논문에서 그는 혈액에서 혈장을 분리해서 냉장 보관하면 오래 보존할 수 있다는 점을 밝힘으로써 수혈 분야에 큰 업적을 남겼다. 그는 제2차 세계대전이 일어나자 미국 적십자의 혈액은행 국장으로 임명되었으나, 미국 전쟁성(국방부)이 백인의 피와 흑인의 피를 섞지 말아야 하며 백인과 흑인의 혈액은행을 별도로 운영한다는 정책을 발표하자 곧 사임하고 말았다. 백인들에게는 자기의 피가 흑인의 피와 섞인다는 것, 자기가 수혈받을 피가 흑인의 피일 수 있다는 사실이 결코 견딜 수 없는 불결한 사건으로 여겨졌던 것이다.[2]

한국 사회에 살고 있는 혼혈인들도 다양한 사람들로 구성되겠지만, 내가 이 장에서 특히 초점을 맞추는 혼혈인은 미군을 아버지로 둔 사람들이다. 요즘에는 아시아의 다른 나라에서 오는 여성과 한국인 남성의 국제결혼 가정이 많아지면서 여기에서 태어나는 아이들이 혼혈인의 대부분을 차지하고 있지만, 미군을 아버지로 둔 이른바 '전통적인' 혼혈인들은 오랫동안 한국 사회에서 혼혈인의 대명사로 통해 왔다. 이들은 한국 사회에서 매우 특별한 위치를 차지하고 있는 사람들이다. 이들은 한국 사회의 계급·계층 사다리에서 가장 낮은 자리를 차지하고 있으며, 도덕적으로 문제 있는 사람처럼 손가락질받아 왔고, 심지어는 아예 존재 자체를 무시당했다. 해방 이후 미군의 주둔으로 시작된 한미관계의 결과로 미국에 대한 동경과 짝사랑이 커져 가는 상황에서 미국 사람은 좋아도 '반쪽짜리 미국 사람'인 이들은 언제나 소외와 놀림의 대상으로 살아 왔다.

2. 어떻게 부를 것인가

동어반복이지만, 혼혈인을 부를 때 가장 일반적으로 사용되는 용어는 혼혈인이다. '워드 열풍' 때문에 혼혈인에 대한 관심이 폭발했을 때 많은 사람들이 혼혈인이라는 용어의 부적절함을 지적했다. 피가 섞였다는 의미를

---

2 The Black Inventor Online Museum 홈페이지(http://www.blackinventor.com). 물론 모든 백인들이 그런 생각을 하지는 않았을 것이다. 노먼 베쑨은 파시스트의 침략에 맞서 스페인과 중국에서 의사로 참전했고, 그곳에서 수혈을 통해 수많은 생명을 살려냈다. 베쑨의 전기 중에는 특히 수혈의 역사에 관한 정리도 잘 되어 있다(알렌 외 1991).

갖는 혼혈인 말고 다른 좋은 용어가 없을까? 사실 혼혈인이라는 용어도 과거의 다른 것들에 비해서 매우 나아진 것이다. 혼혈인들은 예전에 대개 '튀기'나 일본어로 '아이노코'間の子로 불렸다. 튀기는 '종種이 다른 두 동물 사이에서 난 새끼'를 의미하는데, 이 용어를 사람에게 쓰면 매우 경멸적인 의미로 해석된다. 실제로 어릴 때 이 말을 들으면 화가 나서 싸움을 했다는 혼혈인들이 많다. 아이노코도 튀기와 별 차이가 없는 셈인데, 이것은 튀기나 잡종을 의미하는 일본어이며 일제 시대를 경험한 사람들이 주로 사용했다. 문제는 어떤 비혼혈인이 튀기나 아이노코와 같은 용어를 별 뜻 없이, 즉 차별이나 경멸의 의도 없이 특정 사람을 의미하는 단순한 호칭으로 사용하더라도 혼혈인들에게는 그렇게 들리지 않는다는 것이다. 이렇게 되는 이유는 이 용어가 이미 부정적인 의미로 인식되기 때문이다.[3]

이보다 약간 점잖은 표현으로는 '혼혈아'가 있다. 혼혈아라는 말에는 튀기나 아이노코에 비해서 차별이나 경멸은 담겨있지 않다. 사회적으로 광범하게 일반화된 이 표현은 혼혈인 사이에서도 스스럼없이 사용되고 있다. 그러나 이 표현에서 문제는 '아'兒에 있다. '혼혈아'라는 표현은 대상이 아무리 나이가 많아도 혼혈'아'에 불과하다는 의미가 담겨 있다. 환갑이 다 되어서 자식도 있고 손자도 있는 사람이 여전히 '아'로 불리는 것이다. 이것은 장애인이라는 단어가 정착되기 전, 오랫동안 '장애아'가 사회적으로 통용되던 것과 비슷한 맥락이다. 성인이 될 수 없는 존재, 완성된 인격체로 대접받지 못하는 존재인 혼혈아. 어쩌면 이것이 혼혈인들의 아픈 현실을 반영해

---

3 하지만 혼혈인 사이에서는 이 용어가 자신들을 지칭하는 표현으로 종종 사용된다. 예를 들면 "우리 노코들은 말이죠"와 같은 식이다. 그럼에도, 비혼혈인이 이런 표현을 사용하는 것은 여전히 차별의 의미로 들릴 수밖에 없다.

주는 용어일지도 모르겠다.

최근 들어서는 '코시안'Kosian이라는 용어가 많이 사용되고 있다. 한 시민 단체가 사용하기 시작한 것으로, 한국인을 뜻하는 Korean과 아시아 사람을 뜻하는 Asian의 합성어이다. 코시안은 원래 아시아 각국에서 온 이주노동자의 자녀나 이들과 한국인 사이에서 태어난 아이들을 부르는 표현이었는데, 점차 아시아 여성과 한국인 남성과의(또는 반대의 경우도 가능) 국제결혼으로 태어난 아이들을 포괄하게 되었다. 이 용어는 기존의 용어가 주는 경멸감도, 피가 섞였다는 의미도 포함하지 않고, 어린아이를 뜻하는 것도 아니어서 긍정적인 측면이 많다. 물론 이 표현이 이미 특정 혼혈인 아이들을 지칭하는 단어로 굳어졌기 때문에 사용하면 안 된다는 지적도 있지만, 그것은 단어 자체의 문제라기보다는 그것을 부정적으로 연상하는 사용자들의 문제라고 할 수 있다. 그렇지만, 코시안은 혼혈인 전체를 포괄하기는 부족하다. 요즘 태어나는 혼혈인 대부분이 아시아계 어머니인 현실을 생각하면 이 용어가 적절할 수도 있겠지만, 기존의 혼혈인처럼 미군 아버지를 두었거나 러시아에서 시집온 어머니를 둔 경우처럼 아버지나 어머니가 아시아계가 아닌 경우에는 사용할 수가 없다.

좀 더 포괄적이고 중립적인 의미의 표현으로는 '이중 문화 가정 자녀' 또는 '다문화 가정 자녀'가 있다. 이런 표현은 특히 국제결혼 가정이 이중의 문화 배경을 갖는다는 점에서, 그리고 본인의 정체성이 한쪽에 국한되는 것이 아니라 양쪽에 걸쳐 있음을 인정하고 있다는 점에서 긍정적인 측면이 있다. 그렇지만 이 표현도 여전히 몇 가지 문제가 있다. 첫째, 이중 문화 가정 또는 다문화 가정이라는 표현에 따르면 그 가정에 속한 사람이 진정으로 둘 또는 그 이상의 문화적 환경에 속해 있어야 하는데, 실제로는 한국 문화가 지배적이고 상대 문화는 지엽적인 환경에 속한 것에 불과할 수도 있다. 예를 들어 한국인 남성과 외국인 여성이 결혼해서 한국에서 사는 경우, 여성 쪽의 언어, 전통, 문화 등은 철저히 무시 또는 배제된 채 한국의 것만 중요시되는 환경이라면 진정한 이중 문화 또는 다문화라고 할 수 없다. 둘째, 이 용어는 혼혈인의 문제를 '아동'의 문제로 국한하고 있다는 문제가 남아 있다. 이미 아동이 아닌 혼혈인도 많고, 또 비교적 최근에 급증한 국제결혼 때문에 아직은 어린 아동들이 많을지라도 조금만 시간이 지나면 더 이상 아동이 아닌 사람들이 될 것이 분명한데도 '자녀'로 부르는 것은 곤란하다. 셋째, 혼혈인은 독립된 인격체로서 존재하는 사람인데, 어떤 가정에 속한 자녀로 부르는 것은 개인의 독립성을 인정하지 않고 다른 존재(가정, 부모, 전통적인 제도 등)의 부속물로 바라보는 시각이다. 혼혈인을 부를 때에는 다른 사람이나 제도와 종속적인 연결 없이 독자적으로 정의 가능한 방식으로 부를 수 있는 방법을 찾는 것이 좋다.[4]

전라북도교육청은 2006년에 국제결혼 가정과 혼혈인을 대체할 새로운 용어를 공모해서 '온누리안'Onnurian으로 선정했다(『경향신문』 2006/03/21). 온누리안은 온 세상을 뜻하는 순우리말 '온누리'와 영어에서 사람을 뜻하는 어미인 '-ian'의 합성어로, 아시아뿐만 아니라 세계 각국을 아우를 수 있는 명칭으로서 여러 국가 사람들을 의미한다. 기존의 용어 중에서 대안을 찾지 않고 아예 새로운 용어를 만들어 냈다는 점, 그리고 의미가 용어의 취지에 잘 맞는다는 점에서 매우 바람직한 노력으로 보인다. 그러나 막상 늘 쓰던 단어를 버리고 새로운 것을 사용하려니 뭔가 어색하고 기존의 '혼혈인'

---

4 이런 점을 넘어서고자 나는 '다문화인'이라는 용어를 조심스럽게 제안했다. 이 용어에는 비록 정치·경제적 현실이 잘 드러나지 않고 오직 문화에만 초점을 맞춘 듯한 느낌이 들지만, 다중 정체성을 포함하고 있으면서 아동에 국한되지 않는다는 장점이 있다.

이 담고 있는 의미를 별로 느낄 수가 없다. 물론 그것을 느끼지 못하게 하려는 것이 바로 새 용어를 만들어 낸 의도이겠지만, 왠지 우리는 온누리안이 혼혈인을 지칭한다는 느낌을 갖지 못하고 있다. 왜 그럴까?

그 이유는 역설적이게도 혼혈인이라는 용어가 우리가 그들에 대해서 갖고 있는 선입관을 너무나도 잘 표현해 주기 때문이다. '피가 섞인 사람들', 아무리 멋진 다른 용어를 갖다 놓더라도 우리가 생각하는 그들의 특징은 결국 '피'에 있기 때문에 다른 용어가 어색하거나 충분하지 못한 것이다. 우리가 혼혈인을 볼 때 드는 생각이 무엇인지를 떠올려 보라. 미군의 한반도 주둔에 관한 역사적 이유, 그들이 가져온 미국 문화가 한국 대중문화에 미친 영향, 국제결혼의 증가가 일어나는 배경 등에 대한 사회과학적 궁금증보다는 피가 얼마나 섞였는가, 아버지가 흑인인가 백인인가, 어머니의 피부색이 "얼마나 짙었기에" 등과 같은 '생물학적' 강박관념이 더 크지 않은가. 용어가 무엇이던 간에 우리가 '그들'의 특성이라고 생각하는 것이 '피의 섞임'이기 때문이다. 아무리 멋진 표현을 늘어놓아도 결국 우리의 잠재의식은 그들을 '이 피와 저 피가 섞인 사람'이라고 인식한다.

미국에 사는 한국계 혼혈인 중에는 스스로를 '아메라시안'Amerasian이라고 부르는 사람들이 있다.[5] 미국인을 뜻하는 American과 아시아인을 뜻하는 Asian을 합친 이 용어는 3부작 소설 '대지'로 노벨문학상을 받은 펄 벅Pearl S. Buck이 처음 만들었고, 미국 정부가 '미군 아버지와 아시아인 어머니 사이에서 태어난 사람'을 지칭하고자 공식적으로 사용했다.[6] 이 용어는 혼혈이라

---

5 물론 일상적으로는 대부분의 사람이 스스로를 그냥 혼혈인, 혼혈이라고 부르지만, 일부 사람들은 혼혈인의 정체성에 관한 얘기를 나눌 때에 의도적으로 아메라시안이라는 단어를 사용하는 경우가 많았다.

는 단어가 갖는 생물학적 속성을 넘어서, 혼혈인 탄생과 관련이 있는 아시아 지역의 미군 주둔과 국제정치의 성격을 반영했다는 점에서 유용하다고 할 수 있다. 물론 아메라시안은 미군 아버지를 둔 경우에만 사용 가능하기 때문에 모든 혼혈인들을, 특히 요즘 많아진 아시아계 부모를 둔 혼혈인들을 포괄하지 못한다는 문제가 있다.

이 책에서는 혼혈인이라는 용어를 그대로 사용한다. 대상을 엄밀하게 정의하고 정확하게 표현해 내는 학자들의 노력이 없었기 때문에 새로운 대안이 없다는 것이 현실적인 이유이자 변명이다. 혼혈인이라는 단어 자체가 '피가 섞여 있음'을 의미하기 때문에 연구 대상을 적절하게 표현하는 용어라고 할 수는 없지만, 사회에서 일상적으로 통용되는 용어이고 혼혈인 당사자들이 사용하는 표현이기 때문에 큰 문제가 없을 것이라고 변명하면서 더 나은 용어의 개발을 기다려 본다.

3. 혼혈인 현황

혼혈인의 수는 지금까지 구체적인 근거가 없는 채 적게는 2만 명에서 많게는 6만 명 정도가 한국에서 태어났다고 추정해 왔는데, 사실 그동안 한국

---

6 펄 벅은 아시아에 '버려진' 미군 자녀들을 도와주고 미국으로 입양될 수 있도록 많은 노력을 기울였다. 한국에서도 혼혈 아동들을 지원하기 위해서 1967년에 경기도 부천(소사)에 '소사희망원'을 설립했고, 한국인 혼혈인을 입양하기도 했다.

〈표 5-1〉 혼혈인 집계 추이

구분	보건복지백서 집계	펄벅재단 등록회원	혼혈인협회 집계	비고
1955	439			
1956	538			
1957	365			펄벅 여사 입양 탄원 서한
1958	701			
1959	1,023			미국 특별이민법1년 연장
1960	1,075			
1961	1,354			
1962	1,389			영화국민학교 개교
1963	1,463			미국 이민법 개정/이민 무산
1964	1,512			펄벅재단 한국지부 설립
1965	1,378			
1966	1,540			『조선일보』 혼혈인 4만 추산
1967	1,564			
1968	1,623			
1969	1,393	2,300		
1970	1,226			한국 고아 입양 증가 보도
1971	1,230			혼혈인협회 설립
1972				병역 면제 조치
1973	1,201	1,601	1,692	
1974	1,134			
중략				
1980		1,297	1,297	
1981	680			
1982			892	미국 혼혈인 이민법 개정
1984	829			
중략				
1987		801		
1988				
1991		650		
1994		625		
1998				
1999		613	433	

출처: 김동심 외(2003), 김갑주(1982,110).

에서 얼마나 많은 혼혈인이 태어났는지, 그리고 현재 한국에 몇 명의 혼혈인이 살고 있는지는 아무도 모른다. 특별한 관심을 끈 사람들도 아니고, '존재하지 않는 존재'로 여겨졌던 사람들이었으니 정확한 통계가 없는 것이 오히려 당연한 것인지도 모르겠다. 어렴풋하게나마 혼혈인의 수를 추산하기 위해 몇 가지 자료를 비교해 보자. 〈표 5-1〉은 정부(보건복지백서), 펄벅재단, 혼혈인협회가 각각 수집한 혼혈인 수를 보여 주고 있다.

이 표의 정부 집계를 보면 집계가 시작된 1955년에 439명으로 파악된 혼혈인의 숫자는 1959년부터 1,000명을 넘기고 나서 1974년까지 1,000명 대를 꾸준하게 유지했다. 하지만 이미 1960년대 말부터 서서히 줄어들기 시작했던 혼혈인의 숫자는 1981년에는 680명, 1984년에는 829명에 불과했다. 비록 정부의 집계와는 다소 차이가 있지만, 펄벅재단이 파악한 숫자에서도 감소 추세는 뚜렷하다. 펄벅재단이 마지막으로 숫자를 파악한 1999년의 전국 혼혈인 숫자는 613명에 불과했고, 같은 해의 혼혈인협회 조사 결과는 433명으로 나타났다.

태어난 사람은 몇 만 명이라고 추정함에도, 매년 집계에서 1,000명을 조금 넘는 정도로 파악되는 이유는 해외 입양 때문이다. 재외동포재단이 발행한 『국외 입양인 백서』에 나와 있는 두 개의 표를 보면 해외로 입양한 혼혈 아동의 숫자를 짐작해 볼 수 있다. 〈표 5-2〉는 해외 입양된 혼혈 아동의 수를 보여 주고 있는데, 통계가 처음 파악된 1955년에 52명을 시작으로 1975년까지, 546명의 혼혈 아동이 해외에 입양했다. 한편 〈표 5-3〉은 국내와 해외에 입양된 혼혈 아동의 수를 보여 주고 있다. 이 표에 따르면 1958년부터 1960년까지 3년 사이에만 1,588명의 혼혈 아동이 국내와 해외에 입양되었고, 1960년대에는 1,829명, 1970년대에는 1,212명, 1980년대에는 694명으로 시간이 흐름에 따라 급격하게 줄었다. 1991년 이후에는 2005년

〈표 5-2〉 해외 입양 혼혈 아동		〈표 5-3〉 국내외 입양 혼혈 아동	
연도	혼혈 아동 수	연도	혼혈 아동 수
1955	52	1958~60	1,585
1956	618	1961~70	1,829
1957	411	1971~80	1,292
1958	623	1981~90	694
1959	291	1991	23
1960	245	1992	16
1961	361	1993	12
1962	158	1994	7
1963	196	1995	7
1964	232	1996	2
1965	201	1997	7
1966	249	1998	3
1967	276	1999	3
1968	317	2000	.
1969	308	2001	1
1970	361	2002	.
1973	281	2003	3
1974	212	2004	.
1975	154	2005	.
합계	5,546	합계	5,487

출처: 재외동포재단(2006. 615-6 ; 620) 재구성.

까지 불과 84명의 혼혈 아동만이 입양되었다.

〈표 5-2〉는 연도별로 정리되어 있다는 장점이 있지만 수치가 1973년 까지만 정리되어 있다는 한계가 있으며, 반면에 〈표 5-3〉은 최근까지의 자 료들을 보여 주고 있지만 국내외 해외 입양이 뒤섞여 있는 문제가 있다. '해 외 입양된 혼혈 아동'의 숫자를 추정하기 위해서 두 표의 수치를 합산해 보 자. 해당 연도에 수치가 하나의 표에만 제시된 경우는 그 수치를 이용하고, 만약 해당 연도에 두 표에서 다른 수치가 제시되었다면 한쪽에는 최대치를,

〈표 5-4〉 해외 입양 혼혈 아동 수 추정치		
연도	최소 추정치	최대 추정치
1955~1957	1,081	1,081
1958~1960	1,159	1,588
1961~1970	1,829	2,659
1971~2005	2,070	2,070
합계	6,139	7,398

다른 쪽에는 최소치를 제시해서 합산해 보자.[7] 합산 결과인 〈표 5-4〉를 보면, 1955년부터 2005년까지 해외로 입양된 혼혈 아동은 최소 6,139명에서 최대 7,398명에 이른다.

한편, 1982년의 미국 특별이민법 통과 이후 이민 간 혼혈인은 약 3,000명 정도로 알려졌다.[8] 결국 지금까지 한국에서 태어난 혼혈인의 총수는 현재 한국에 살고 있는 사람의 수에 입양을 나간 수와 이민 간 숫자를 더하면 나올 수 있다. 위의 〈표 5-1〉에서 가장 최근의 수치 중에서 큰 것은 펄벅재단이 밝힌 613명(1999년)인데, 여기에 입양 간 최대치 7,398명을 더하면 8,011명이 되고, 다시 여기에 1982년 이후의 이민자 수 3,000명을 더하면, 지금까지 한국에서 태어난 혼혈인의 총수는 약 1만 1,000명이 된다. 그러나 이 숫자는 실제 혼혈인 숫자를 매우 과소평가한 것으로 보인다. 왜냐하

7 이렇게 계산하면 최대치의 경우, 입양 혼혈 아동은 모두 해외 입양을 가정하는 셈이 된다. 현실적으로 혼혈 아동을 국내에서 입양한 사례가 별로 없음을 생각해 보면 불가능한 수치는 아니다.

8 재외동포재단의 홍진향 씨 면담 기록(2006/10/12). 아시아 각국에 주둔했던 미군이 버린 혼혈 자녀들이 차별 대우를 받고 있어서 미국으로 데려와야 한다는 여론이 들끓자 미국 의회는 1982년에 특별법(Public Law 97-359)을 통과시켜서 한국, 태국, 베트남, 라오스, 캄보디아에 살던 미군 아버지를 둔 자녀들이 미국으로 올 수 있도록 했다. 입양 가지 못하고 한국에서 성장한 혼혈인들도 이 법에 따라 미국으로 갈 수 있게 되었다.

면 미국에서 혼혈인특별법이 통과된 1982년에 한국에 겨우 892명(혼혈인협회 집계)의 혼혈인만이 한국에 살고 있다고 파악이 되었는데, 그 이후에 한국에서 3,000명 정도가 미국으로 이민 갔다는 것은 믿기 어렵기 때문이다. 이미 1980년대에 들어서면 태어나는 혼혈 아동의 수가 급격하게 줄어들기 시작한 때이다. 따라서 위의 〈표 5-4〉에서 파악한 혼혈인의 숫자는 실제보다 매우 적은 것으로 봐야 한다.

집계에 빠진 사람들은 다음과 같은 몇 가지 유형으로 추정해 볼 수 있다. 첫째는 입양을 갔지만 혼혈 아동 통계에서 빠진 경우이다. 소수겠지만, 집계가 시작된 1955년 이전에 입양 간 사람들도 있을 것이고, 그 뒤에 입양을 갔더라도 집계에서 빠진 사람도 있을 수 있다. 둘째는 1982년의 특별이민법 이전에 이민 간 사람들, 그리고 그 뒤에 갔더라도 특별이민법과 무관하게 이민 간 사람들을 생각해 볼 수 있다. 실제로 나는 1950년대 초반에 태어나서 1970년대 중반에 미군과 결혼해 미국으로 이주해 간 혼혈인 여성 세 명과 인터뷰를 했었다. 이런 경우는 미국 시민의 배우자로 미국에 간 경우이므로 혼혈인 이주와 관련된 집계에 잡히지 않는다. 셋째로는 이른바 '정상적인' 가정의 자녀로서 미군인 아버지를 따라 미국으로 이주한 경우이다. 이럴 경우에는 한국에 출생신고조차 할 필요가 없으므로 한국의 통계 집계에서는 잡히지 않는다. 마지막으로는 국내에 거주하고 있지만 집계에 들어가지 않은 사람들이다. 혼혈인 중에서도 기지촌에 살지 않고 도시나 농촌의 '일반적인' 거주지에 살면서 '일반인들' 사이에 묻혀 있어 각종 집계에 빠지는 사람들이 있다. 특히 '혼혈' 표시가 덜 나는 일부의 사람들은 의도적으로 자신의 정체성을 숨기고 생활하는 경우가 있다. 한국 사회에서 혼혈인이 안고 사는 짐을 생각해 보면 (감출 수만 있다면) 자신의 '과거'를 감추는 것이 오히려 당연하고 현명한 선택일 것이다.[9]

혼혈인 수에 대한 추정을 마무리하기 전에 꼭 지적하고 싶은 것이 하나 있다. 위에서 살펴본 〈표 5-3〉의 원래 출처의 제목은 "장애 유형별 국내와 해외 입양"이고, 여기서 '혼혈아'는 장애 유형 중의 하나이다. 그 표에 나온 항목을 모두 나열해 보면 다음과 같다. "언청이, 손발 기형, 미숙아, 정신장애, 혼혈아, 심장병, 기타." 그렇다. 한국 사회에서 혼혈은 장애의 한 유형일 뿐이다. 그들이 한국 사회에서 살기 어려워 입양이나 이민할 수밖에 없는 이유는 장애인이 한국 땅에서 살기 어려운 이유와 같다.

4. 혼혈인 차별의 사회적 배경[10]

가부장적 남성중심주의와 기지촌

혼혈인 대부분은 어린 시절에 받았던 차별의 경험을 매우 아프게 간직하고 있다. 왜 그렇게 차별받게 되었을까? 그 이유의 중심에는 기지촌이 있

---

9 연예인 이유진 씨가 혼혈인임을 숨기고 활동하다가 2003년 5월에 기자회견을 하면서 그동안의 '의혹'이 사실임을 밝힌 일이 있다. 2006년 혼혈인 실태 조사에서 혼혈인임을 숨기고 살아왔는데 조사에 응하는 것이 자신의 '정체'를 드러낼 수 있기 때문에 조사를 거절한 사람도 있었다.

10 여기에서 인용된 혼혈인의 발언 중에서 따로 언급되지 않은 것들은 2006년과 2007년에 내가 수행한 두 개의 연구보고서에 바탕을 두고 있다. 2006년의 "미군 관련 혼혈인 실태 조사 및 중장기 지원 정책 방안"은 국내 혼혈인 101명을 대상으로 한 설문조사와 12명을 대상으로 한 심층 면접 조사로 이뤄졌고, 2007년의 "미국 거주 한국계 혼혈인 실태 조사"는 미국으로 이주한 73명을 대상으로 한 설문조사와 31명을 대상으로 한 심층 면접조사로 이뤄져 있다. 응답을 직접 인용할 때 응답자의 일련번호를 '사례 X'라고 표시한 것은 2007년 조사에서 가져온 것이다.

다. 기지촌이란 원래 군부대 주변에 형성된 촌락을 의미하는 것이지만, 한국에서는 미군 부대 주변의 동네를 일컫는 표현으로 고착되었다. 기지촌, 그곳은 우리가 굶주리던 시절에도 양주와 양담배가 넘쳐나던 곳이었고, 전쟁의 폐허 속에서 살려고 몸부림칠 때에도 화려한 팝송이 흘러나오던 곳이었다. 동두천, 의정부, 파주, 송탄, 평택, 군산…… 미군이 있는 곳이면 어김없이 만들어졌던 기지촌은 미군을 대상으로 한국 여자들이 술과 몸을 파는 동네였고, 서양 남자들의 남성성이 활개를 치는 곳인 동시에 한국 남자들의 무기력함이 증명되던 공간이었다. 거세당한 한국 남자들이 할 수 있는 일이라고는 고작 '그 여자들'을 상대화하고 손가락질하는 것밖에 없었다.

전쟁을 치르고 난 한국 땅에 수많은 군부대가 자리를 잡았지만, 미군 부대는 여느 한국군 부대와 엄청난 차이가 있었다. 1980년대에 군대 생활을 한 나는 미군 부대에 파견된 카투사로 복무했다. 한국군 훈련소에서 훈련을 마치고 미군 부대에 배치받은 나는 큰 충격을 받았다. 카펫이 깔린 식당, 호텔처럼 두세 명이 한 방을 쓰는 내무반, 잔디가 깔린 쾌적한 부대 내 풍경, 다니던 대학보다도 더 좋아 보이던 각종 편의 시설. 정치적으로는 암울했지만 그래도 경제적으로는 어느 정도 먹고살 만해진 1980년대에 느낀 한국과 미국의 격차가 그렇게 컸으니 혼혈인이 많이 태어나던 1950, 60년대 두 나라 사이의 차이가 오죽했을까.

엄청난 경제력과 군사력, 그리고 문화적 힘을 바탕으로 미국은 한국의 모든 것을 압도했다. 1960, 70년대 한국 가수 중에서 '미8군' 무대 출신은 그것을 당당히 알려서 자신의 실력을 과시하고 은근히 지적인 이미지를 부각했으며 실제로 한국 대중음악계에 큰 영향을 미쳤다. 당시 대중음악이 크게 트로트와 미8군 음악으로 나뉠 정도로 '미군'의 영향은 컸는데, 한국 록의 대부로 불리는 신중현을 비롯해서 '노란샤쓰 사나이'의 한명숙, 패티김, 현미, 김 시스터즈, 최희준, 박형준, 위키 리, 유주용, 이춘희, 이금희, 김상국, 서수남, 윤항기, 윤복희 등 트로트 계열이 아닌 과거의 유명 스타 대부분이 미8군 무대 출신이라 할 수 있을 정도였다. 그러나 미8군 무대에 서는 한국 가수들에게 필요한 능력은 미국 가수를 흉내 내는 것에 불과했다(다큐인포 2004, 53-56). 누가 더 미국의 원조에 가깝게 부를 수 있는가가 무대에 설 수 있는 복사본의 운명이었다. 원본에 가까워지려는 복사본의 노력은 결코 극복될 수 없는 열등감을 확인시켜 준다. '미8군'에 대한 그런 열등감은 그 주변에 기생하는 기지촌에 대한 멸시로 나타났다.

기지촌은 어쩌면 우리가 동경하는 미국의 연장선에서 평범한 우리가 닿을 수 없는 일종의 이상향과 같은 곳으로 그려질 수도 있었고, 미국이라는 판타지가 만들어지고 소비되는 곳이라는 인상을 줄 수도 있었다. 그러나 기지촌이라는 단어는 미국과 비슷한 이상향은커녕 미군을 대상으로 성매매하는 곳이라는 부정적인 인상을 불러일으킬 뿐이었고, 그저 쾌락, 환락, 알코올, 마약, 타락, 성병 등을 연상시키는 공간으로 자리 잡았다. 대규모 미군 부대와 거대한 기지촌이 있는 동두천, 오산, 군산 등은 매매춘, 술 취한 미군, 사회적 일탈, 부도덕과 동의어가 되었다. 심지어는 매춘 여성이 아닌 그 지역의 소녀들이나 젊은 여성들조차 결혼할 마땅한 한국 남자를 찾는 데 어려움을 겪을 정도로 범죄·일탈의 역사로 얼룩져 있다는 주장이 나올 정도이다(문 2002, 53-56).[11] 이런 곳에 기지촌 여성들이 존재했다.

[11] 캐서린 문(2002)의 『동맹 속의 섹스』는 사실상 국가에 의한 성병 관리였던 '기지촌 정화운동'을 통해서 국가와 여성의 관계를 밝혀낸 책이다. 이 책에 따르면 여성의 몸이 판매되는 기지촌 매매춘은 미군 주둔을 '원활하게' 만들어 줌으로써 한미 간 동맹을 유지할 수 있게 한다. 결국 여성의 몸은 '혈맹'을 만족시킴으로써 국가 질서를 유지할 수 있게 만드는 유용한 도구라는 말이다.

초기 세대(1950~70) 매춘 여성 대다수는 초등학교도 마치지 못했고, 부모 중 한 명 또는 모두를 잃었거나 많은 가족 구성원들을 부양할 수 없는 시골의 가난한 집안 출신들이었다. 어떤 이들은 전쟁 때문에 과부가 되거나 고아가 되어서 기지촌으로 들어왔고, 때로는 일본군 위안부였던 사람들이 기지촌 매춘의 첫 세대로 일하기도 했다. 기지촌 매매춘에 들어선 여성 대다수는 빈곤, 강간, 연인이나 남편에 의한 반복적인 구타 등과 같은 심각한 박탈과 학대를 경험한 사람들이었다. 많은 경우, 매춘에 들어서기 전부터 스스로를 '타락한 여성'이라고 여겼는데, 그 이유는 이혼, 강간, 혼외 섹스 그리고 그로 인한 임신으로 사회적 지위와 자기 존중감을 잃었기 때문이었다. 이들에게 기지촌은 생계를 위한 최후의 보루일 뿐만 아니라 자기가 '자기 스스로를 추방하는' 장소로 여겨졌으며,[12] 한국인으로부터 버림받은 그들은 미군과 결혼해서 새로운 인생을 시작하는 것 말고는 아무런 희망이 없는 사람들이었다(문 2002, 21, 22, 46, 79).

물론 미군 부대 주변의 기지촌 모습이 이런 인상을 주는 것은 한국만의 일이 아니다. 이런 모습은 필리핀, 태국, 베트남, 오키나와 등 미군이 머문 아시아 구석구석에서 찾아볼 수 있다.[13] 하지만 한국은 전 세계에서 미군 기지가 있는 나라 가운데 미국 국무성이 군인과 동반하는 가족의 여행 경비와 생계비를 지불하지 않는 파견지로 분류되는 두 나라 중의 하나이다. 1991년, 한국에 주둔해 있던 4만 명의 부대원 중 약 10퍼센트만이 가족을

---

[12] 기지촌 여성들이 스스로에 대해서 갖는 인식은 매우 부정적이다. "나 같은 년은 이런 일을 해도 싸다"는 식의 사고가 그들을 지배하고 있다.

[13] 한국을 포함해 필리핀과 오키나와 기지촌 문제를 심층적으로 잘 보여 주는 책으로 산드라 스터드반트와 브렌다 스톨츠퍼스가 쓴 『그들만의 세상 : 아시아의 미군과 매매춘』(잉걸)이 있다.

동반했고 근무 기간도 1년에 불과했다(문 2002, 65). 이런 수치는 세월이 지나도 변함이 없어서, 최근의 뉴스 기사에 따르면 2007년 현재에도 가족을 동반한 미군은 변함없이 전체의 10퍼센트에 불과하다. 이 기사에서 버웰 벨Burwell B. Bell 주한미군사령관은 주한미군 장병의 가족 동반 확대와 근무 기간 연장을 "정상 상태normalcy를 이루는 것"이라고 평가했는데, 이것은 거꾸로 지금의 상태가 매우 비정상적임을 반증하는 것이다.[14] 이런 배경 때문에 미군들에게 한국은 고생스러운 단기 파견지로 인식되었고, 파견되어서 오는 병사들도 대부분 10대 후반에서 20대 초반의 미혼이었다. 아래의 인용문은 일본계 미군이면서 한국인 여성과 결혼했고, 한국과 오키나와에서 근무한 경험이 있는 사람의 증언이다.

> 미군들은 한국에 파견 나가는 것을 두려워합니다. 미군이 생각하기에 한국은 전 세계적으로 유일한 휴전국가이고 남북이 분단된 상태라서 언제든 전쟁이 일어날 확률이 높다고 생각하고 있습니다. …… 게다가 한국의 경우 전쟁 발발 가능성이 많은 나라이기 때문에 오키나와와는 달리 가족 단위가 아닌 싱글로 가는 경우가 많지요(토미히로 야규 ; 다큐인포 2004, 269-270).

이것은 독일의 경우 1980년대 이후부터 가족이 있는 기혼 남성들을 주로 보내기 시작한 것과 좋은 대조를 이루었다. 독일에 보낸 병사들의 변화는 그곳에서 매매춘 감소를 가져왔다. 그러나 미군은 한국으로 파견되는

---

14 이 기사에 따르면, 버웰 벨 주한미군사령관은 주한미군의 가족동반 비율을 높이기 위해서 필요한 비용의 '상당 부분을 한국 정부가 부담해야 할 것'이라고 말했다. 다른 나라에 보내는 병사의 가족동반에 필요한 비용은 미국 정부가 대면서, 한국에 보내는 경우에는 한국 정부가 상당 부분을 부담한다는 것은 형평성에 문제가 있는 것으로 보인다(『연합뉴스』 2007/03/11).

병사들이 가족과 함께 올 수 있는 가장 기초적인 지원을 지속적으로 배제했다. 한국은 문화적으로나 지리적으로 미국으로부터 멀리 떨어져 있는 곳이었고 1년 정도만 지나면 떠나 버릴 곳이었기 때문에 한국 사회를 알 수도 알 필요도 없었으며, 따라서 지속적인 관계보다는 쉽고 짧게 이뤄지는 매매춘의 잠재적인 손님이 될 가능성이 높았다(문 2002, 65-66).

몸을 파는 여자, 그것도 '양놈'들에게! 기지촌 여성은 가장 밑바닥 취급을 받았고, 천민 중에서도 천민으로 여겨졌다. 그런 곳에서 혼혈인들이 태어났다. 혼혈인들은 성매매라는 불결한 거래의 산물로 여겨졌고, 출생 자체가 차별의 원인이 되었다.

> 결국 모든 게 다 어머니한테로 가는 거다. 여자애가 예뻐도 '튀기니까, 양공주 딸이니까 예쁘지' 하는 식으로 말한다. 우리를 모두 기지촌 취급을 하는 거다(사례 3, 남 51세).

> (어릴 때 나와 싸우다) 맞은 쪽 어머니가 그 아이를 데리고 우리 집에 와 가지고 상말로 "양갈보 년이 애를 잘 못 교육시켜서……"라고 하더라(사례 21, 남 54세).

그것은 그들과 그 어머니에 대한 직접적인 모욕으로 나타났으며, 혼혈인들은 다른 어떤 모욕보다도 어머니에 대한 모욕에 강한 분노를 표시했다.

> 나 키우다 보니까 동네에서 손가락질 받는 거 아니야. 양색시라고……. 동네에서 나를 누가 놀리면 내가 가서 아주 막 나쁜 말로 개박살을 내는 거야. 양색시라는 말을 들으면서 살았는데, 우리 엄마가……(박○훈 씨, 김동심 2003, 53).

> 6·25는 왜 일어났어. (미군들이 한국에 오게 한) 자기 잘못들은 인정을 안 하고 엄마들만 양갈보라고 하면 말이 되겠어. 대한민국 순종 어디 있어? 6·25 이후에 3년 만에 혼혈인이 몇 만 명 나왔어. 중국놈, 몽고놈, 일본놈한테 200년, 300년, 순종이 어디 있냐고(정○민 씨, 김동심 2003, 53).

출생과 관련된 놀림과 차별은 개인적으로 감당하기 어려운 고통을 주었다. 그런데 위의 '사례 3' 응답자의 얘기에 나온 것처럼, 상당수의 혼혈인은 자신을 '기지촌 출신'으로 보는 것에 거부감을 표시한다. 물론 기지촌에서 태어난 경우가 많았겠지만, 한국전쟁 전후에 태어난 혼혈인은 미군의 강간으로 태어난, 그래서 어머니가 비난받을 이유가 전혀 없는 경우도 많이 있었고, 비록 아버지가 떠나갔다고는 해도 사랑하는 사람들이 동거나 결혼을 함으로써 태어난 경우도 있었다. 혼혈인들은 이런 것들을 모두 무시하고 '혼혈인은 무조건 기지촌 출신'이라고 보는 것에 대해서 강한 불만을 갖고 있다.[15] 그리고 설령 기지촌에서 태어났다고 하더라도 그것 때문에, 어머니의 직업 때문에 자식이 인권침해를 당하는 것이 정당화될 수는 없다.

미군을 아버지로 둔 혼혈인 중에도 부모가 정식으로 결혼한 '평범한' 가정에서 성장한 사람들이 있지만, 그런 경우는 수가 많지도 않을뿐더러 성장 과정에서 문제도 적은 편이고, 대개는 아버지와 함께 미국으로 갔다. 정작 문제가 되는 경우는 아버지 없이 자란 혼혈인들이다. 전형적인 유형은 아버지가 한국에서 근무 기간이 끝난 후 본국으로 돌아가 버리고 홀어머니 밑에서 성장하는 경우이다. 기지촌에서 미군 남성과 한국인 여성이 만나는 관계가 좀 더 발전하면 일종의 '계약 동거'가 이뤄지는데, 이것은 대개 한국 근무가 끝날 때까지 동거에 합의하는 것을 말한다. 계약 동거는 거의 결혼에 가까운 관계인 셈인데, 여자의 입장에서, 실수로, 혹은 자식을 낳으면 함께 미국으로 갈 것이라는 희망으로 임신을 하곤 했다. 그러나 미군은 미국

---

[15] 2003년에 국가인권위원회에서 실시한 "기지촌 혼혈인 인권실태조사"에 대해서 일부 혼혈인들이 조사에 비협조적이거나 불만을 가졌던 이유도 이 조사의 제목에 '기지촌'이라는 단어가 들어가서 모든 혼혈인을 '기지촌 출신 취급'한다는 것 때문이었다.

으로 먼저 가서 곧 초청하겠다는 헛된 약속을 하고 떠나거나 아니면 출근하는 것처럼 집을 나서서 그날로 귀국하는 경우가 많았다.

가부장적인 한국 사회에서 아버지의 부재는 단순히 '아비 없이' 크는 도덕적·정서적 결함 이상의 의미를 갖는다. 즉 아버지의 부재는 어머니 혼자서 가계를 책임져야 함을 의미한다. 혼혈인들이 성장기에 있던 시절에 어머니의 직업은 대부분 파출부나 단순 육체노동 또는 기지촌에서 매춘을 계속하는 것에 불과해서 이것은 다시 경제적인 빈곤과 교육 수준의 저하를 낳게 되었으며, 많은 혼혈 아동은 가정환경과 생활 형편에 불만을 느끼고 갈등을 겪게 된다.

민족차별과 인종차별

(1) 민족차별

한국 사람들은 한국이 단일민족국가라고 생각해 왔다. 건국 신화에 나오는 단군이라는 시조의 후손들로 이뤄진 국가, 그래서 모두가 같은 조상의 피를 물려받은 사람들이라는 생각을 갖고 있다. 한민족, 백의민족, 배달의 민족 등의 이름이 바로 한국 사람들이 스스로를 부르는 이름이다. 교과서에 나온 예들을 〈표 5-5〉에서 살펴보자.

한국 사람들이 스스로 단일민족이라고 생각하는 것은 언제 시작되었을까? 우리는 '반만년의 유구한 역사를 지닌 민족'이라는 표현에 별다른 저항감을 갖지 않는다. 초등학교와 중고등학교의 국사 교과서는 한반도의 구석기 시대부터 시작해 현대에 이르러서 끝나며, 우리는 우리 민족의 역사가 구석기 시대로까지 거슬러 올라갈 것이라고 믿는다. 그런데 실제로 그럴까?

〈표 5-5〉 교육인적자원부가 발표한 교과서의 단일민족주의 사례

	학년	과목	교과서 원문 내용
초등 학교	2	생활의 길잡이	우리나라는 한 핏줄을 이어받은 한 민족으로 이루어져 있습니다.
	6	도덕	우리는 본디 하나 땅도 하나 민족도 하나 말도 하나였습니다.
	6	사회	우리는 생김새가 서로 같고, 같은 말과 글을 사용하는 단일민족입니다.
중 학교	1	도덕	우리 민족은 단일민족으로서 오랜 세월을
	2	도덕	바로 우리가 같은 핏줄을 이어받은 한 민족이라는
	3	사회	민족, 언어, 문화가 같은 단일민족인 우리나라는
고등 학교	1	도덕	본래 우리 민족은 동일한 언어와 문화, 혈통을 지닌 단일민족으로서
	1	국사	우리 민족은 세계사에서 보기 드문 단일민족국가로서의 전통을 이어 가고 있다.
	1	정치	우리 민족은 단일민족국가를 형성해 왔다.

출처: 교육인적자원부 보도자료 "다문화 가정 품에 안는 교육지원대책"(2006/04/28), 한경구·한건수(2007)에서 재인용.

한 무리의 사람들이 하나의 민족이 되려면 객관적인 공통점 외에도 구성원 모두가 동등한 사람이라는 의식과, 공통의 역사와 조상을 갖고 있다는 민족의식이 있어야 함을 우리는 1장에서 보았다. 근대가 되기 전, 지배층과 그들에게 억압받던 백성들이 그런 의식을 공유했는지는 학계에서 좀 더 엄밀한 연구를 거쳐 밝혀 내야 할 부분이다. 서구 열강들의 개항 압력, 일본의 침략과 식민 지배를 통해 왕, 양반, 상민, 노비가 모두 동질적인 피지배자가 되면서, 즉 자신을 억압하는 제국주의라는 공통의 타자를 만나면서 조선 사람들은 갑자기 순수한 민족으로 변화했는지도 모른다.

긴 역사 동안 고려 시대의 몽고인이나 식민지 시대 일본인과의 혼혈과 같은 이민족과의 뒤섞임을 돌이켜보면 순수한 민족, 단일민족은 환상에 지나지 않음을 알 수 있다. 그럼에도 불구하고 아직도 많은 사람들이 순수 혈통의 신화를 신봉하는 이유는 아마도 과거의 혼혈인들이 같은 동양계여서 외모에서 차이가 나지 않아 쉽게 동화되었기 때문일 것이다. 정작 한국 사회에서 혼혈인의 존재가 문제되기 시작한 것은 해방 이후 주둔한 미군 아

버지와 한국인 어머니 사이에서 외모와 피부색이 다른, 우리 민족이라고 여기고 싶지 않았던 아이들이 태어난 때부터이다.

혼혈인들이 주위에서 놀림을 받았다는 얘기는 매우 쉽게 접할 수 있다. 조금 길지만 1996년에 KBS에서 방영한 혼혈인 관련 방송프로그램에 나온, 미국으로 입양 간 한 여성의 이야기를 들어 보자.

나는 어린 시절 어떤 수치스러운 기억을 마음속 깊은 곳에 묻어 두었다. 그 기억이 되살아나면, 나는 비참한 인간이 되고 신의 존재마저 부정하게 될 것 같았다. …… 나는 전쟁 직후 한국에서 태어났다. 나는 죄와 탐욕의 결과였다. 나를 만든 두 사람이 장차 나의 인생을 예측했더라면 나는 태어나지 않았을 것이다. 그러나 결국 나는 태어났고 …… 나는 뭔가 다른 아이였다. 고아였을 뿐만 아니라 혼혈아였기 때문이다. 사람들은 나를 '튀기'라고 불렀는데 그것은 외계의 악마를 뜻했다. 아주 어린 시절부터 나는 스스로를 쓸모없는 아이라고 생각했고 내 마음속에는 악마가 있다고 믿게 되었다(혼혈 여성의 증언, 〈KBS스페셜〉 1999/10/20).

미래가 없는 아이, 그것이 혼혈 아이가 그리는 자신의 모습이었다. 앞에서 펄 벅이 한국의 혼혈 아동을 입양했다는 말을 했는데, 그 사람이 바로 줄리 헤닝Julie Henning이다. '한양여자중학교 구순이'였던 그는 1968년에 양어머니 펄 벅을 따라 미국으로 옮겨 갔고, 현재 펜실베이니아 주 펄 벅 생가 근처에 있는 중학교에서 선생님으로 일하고 있다. 눈물을 흘리면서 자신의 어린 시절을 회상한 헤닝은 이렇게 말했다.

제가 미국사람처럼 생겨서요, 머리카락이 노랑머리라 아이들이 제게 '개'라고 말하고 [이 하는 영어의 번역임] 수시로 돌을 던지고 침을 뱉고 내 모습을 보고 놀리며 귀찮게 굴었어요. 어떤 때는 집에 와서 엄마펄 벅랑 같이 앉아 울곤 했어요. 사람들이 우리를 너무 냉대했어요(울음). 정말 힘들었어요(줄리 헤닝, 여 당시 42세, 〈KBS스페셜〉 1999/10/20).[16]

(2) 인종차별

혼혈인이라고 다 같은 혼혈인이 아니었다. 특히 흑인 혼혈인들은 더욱 가혹한 차별을 견뎌야 했다. 대부분의 한국 사람은 흑인들을 직접 만나 본 적이 없다. 그럼에도 불구하고 흑인에 대한 부정적인 편견이 존재하는 이유는 앞에서 살펴본 것처럼 해방 이후에 쏟아져 들어온 미군과 미국 미디어의 영향 때문이다. 이 부분을 좀 더 자세히 살펴보자. 이미 60년대와 70년대에 기지촌에서 한국인들이 흑인 미군을 차별했다는 증언들이 나와 있다. 클럽은 흑인 음악이라고 할 수 있는 소울soul보다 백인 손님을 끌기 위해 록이나 컨트리 음악을 연주했고, 이미 일종의 백인 전용 클럽과 흑인 전용 클럽으로 나뉘어 있는 경우가 많았다. 한국인 여성 접대부들도 흑인과의 동침을 거부하는 경우가 있어서 흑인 군인의 항의를 받는 일이 많았다. 그러나 한국인이 이처럼 흑인을 적극적으로 차별했다기보다는 미군 안에 존재하는 흑백 서열을 수동적으로 반영한 것에 불과했다. 기지촌의 한국인들은 백인 군인들로부터 흑인 차별을 배웠으며, 숫자가 더 많은 백인 손님을 잃지 않으려고 백인 중심의 서비스를 제공할 수밖에 없었다. 백인 클럽에서 일하는 여성이 흑인 손님과 어울리면 백인들에게 구타를 당하거나 영업상의 불이익을 당할 수밖에 없는 현실에서, 그리고 자신의 '고객'인 백인이 흑인 차별을 행하고 원하는 상황에서 한국인이 흑인을 동등하게 대하기는 어려웠을 것이다(김연자 2005 ; 문 2002).

---

16 내가 2006년 11월에 미국 필라델피아 근교의 펄벅재단 본부를 방문했을 때 면접을 하려고 줄리 헤닝과 통화를 했는데, 그날 마침 그의 며느리가 출산하러 병원으로 함께 나가는 길이어서 만나지 못했다. 그는 한국을 떠난 지 40년이 다 되었고, 한국말을 거의 다 잊었지만 여전히 고추장을 먹고 한국 전통 장식품을 간직하며 살고 있다.

한편 인종차별과 관련한 미국 미디어의 영향을 살펴보자. 최근 몇 년 동안 한국 영화가 점유율을 높이기 전까지 오랫동안 미국 영화는 실질적으로 한국의 영화 시장을 지배했다. 오죽하면 국내 영화산업 보호를 위해서 일정 비율 이상은 한국 영화를 상영해야 한다는 스크린쿼터제를 도입했겠는가. 텔레비전 드라마도 마찬가지다. 최근에 '미드'라고 불리는 미국 드라마들이 인기를 끌고 있는데, 20~30년 전에도 미국 드라마는 한국의 안방 화면을 차지하고 있었다. 〈아내는 요술쟁이〉나 〈말괄량이 루시〉와 같은 코미디를 비롯해서, 〈초원의 집〉, 〈월튼네 사람들〉과 같은 가족 드라마도 있었고, 〈보난자〉와 같은 서부극도 있었다. 그리고 매우 큰 비중을 차지하고 있었던 것은 〈맥가이버〉, 〈제5전선〉, 〈50수사대〉 등과 같은 다양한 범죄 수사물이었다. 한국 드라마의 제작 능력이 일천하던 시절, 지금 생각해 보면 지나치다고 할 정도로 엄청나게 많은 미국 프로그램이 우리의 여가를 책임지고 있었던 셈이다. 바로 이 영화와 프로그램이 우리에게 인종차별을 가르친 스승이 되었다.

예전보다 나아졌다고는 하지만 텔레비전 드라마를 포함한 할리우드 영화는 여전히 흑인을 범죄자나 마약 거래상으로 그리고, 중동 사람들은 지구 전복을 꾀하는 테러리스트로 묘사하고 있으며, 아시아나 중남미 사람들은 독재자의 하수인 노릇을 하다가 백인 영웅의 총에 죽어 가는 수많은 엑스트라로만 등장시키고 있다. 이런 시각에 맞춰 훈련된 우리의 인종관은 놀랍게도 백인의 시각과 정확하게 일치한다. 문명화된 백인과 야만의 비백인, 선진적인 백인과 후진적인 비백인, 과학과 기술의 백인과 미개발된 자연의 비백인, 정복자 백인과 피정복자 비백인, 그래서 남성적인 백인과 여성적인 비백인. 그래서 우리는 우리를 포함하는 아시아조차도 백인의 눈으로 보고 있다. 경제발전도 못 한 것들, 민주주의도 제대로 못 하는 것들. 미국과 백인에 대한 선망은 열등감의 다른 표현이기도 했다. 그 열등감은 흑인에 대한 경멸로 보상받았다. 이런 상황에서 흑인 혼혈인이야 오죽했겠는가.

어렸을 때 우유를 무척이나 좋아했다. 그 이유는 어린 마음에 우유를 계속해서 마시면 피부가 하얗게 된다고 믿었던 거죠(박일준·이재갑 2004, 404).[17]

친구들이 깜둥이라고 놀리는 게 견디기 힘들어 날마다 남몰래 차돌을 가지고 온몸을 문질렀던 기억밖에 없습니다. 그렇게 문지르면 다른 한국 애들처럼 피부색이 변할 거라고 생각했죠(박미녀, 『시사저널』 1995/04/27).

최근 혼혈 연예인인 다니엘 헤니나 데니스 오 등이 큰 인기를 끌고 있다. 혼혈인이 최고의 인기 연예인이 되었다는 사실은 그들이 걸어 왔을 험난한 삶을 생각해 보면 정말 격세지감을 느끼지 않을 수 없다. 물론 그전에도 가수 인순이를 비롯한 혼혈 연예인들은 여럿 있었다. 하지만 요즘 인기를 끄는 혼혈인 스타들은 내용에서 과거와 큰 차이가 있다. 간단하게 말해서 기존의 혼혈 연예인들이 '실력'으로 인기를 끈 데 비해서 위의 두 사람은 '외모'로 인기를 끌었다고 말할 수 있다. 심지어 그들은 한국말을 제대로 못하는데도 연기자로서 인기를 끌고 있지 않은가! 어떻게 이런 일들이 가능할까? 바로 인종의 차이 때문이다. 혼혈인이라고 해서 같은 혼혈인이 아니라는 점은 지금도 여전히 유효하다. 백인계는 아무리 능력이 없어도 그들을 바라보는 것만으로도 우리가 열광하지만, 흑인계는 피나는 노력으로 자신의 능력을 입증해야만 한다. 연기 못 하는 다니엘 헤니는 인기몰이가 가능

---

17 1977년에 가수로 데뷔한 박일준은 윤수일, 인순이와 더불어 가장 널리 알려진 혼혈인 가수로서 40대 이상 사람들에게는 매우 친숙한 '오 진아' 등의 노래들을 부르기도 했다.

해도 노래를 못하는 인순이는 인정을 받을 수 없다. 그래서 결과적으로 백인계는 배우도 하고 가수도 할 수 있지만, 흑인계는 적어도 아직까지는 가수만이 가능하다. 흑인계는 오직 실력으로만 인정받을 수 있기 때문이다.

5. 혼혈인의 삶

학창 시절의 차별

〈표 5-6〉은 2006년에 실시한 미군 관련, 즉 미군을 아버지로 둔 혼혈인들에 대한 실태 조사에서 어린 시절과 학교 시절에 받았던 차별과 관련된 질문의 응답 결과를 보여 준다. 이 표에 따르면, 혼혈인의 75.2퍼센트가 친구들로부터 놀림을 받은 적이 있고, 55.4퍼센트는 따돌림을 당한 경험이 있으며, 심지어 33.7퍼센트는 친구들로부터 구타를 당한 적이 있다고 응답했다. 학교생활에서는 철저히 고립되었으며(35.6퍼센트), 이해해 주는 친구가 없었고(25.7퍼센트), 싸움을 많이 했고(40.6퍼센트), 생계형 범죄를 저지른 경우(21.8퍼센트)도 있었다. 학교 선생님으로부터 불합리한 대우를 받은 적이 있다고 응답한 사람도 무려 43.6퍼센트나 나왔다.

한국전쟁이 끝난 뒤 혼혈인들이 많이 태어나던 시절은 혼혈인 아이가 평범하게 뛰놀며 성장하기에는 매우 어려운 환경이었다.

한국에서 어릴 때 혼혈인 친구들밖에 없었어요. …… 학교를 안 다녔기 때문에 다른 친

<表 5-6> 어린 시절 및 학교 시절의 경험 (N=101, %)

차별 내용	예	아니오	해당 없음	합계
친구들로부터 놀림을 받은 적이 있다	75.2	24.8		100.0
친구들로부터 따돌림을 당한 경험이 있다	55.4	44.6		100.0
친구들로부터 맞은 적이 있다	33.7	66.3		100.0
학교 선생님으로부터 불합리한 대우를 받은 적이 있다	43.5	53.5	3.0	100.0
학교생활에서 철저히 고립되었다	35.6	61.4	3.0	100.0
학교에서 싸움을 많이 했다	40.6	56.4	3.0	100.0
학교에서 나를 이해해 주는 친구가 없었다	25.7	71.3	3.0	100.0
생계형 범죄를 저지른 적이 있다	21.8	78.2		100.0

출처: 박경태(2006), <그림 23> 재구성.

구들을 안 사귀었는데, (만약 비혼혈인 친구를) 만나면 (그 친구들의) 부모들이 좀 꺼린다거나 그러면 안 좋기 때문에 그랬어요. …… 미국의 흑인들이 백인들에게 원한이 많아서 미워하는 것처럼, 나도 그런 식으로 한국에서 (비혼혈인들을 미워)하다 보니 친구들도 혼혈인들밖에 없었거든요(사례 27, 남 45세).

학교 다닐 때 이미 혼혈인들은 많은 차별을 몸으로 겪기 시작한다. 또래들로부터 받은 놀림 때문에 학교에 가기 싫었다는 얘기는 매우 쉽게 접할 수 있는 증언이다. 심지어는 교사들이 놀렸다는 얘기도 드물지 않게 들을 수 있었다.

학교생활에 문제가 많았죠. 혼혈인 치고 학창 시절, 어린 시절에 문제가 없었던 사람이 없을 거예요. 학교 다닐 때 놀림을 많이 당했어요. 그래서 학교 가기가 싫었어요. …… 중학교 때 친구랑 납부금을 갖고 도망갔어요(윤대영, 45세, 박경태 외 2006, 76).

영어 선생님이 영어 시간만 되면 '너는 (미국 사람과 섞였으니까) 영어를 잘하겠다, 이거 발음 한번 해 봐라' 그래서 창피함과 분노 때문에 오히려 영어 공부를 안 했어요(사례 4, 남 54세).

당시에는 차별인지 몰랐지만 노래를 잘하니까 흑인 피가 흘러서 그런 것 같다는 취지의 말을 한 교사의 발언을 기억하는 사람도 있었다. 한편 위의 사례와는 반대로 일부러 영어 공부를 열심히 한 경우도 있었다.

제가 영어 공부를 유달리 잘했어요. 애들이 내가 영어까지 못하면요, 생긴 게 저런데 영어까지 못한다고 분명히 깔볼 게 같애. 영어를 파고들었어요. 시험 보기 전에 나한테 물어보고 이럴 정도로 애들이 날 깔보지를 못해. 그랬었어요. 잘하는 것도 흠이 돼요. 쟤는 튀기라 영어도 잘 하네. …… 괜히 미워하고(사례 29, 여 54세).

학창 시절의 차별은 학업 중퇴의 원인이 된다. 위에서 살펴본 설문조사 응답자 중에서 절반에 가까운 47퍼센트가 학교를 중퇴한 경험이 있다고 응답했다. 혼혈인의 평균 학력은 10.3년이어서 고등학교 1학년 수준에 그쳤다. 혼혈인들은 놀림과 차별 때문에 학교를 다니기 어려웠다고 말한다.

엄마가 호적 신고를 늦게 했는데, 신고를 할 당시에 이미 초등학교 3학년 나이어서 1학년에는 들어갈 수가 없어 검정고시를 준비했어요. 그전에는 펄벅재단에서 검정고시 준비를 도와줬고요. …… 고등학교는 중간에 다니다 나왔어요. …… 혼혈인의 중퇴율이 높은 이유는 놀림이 큰 거 같아요(김정택, 24세, 박경태 외 2006, 76).

놀린다고 모두가 다 학교를 그만두는 것은 아니다. 오히려 학교를 그만두는 더 큰 이유는 경제적인 문제에 있다고도 볼 수 있다.

학교는 못 간 거죠. 너무 가난했어요. …… 한국에서 너무 고생했어요. 어릴 때부터 그 다음 날 먹을 밥도 없고 음식도 없고, 하루 벌어 한 끼 먹고, 내가 옆집에 가서 바나나를 훔쳐 먹고, 아는 엄마 친구의 집에 가서 과일 같은 것 서리해 먹고, 평생을 그렇게 살았어요(사례 27, 남 45세).

내가 열 살까지 어머니와 함께 살았고, 그 후에는 혼자서 컸어요. 고아원에 있었고, 동대문시장에서 혼자 구걸하면서 산 적도 있었어요. 이런 상황에서 제대로 학교를 다닐 수가 없었죠(사례 8, 남 60세).

이런 예가 의미하는 것은 최소한의 경제 수준만 되어도 사람들은 그나마 학교를 다닐 수 있었다는 말이다. 실제로 어머니가 직업이 있고 학비를 지원할 수 있었거나 재혼을 해서 양아버지가 직업이 있는 경우에는 대부분 학교를 다닐 수 있었다. 한편 혼혈인들이 학교를 중간에 그만둔 데에는 놀림이나 경제적인 문제뿐만 아니라 졸업을 해도 자기에게 별다른 도움이 될 것이 없다는 생각, 미래가 없는데 학교는 다녀서 무엇을 할 것인가 등의 좌절감도 중요한 요인으로 작용했다.

'너는 이런 사람이다'라는 말을 매일 듣게 되면 나중에는 스스로 그것을 믿게 된다. 나는 다른 사람들이 나를 어떻게 대해도 괜찮다고 믿었다. 왜냐하면 나는 인간이 아니라 더러운 아이였기 때문이다. 나는 한국인이 될 수 없었다. 나는 교육을 받을 수도 커서 결혼을 할 수도 없다는 것을 알고 있었다. 거리에서 살아남는다 해도 직업을 가질 수 없다는 것을 알고 있었다. 내게는 미래가 전혀 없었다(혼혈 여성의 증언, KBS).

그때 내게는 희망이 없었다. 기지촌에서 희망을 가질 수는 없었다. 혼혈인인 내가 한국인과 똑같이 살 수 없을 것이라는 생각이 일찍부터 들었다. 그러니까 공부를 안 했고, 공부를 못하니까 만날 싸움만 하고, 이런 식이었다. 그때 내게는 정말 미래가 없었다(박병호, 48세, 박경태 외 2006, 77).

어렸을 때 차별받은 것은 학교나 동네에서 뿐만이 아니었다. 가장 가까운 사람들인 친척들로부터도 혼혈인들은 차별적인 대우를 받곤 했다.

제가 여섯 살 때 장마철이었는데, 새 신을 들고 전북 구림에서 순창까지 걸어서, 거기에서 중국집 하는 막내 이모부 집에까지 걸어갔는데, (식당) 안에 못 들어오게 하는 거예요. 그러고는 사촌 오빠더러 손을 잡고 집에 데려다 주라고 하시더라고요. 아직도 기억나요. 하물며 식구들이 그러니 남들은 오죽하겠어요(사례 18, 여 44세).

삼촌이 내가 대구로 오면 창피하다고 애를 데리고 오려면 오지 말라고 어머니한테 말씀하셨대요. 그래서 저희 어머니가 그 후로는, 할아버지가 돌아가시고 난 후로는 대구를 안 가셨어요. …… 그 삼촌은 동생이 외국 사람과 애를 낳았다는 것이 창피하다, 수치스런 마음에 그런 것이었겠죠(사례 26, 여 45세).

우리 할머니, 이모들이 우리 엄마를 버렸어요. 나 낳았다고 …… 그래서 엄마가 친정식구를 안 만나요, 나 기르면서 …… 동생들도 있었어요. 동생들도 …… 학교나 어디를 갔다가 만나잖아요? 날 이렇게 피해요. 저런 언니를 둔 게 창피하다고 …… 그러니깐 제 가슴이 오죽했겠어요. 그래서 나는 비행기만 보면 엄마, 나 저 비행기 타고 미국 갈 거야, 난 여기 안 살 거야(사례 29, 여 54세).

현재 미국에 살고 있는 '사례 18' 응답자는 비교적 최근인데도 심지어 어머니가 남들 앞에서 자신을 자식으로 소개하지 않았던 얘기를 전한다.

99년도에 엄마 칠순 잔치를 할 때 애들을 데리고 나갔는데 …… 생긴 게 다르니까 사람들이 자꾸 물어보잖아요. 그러니까 엄마가 "옛날 집에 식모가 있었는데, 걔가 어렸을 때 애를 낳았는데 혼혈아를 낳아서 내가 그냥 키웠다"고 하더라고요. 그러니까 사람들이 수양딸로 알고 있는 거죠. 그런 게 얼마나 제 가슴이 아프겠어요. 사람들은 이해를 못하죠. 내 부모니까 이해를 하지만, 속상하더라고요(사례 18, 여 44세).

성장한 이후의 차별

혼혈인들이 성장 과정에서 겪은 가장 큰 어려움이 놀림과 차별이었다면,

성장한 이후에는 경제적 문제가 더 큰 문제가 된다. 대부분의 혼혈인들은 자기 집을 갖고 있지 않으며, 소위 말하는 '번듯한' 직장을 가지고 있지 못하다. 대부분 성장 과정에서 아버지가 없었기 때문에 어머니가 생계를 책임질 수밖에 없었는데, 어머니가 가진 직업이 대부분 노점상이나 행상과 같은 일, 또는 유흥업소 종사 등과 같이 소위 낮은 지위의 직업들이었다. 이런 가정에서 성장한 혼혈인들은 충분한 교육을 받지 못했고, 이런저런 차별 때문에 어머니와 유사한 직업에 종사하게 된다.

2006년 설문조사 결과에 따르면, 혼혈인들이 가져본 직업 중에서 가장 많은 사람이 선택한 것은 건설 노동이었고, 이외에도 공장 노동, 일용직 노동, 식당/주방청소/서빙 등의 순이었다. 그나마 정규직으로 일하는 사람이 24퍼센트에 불과했다. 혼혈인들은 자신들이 '좋은' 직업을 갖고 있지 못한 이유를 차별에서 찾았다.

> 졸업 후에 별거 다했다. 구두, 신발 만드는 거, 미싱도 했고, 봉제 공장에서 아이롱도 해보고, 인형 공장에도 다녀 보고. 직장에서 잘 안 받아 줬다. 이상하게 생겼는지 '아저씨 외국인이라 안 된다'고 하고(윤대영, 남 45세, 박경태 외 2006, 78).

> 한국에서 철공 일 하는 곳 몇 군데에서 직장 생활을 했다. 입사할 때에도 그랬지만 들어가서도 그렇게 좋지는 않았다. 동료들은 그래도 괜찮았는데, 특히 윗사람들은 내게 잘해주지 않았다. 앞으로 살날이 훨씬 더 많은데 이렇게 살 수는 없겠다는 생각이 들어서 이민을 결심했다(사례 1, 남 53세).

이렇다 보니 혼혈인들이 선택할 수 있는 직장은 어차피 '밑바닥'이어서 혼혈인과 비혼혈인 사이에 차별이 없는 단순 육체노동이거나 기지촌 근처의 클럽과 관계되는 업종이 되었다.

그래도 (기지촌 밖에 산) 나는 괜찮았어요. 친구들은 대부분 미국에서 온 연예인 행세를 하는 가수를 하거나 아니면 그것과 관련되는 일을 했어요. (기지촌) 밖으로 나가는 것도 두려웠고, 또 할 것이 그것밖에 없었고요. 나도 거기 살았으면 그렇게 되었을 겁니다(사례 1, 남 53세).

대부분의 혼혈인은 기업의 신규 채용에 응시해 본 경험조차 없는데, 자격이 안 되어서 그런 경우도 있겠지만, 차별 때문에 안 될 것이라는 예상 때문에 아예 포기한 경우도 많다.

혹시라도 내가 취직을 하려고 면접을 봤다가 떨어졌으면 아마도 혼혈인이어서 떨어졌을 것이라는 식으로 해석을 했을 것이다(박병호, 남 48세, 박경태 외 2006, 79).

이와 같은 구직 시의 차별이나 예상되는 차별 때문에 혼혈인들이 직장을 찾는 방법은 대부분 개인적인 연결망을 통해서 이루어진다. 아는 사람이 알음알음으로 소개해 주면 차별도 적고 진입 장벽도 낮기 때문이다. 그러나 공채를 통하는 방식이 아닌 직장은 대개 규모도 작고 안정성이나 임금도 낮은 곳이다. 게다가 기지촌이 아니면 이런 연결망도 잘 작동하지 않기 때문에 많은 혼혈인이 성장 이후에도 기지촌을 기반으로 생활하게 된다.

그런데 구직 단계에서 발생하는 차별을 좀 더 자세하게 살펴볼 필요가 있다. 혼혈인들은 자신이 좋은 직장을 갖지 못한 이유가 차별 때문이라고 말하지만, 다른 한편으로는 그곳에 필요한 충분한 자격 조건이 부족해서 못 갔을 수도 있다. 즉, 제대로 된 교육을 받았더라면 좋은 직장에 갈 수 있었을지도 모른다는 말이다. 이럴 경우 차별은 취업을 방해하는 직접적인 원인이 아니라 간접적인 원인이 된다. 차별이 제대로 된 교육을 받지 못하게 만들고, 그 결과로 제대로 된 취업을 하지 못하게 되는 것이다.

〈표 5-7〉 혼혈인들의 경제 생활			
항목	수치	항목	수치
월평균 소득	1,461,000	부채액	41,187,000
월평균 생활비	1,252,000	부채 비율	66.3%

출처: 박경태(2006) 〈그림 10, 11, 12, 13〉.

〈표 5-7〉을 보면 응답자의 월평균 가구소득은 약 146만 원으로 나타났다. 통계청 발표에 따르면 2006년 전국 가구의 월평균 소득은 306만 8,900원으로 나타나서, 혼혈인 가구는 전국 평균의 절반에도 못 미치는 셈이다(통계청 2007). 한편 평균 빚의 액수는 4,118만 7,000원으로 조사되었다. 그런데 이 수치는 2006년 6월 전국의 가구당 평균 부채 3,400만 원을 훨씬 웃도는 것으로, 소득이 더 낮은 혼혈인 가정이 오히려 더 많은 빚을 지고 있음을 의미한다. 혼혈인 중에서도 특히 50세 이상은 5,624만 원, 기혼자는 6,221만 원의 부채를 안고 있다고 응답해서, 나이가 들수록, 그리고 결혼을 한 사람일수록 부채가 늘어나고 있음을 알 수 있다.

〈표 5-8〉은 혼혈인들에게 각 사항마다 "현재 생활에서 염려가 되거나 어려운 정도"를 표시해 달라고 한 결과를 점수화한 결과이다. '전혀 어렵지 않다'는 것을 1점, '매우 어렵다'를 5점으로 해서 받은 답을 평균한 결과, 혼혈인들은 현재 생활에서 가장 염려가 되거나 어려운 문제로 빚 갚는 일을 꼽았고(4.25점), 그 다음으로 생활비 문제(3.85점), 취업 문제(3.47점), 거처 문제(3.37점) 등의 순으로 나타났다. 이 문제들은 대체로 경제적인 형편과 깊은 관련이 있는 것들이다. 한편 출산 문제, 가정불화, 주위 친구가 없는 점 등에 대해서는 상대적으로 큰 어려움이 없는 것으로 나타났다. 이렇게 볼 때 혼혈인 가구의 가장 큰 어려움은 가정불화나 친구가 없는 등의 정서적

〈표 5-8〉 염려가 되거나 어려운 정도 (5점 만점)

문제가 되는 점	어려운 정도	문제가 되는 점	어려운 정도
빚을 갚는 일	4.25	자녀교육 문제	3.22
생활비	3.85	건강 문제	3.18
취업 문제	3.47	주위 친구가 없다는 점	2.41
거처 문제	3.37	가정불화	2.33
		출산 문제	1.93

출처: 박경태(2006) 〈표 3〉.

요인이 차지하는 어려움보다는 경제적인 것임을 알 수 있다.

결혼에서의 차별도 큰 문제다. 혼혈인들은 같은 혼혈인끼리 결혼하는 것 가장 편하다고 말한다. 그러나 한국 내 혼혈인 사회는 어렸을 때 여자 아이들이 특히 더 많이 입양을 갔고, 또 커서는 미군과 국제결혼을 해서 한국을 떠난 여성이 상대적으로 많았기 때문에 심각한 남초男超현상을 겪고 있으며, 따라서 혼혈인끼리 결혼하는 것은 실제로 일부에게만 가능한 일이다. 대부분의 혼혈인들은 비혼혈인과 결혼하게 되는데, 사귀는 사람이 있더라도 그쪽 집안의 반대 때문에 결혼까지 이르지 못하는 경우가 많다.

결혼 못 했다. 이상하게 생겼다고 안 오더라. 처음에는 호기심에 오더니 나중에는 아예 안 오더라(윤대영, 45세, 박경태 외 2006, 77).

원래 5년 동안 사귀던 애인이 있었는데 그쪽 집안에서 내가 혼혈인이라고 반대를 해서 결혼을 하지 못했어요. 그러다가 지금의 부인을 만나서 연애를 하게 되었는데, 이번에도 아버지가 또 반대를 하셨어요. 그래서 임신을 했다고 거짓말을 해서 겨우 결혼할 수 있었어요(사례 2, 남 53세).

차별은 늘 따라다니는 것이었어요. 기차선로에 제가 이쪽 선로라면 차별은 저쪽 선로가 되어서 늘 대면하고 따라다녔죠(사례 21, 남 54세).

결국 혼혈인들에게 차별은 언제나 있을 수 있는 일, 있을 수밖에 없는 일이었다.

이민 결심의 배경

혼혈인들이 한국을 떠나야 했던 이유는 당장의 차별뿐만 아니라 미래문제, 자녀 문제 때문이기도 했다. 실제로 한국에서 청소년기를 다 보내고 성인이 된 사람 중에서도 1982년 미국 특별이민법이 통과된 후 바로 미국으로 향하지 않았던 사람이 많다. 이민을 가지 않은 여러 가지 이유가 있었겠지만, 가장 중요한 이유는 홀로 남게 되는 어머니 문제가 가장 컸다고 한다. 2006년의 설문조사에 응답한 사람들도 어머니나 가족의 만류 때문에, 또는 혼자 살게 될 어머니 때문에 가지 않았다는 사람들이 가장 많았다. 그러나 기회가 있는 사람들은 결국 미국행을 택할 수밖에 없었다.

> 제가 한국서 비행기를 타 가지고 미국 올 때는요, 난 미국 년으로 살 거야 이러고 왔어요. 한국이 지겨웠어요. 진짜로 …… 아무 이유 없이 매 맞고, 만날 놀림받고, 이거야 뭐 특별히 해 준 것도 없고……(사례 29, 여 54세).

> 혼혈이라는 외모로 직장 생활이나 결혼 생활이 막막했고, 한국에서 따돌림을 당하거나 할 때에는 미국에 가면 모든 문제가 해결될 것이라는 막연한 기대가 있었다(김지향 외 3인, 박경태 외 2006, 80).

이런 사정은 어릴 때 입양된 사람들도 마찬가지였다. 비록 어려서 모든 판단을 혼자 할 수는 없었겠지만, 주변의 모든 사람들이 볼 때 혼혈 아이가 한국 사회에서 제대로 살아간다는 것은 상상하기가 어려웠을 것이고 따라서 기회가 되면 어떻게 해서라도 입양을 보내려고 했을 것이다.

> 나는 만 14세에 미국으로 입양 갔는데, 입양 결정은 어머니와 내가 함께했다. 어머니는 한국에서 교육을 받는다 하더라도 군대나 직업, 결혼 등 한국에서의 사회생활이 어렵다고 판단하여 미국 입양을 오랫동안 고려했었다. 어머니는 내가 미국으로 입양된 후, 자살 시도를 했다고 했다(안세훈, 42세, 박경태 외 2006, 79-80).

어릴 때 입양되지 않고 한국에서 성장한 혼혈인 여성은 미국 사람과 국제결혼을 해서 미국에 이민 가는 방법을 택했다. 대개는 주한 미군과의 결혼이었다. 이렇게 결혼한 사람들은 가능하면 빨리 한국을 벗어나는 데 목적이 있었기 때문에 대체로 결혼 연령이 매우 빠른 편이었다.

> XX여고를 들어갔지만 몇 달 안 다니고 그만뒀어요. 자꾸 주위에서 그러더라고요, 우리 같은 사람은 빨리 미국으로 들어가야 한다고. 그래서 그냥 그만두고 아는 언니 소개로 남편을 만나 결혼해서 미국으로 들어와 버렸어요. …… 저희는 동물원 원숭이라는 느낌을 많이 받았어요. (한국 남자들이) 가만 두지 않았어요. 저뿐만 아니라 (다른 혼혈인) 언니들 세대도 마찬가지고요. 그래서 일부러 한국을 벗어나려고 (국제)결혼을 해서 미국으로 왔어요. 그때는 (미국에 올 수 있는 방법이) 그 방법밖에 없었어요. 그게 탈출구였어요. 저는 운이 좋았어요. 빨리 (18세 때) 올 수 있었으니까요(사례 18, 여 44세).

> 우리가 이렇게 (남들과 다르게) 생겼으니까, 주위에서 (국제결혼 하라고) 거들어 준 사람들이 있었어요. 여기서 일해라, 그러면 좋은 남자(미군) 만난다. 그래서 미국 가라. 이런 아줌마들이 많았어요. …… 우리에게는 그 길밖에는 없었거든, 그 길밖에는 ……(사례 29, 여 54세).

한국을 벗어나는 것이 중요했기 때문에 다른 측면은 크게 고려되지 않았다. 사랑이라든가 상호 이해, 문화적 차이에 대한 존중 등을 깊이 고민하지 않은 상태에서 이뤄진 결혼일 가능성이 컸다는 얘기다. 위의 '사례 29' 응답자는 실제로 자신을 포함해서 국제결혼을 통해 미국에 온 많은 혼혈인 여성들은 사랑 때문에 결혼한 것이 아니었다고 얘기했다.

> 우리가 결혼한 거는 사랑 때문이 아니었어요. 그냥 도피용이었어요. (다른 여성 혼혈인 들도) 십중팔구는 사랑 때문에 한 게 아닐 거예요. 그러다 보니 나중에 미국에 들어와서 이혼들을 많이 했고요(사례 29, 여 54세).

모든 혼혈인들이 처음부터 미국으로 가야겠다고 생각하며 산 것은 아니었다. 그래서 한국에서 살기로 결심하고 결혼해서 자녀도 낳아서 키우고 있었는데, 그러던 중에 시간이 지나면서 현실을 다시 바라보게 되었다. 그들은 성장하는 자녀들을 보면서 이민을 결심하게 된 것이다.

> 나는 원래 미국에 올 생각이 없었어요, 나를 버린 아버지의 나라여서. 그래서 (미국에 가지 않는다는) 그걸 조건으로 걸고 (혼혈인과) 결혼했고. 그런데 애가 두 살 때 눈병에 걸려서 병원에 데려가려고 버스를 탔는데, 뒤에 앉은 여자가 "어머, 튀기가 눈병에 걸렸네" 그러더라고요. 뒤통수를 망치로 얻어맞은 기분이 들었고, 아이들도 한국에서 성장하면 나처럼 차별을 당하겠구나 생각해서 그날 바로 이민을 결심했어요(사례 14, 여 45세).

〈표 5-9〉는 조사 대상 혼혈인들이 미국에 입국한 유형의 분포를 보여준다. 역시 혼혈인 특별이민법이 1982년에 통과되면서 미국에 간 사람들이 50퍼센트나 되었다. '가족 이민'의 경로는 대개 친아버지가 있어서 가족 전체가 함께 이주해 온 경우이다. 이 문항에는 '입양을 통해 미국에 간 사람이 전혀 없는데, 조사 대상자들이 속해 있는 혼혈인연합회가 대개 성인이 된 뒤에 미국에 간 사람들 중심으로 구성된 단체이기 때문이다.

〈표 5-9〉 미국에 입국한 유형*	
미국 입국 유형	비율 (%)
가족 이민	15
혼혈인 법안	50
국제결혼	10
유학	25
합계	100

* 〈표 5-9〉부터 〈표 5-18〉까지는 미주 한미혼혈인 총연합회가 2007년에 자체
적으로 실시한 설문조사 결과에 기초한 것이다.

일반적인 예상과는 달리 '유학'으로 미국에 간 사람이 25퍼센트나 되는
데, 혼혈인들이 돈이 많거나 공부를 잘해서 미국 유학을 갈 수 있었던 것은
아니다. 특별이민법이 통과되기 전에도 이미 성인으로 성장한 혼혈인들이
많이 있었다. 뜻있는 미국인, 한국인 성직자나 기관의 지원으로, 입양을 통
해 미국으로 데려가기에는 이미 성인이 되어 버린 혼혈인들이 유학 절차를
통해 미국에 가기도 했고, '유학생'이 될 수도 있었다.

미국에서의 삶과 정체성

(1) 미국에 대한 평가

미국에 이주한 혼혈인들은 어떻게 살고 있을까? 물론 미국으로 간다고
모든 문제가 해결되지는 않는다. 그러나 그들은 최소한 미국에서는 기회가
주어졌다고 말한다. 〈표 5-10〉은 미국에 살게 된 것에 만족하는가를 물어
본 것이다. 압도적인 다수에 해당하는 82퍼센트가 미국 생활에 만족한다고
응답했다. 이런 결과는 심층면접에서도 잘 나타나고 있다.

〈표 5-10〉 미국 생활에 대한 만족 여부		〈표 5-11〉 차별이 없다면 살고 싶은 곳	
만족 여부	비율 (%)	살고 싶은 곳	비율 (%)
만족한다	82	① 그래도 미국에 산다	75
불만족한다	5	② 한국에서 살고 싶다	15
모르겠다	13	③ 한국은 관심 없다	10
합계	100	합계	100

나는 multicultural(다문화적)하기 때문에 나 자신대로 살고 싶은 나라가 필요해요. 이 나라(미국)는 이대로 살 수가 있어요. 내가 나 자신대로 살아도 뭐라고 할 사람이 없어요. 한국에서는 그게 수용이 아직 잘 안 되어 있어요(사례 27, 남 45세).

다시 (한국에) 돌아가 살고 싶지는 않아요. 이곳 미국은 기회의 나라, 본인이 노력하면 되는 나라예요. 학력과 외모 때문에 아무리 노력해도 기본 생계와 결혼조차도 보장이 안 되는 한국하고는 다른 나라예요. 이곳에서 사는 것은 나와 우리 애들의 미래를 위해서 확실히 좋은 거죠……이곳에서는 내가 살 곳에서 산다는 느낌이 들어요. 저는 미국에 온 후로 23년 동안 한국에 한 번도 안 갔어요(사례 4, 남 54세).

나는 한국이 내 나라라고 생각하지 않아요. 한국에서 사는 것은 내게 너무도 큰 고통이었어요. 오죽하면 어릴 때부터 '양귀비'(염색약)로 염색을 했겠어요. 세 살 때부터 이민 오기 전인 서른 살까지 염색을 하고 살았어요……비행기에서 미국 땅에 내리니까 너무 편하더라고요……제발 아픔은 우리로 끝났으면 좋겠어요. 외국인과 결혼해서 한국에서 태어난 아이들을 전부 미국으로 데려왔으면 좋겠어요. 그래야, 그 아이들이 제대로 클 수 있을 거 아니에요(사례 3, 남 52세).

이처럼 대부분의 혼혈인은 미국에서 사는 것을 매우 만족스럽게 생각하고 있다. 여기에서 조금 더 나아가 〈표 5-11〉은 "만약 지금이라도 한국 사회에서 혼혈인을 차별 없이 대해 준다면 한국에서 살고 싶은가?"에 대한 답을 보여 주고 있다. 이 표에서 ①과 ③을 합쳐 보면, 역시 대부분의 혼혈인은 계속 미국에서 살고 싶어 한다. 한국에서 받았던 차별의 강도를 생각해

〈표 5-12〉 본인의 사고방식에 대한 평가

사고방식	비율 (%)
미국적	27
한국적	30
양쪽 다	43
합계	100

보면 그나마 15퍼센트의 혼혈인들이 한국에서 살고 싶다는 얘기를 하는 것
이 오히려 놀라울 정도다.

(2) 정체성

미국에 이민 간 혼혈인들이 미국에서 사는 것에 만족하고 그것을 선호
한다고 해서 모두 철저하게 미국 사람이 되어 있는 것은 아니다. 정체성은
또 다른 문제이기 때문이다. 〈표 5-12〉는 혼혈인 스스로 자신의 사고방식
을 미국과 한국 중에서 어느 쪽이라고 평가하는가에 대한 응답 결과이고,
〈표 5-13〉은 한국인과 미국인 중에서 혼혈인들이 어느 나라 사람과 더 가
까워지고 싶은가에 대한 응답 결과이다.

두 표에서 보는 것처럼 미국에 살고 있는 혼혈인의 최소 30퍼센트는 본
인의 사고방식이 한국적이라고 생각하고 한국인 쪽에 더 가까워지고 싶다
고 느낀다. 양쪽 모두에 해당하는 경우를 합치면 한국에 대해서 긍정적인
생각을 하는 사람들의 비율은 더욱 높아진다.

(2006년 혼혈인협회 전국 모임에서) 설문조사를 했는데 거의 우리가 한국인이라고 생
각하고 살고 있지, 미국인이라고 생각하는 확률이 적더라고요. 나부터도 물론 한국인이
다(라고 생각하고요). 그래서 받은 어려움이나 고통을 생각하면 정말 한국 김포공항에,

〈표 5-13〉 한국인과 미국인 중 본인의 마음이 더 가까워지고 싶은 쪽	
가까워지고 싶은 쪽	비율 (%)
미국인	40
한국인	30
둘 다	30
합계	100

그때만 해도 김포공항 아닙니까, 한국 쪽으로는 오줌도 안 누겠다고 침도 안 뱉는다고 그러면서 온 친구들이 있는데, 그래도 우리가 여기서는 한국인이라는 자부심을 가지고 살고 있더라고요. 내 자신도 그렇고(사례 21, 남 54세).

나는 한국 사람이지요. (미국)시민권을 갖고 있어도요. 여기 와서 아직 투표 한번 안 했어요. 지금도 누가 물어보면 한국 사람이라고 하지 미국 사람이라고 안 해요. 생긴 거는 이래도 저는 한국에서 태어났고 말도 한국말 하고, 영어도 잘 못하고 그러니까요. 여기서 사람들이 Where are you from? 할 때 I'm from Korea라고 하면 Come on!이라고 하며 아래위로 훑어요. 생긴 게 이러니까. 그럼 제가 얘기를 해요. 아버지는 미국 사람이고 엄마는 한국 사람이지만 한국에서 태어나서 한국에서 교육받고 학교를 다니고 그래서 한국말이 더 편하다고 해요. 물론 햇수로 따지면 한국보다 여기서 훨씬 오래 살았어도 음식도 그래도 한국식이에요. 양식을 안 좋아해요. 태어났을 때 뿌리가 그렇게 중요한가 봐요. 김치 먹고 자라서 그런지 지금도 김치 없으면 밥을 못 먹어요. 내가 미국 사람이라고 생각하고 바꾸려고 해도 안 바뀌죠. 저는 지금도 한국 사람이라고 생각하지 미국 사람이라고 생각하지 않아요. 한국에서 살 때에는 전혀 한국 사람으로 대접받지 못했지만요(사례 18, 여 44세).

한국 혼혈인들은 여기(미국)서 살면서 더 한국적인 사람들이 있어요. 한국을 떠나고 싶긴 했지만 여기 오더니 갑자기 더. 처음에는 뭐 한국 사람 근처에 가기도 싫다 하시던 분들도 결국에 보면 …… 남자 분들은 특히 많은 비율이 한국 분들이랑 결혼하셨고요. 미국인하고 결혼하신 분들도 어떻게 보면 …… 우리 한국적인 것을 버리지 못 하시더라고요(사례 26, 여 45).

한국이 싫어서 일부러 미국으로 떠난 사람들이 무의식적으로 한국적 사고방식과 생활방식을 버리지 못한 예는 면접조사를 하면서 자주 접할 수 있다. 다음의 사례는 그런 것을 극적으로 보여 주고 있다.

> 내가 처음 미국 올 때에는 이 '염병할' 나라에 다시 오면 사람이 아니라고 생각하고 비행기를 탔어요. 그런데 비행기가 연착돼서 밤 12시가 넘어 공항에 도착했는데, 마중 나온다던 사람이 아무도 없는 거예요. 내가 한국에서 흑인 혼혈인 친구들과도 잘 어울렸는데, 왜 그 공항에 있던 흑인 아저씨들이 그렇게 무섭던지. 그래서 (남편한테) 택시를 타고 한국대사관으로 가자고 그랬어요. 한국대사관을 말이에요. 한국이 싫다고 온 건데 결국 한국대사관을 가자고 하더라고요(사례 14, 여 45세).

물론 자신의 정체성을 미국에 두는 사람들도 일부 있었는데, 그렇게 생각하는 이유로는 대체로 "현재 미국에 살고 있으니까 미국 사람이다"라는 이유를 들었다.

> 미국에 있으면 미국인이고, 한국에서 살고 있으면 한국인이에요. 난 지금 (미국에 있으니까) 미국인이죠(사례 16, 남 46세).

> 지금은 미국인이라고 생각해요. 한국에서 미국 올 때 내 인생의 반은 한국 사람으로 살았으니까 나머지 반은 미국 사람으로 살아야겠다고 왔어요. 30여 년 동안 한국에서 산 것으로 한국인으로서는 마감을 했고, 지금은 나머지 인생을 미국인으로 미국에서 살고 있어요(사례 4, 남 54세).

그러나 자신을 미국인이라고 생각하는 경우에도 차별받지 않는 미국에서 살기 때문에 좋다는 의미에서 의도적으로 그렇게 생각하는 것으로 보인다. 일부 혼혈인들은 솔직하게 어느 쪽인지 잘 모르겠다는 얘기를 하거나, 그게 중요하지 않다고 생각한다고 말했다.

사람들이 많이 그렇게 이야기하는데 저도 (정체성) 혼란이 있다고요, 제가 보기에는요. 진짜로 어떻게 보면 아무것도 아닌 것 같아요. 그게 왜냐하면요, 봐요. 한국에서는 미국 놈같이 생긴 게 한국말 잘한다고 하고, 여기서도 한국말하고 다니면 한국 사람인가 하고 다 쳐다봐요. 그렇죠? 그러니까 그냥 우리는 이쪽 나라는 이쪽 나라대로, 저쪽은 저쪽 나라대로……. 나는 콕 찍어서 이쪽 사람이라고 할 수 없는 사람이에요, 어쨌든 양쪽 다 이방인이라 하는데……(사례 19, 남 48세).

대부분의 혼혈인은 복합적인 정체성을 갖는 경향을 나타냈다. 응답자들은 표현 방식에 따라 양쪽 모두라고 말하거나 양쪽 모두 다 아니라고 대답했다. 양쪽 모두에 속한다고 말한 사람들의 응답을 먼저 살펴보자.

한국인과 미국인 둘 다 되죠. 나는 한때는 혼혈인으로 태어난 것에 대해 비관했었지만, 지금은 모두 긍정적으로 생각해요. 한국인으로서의 정신력과 미국인의 외모를 갖고 있으니, 미국에서 성공할 수밖에 없어요(사례 9, 남 50세).

내가 두 나라 국민이었던 만큼, 나는 한국인도 되고 미국인도 되요(사례 6, 남 53세).

밭을 갈 때 땅 없이 씨앗만 갖고 밭이 안 되고, 싹만 갖고 열매를 맺을 수 없듯이, 그래서 저는 한쪽만 가지고는 안 된다고 생각해요. 그러니까 조화가, 밸런스가 돼야 한다고 생각해요(사례 26, 여 45세).

다음은 양쪽 모두에 속하지 않은 존재라고 생각하는 경우이다.

내가 반은 미국인, 반은 한국인인 것을 어릴 때부터 알았어요. 항상 그렇게 생각했어요. …… 나는 한국 사람도 아니고 미국 사람도 아니에요. 나는 혼혈인이라고밖에 생각 안 해요(사례 27, 남 45세).

나는 한국인도 미국인도 정확히 아니에요. 중간 지대에 있는 사람이에요. 그래서 이 사회에도 저 사회에도 정확히 소속될 수 없어요(사례 11, 남 54세).

한국에도 미국에도 속하지 못하죠. 물론 백인들이 보면 (자기들과 비슷하게 생겼으니까) 동양인 취급은 안 하는데, 내가 나 자신을 아는데……. 예를 들어, 내가 나 자신이 금붕어인 줄 아는데 내가 상어라고 얼굴만 추슬러서 상어라고 하면 금붕어가 상어가 되겠냐고(사례 28, 남 55세).

양쪽 모두에 속하거나 모두에 속하지 않는다는 것이 반드시 애매모호함을 의미하거나 정체성 없는 떠돌이 신세를 의미하는 것은 아니다. 이런 상태는 오히려 두 가지 장점을 모두 갖고 있다고 느낌으로써 긍정적인 자아를 형성하는 역할을 할 수도 있다.

미국인도 아니고 한국인도 아니고 나는 혼혈인이에요……미국에서도 정체성 때문에 힘들었어요. 미국인이 나를 볼 때 한국인이라고 하고, 아무도 미국인이라고 말하지 않아요. 한국에서도 이질감을 느꼈고, 미국에서도 외국인이라는 이질감으로 정체성 때문에 힘들었어요. 심한 우울증으로 정신과 상담도 받았고요. 이제 내가 깨달은 것은 내가 혼혈인이라는 것이에요. 다른 사람에게 설명할 수는 없지만, 내가 내게 말하는 것은 혼혈인이라는 것이에요(사례 14, 여 45세).

누가 물어보면 저는 얼굴 마주 보고 얼굴색 변하지 않은 상태에서 "나는 100퍼센트 한국 사람이고, 100퍼센트 미국 사람이고, 그래서 나는 200퍼센트 XX(이름)다"라고 말해요. 왜냐하면 우리 어머니가 100퍼센트고 우리 아버지가 100퍼센트니까 나는 200퍼센트나죠(사례 26, 여 45세).

실제로 바로 위의 '사례 26' 응답자는 성격이 매우 쾌활하고 밝으며 자신의 이중 정체성을 발휘해서 미국의 주류 사회, 혼혈인 사회, 한인 사회 모두에서 활발한 관계를 맺고 있다. 다른 혼혈인보다 상대적으로 일찍 미국에 갔기 때문에 영어도 자유롭고, 한국의 가족들, 한인 사회와도 밀접한 관계를 유지해서 한국말도 자유롭게 구사하고 있다.

〈표 5-14〉 미국에서 차별 경험		〈표 5-15〉 한국에서 살고 있다면 성공 여부	
차별 경험 유무	비율 (%)	한국에서의 성공 여부	비율 (%)
있다	18	① 성공했을 것이다	15
없다	82	② 힘들게 살고 있을 것이다	65
		③ 생각하기도 싫다	20
합계	100	합계	100

미국에서 느끼는 부정적인 '한국'

(1) 미국 한인사회에서 받은 차별

미국은 다인종·다민족 국가지만 백인들이 주류를 형성하고 나머지 인종들이 소수자의 지위를 차지하고 있다. 1865년에 노예제를 폐지한 지 오랜 시간이 지났고, 인종차별을 막기 위해 다양한 제도적 장치를 마련해 두었지만, 미국에서는 여전히 인종차별이 존재하며, 한편으로는 그것을 비판하는 목소리가 높다. 점차 늘어나고는 있지만, 미국에서도 인종 간의 결혼은 아직 주목의 대상이 되기도 한다. 이렇게 보면 한국에서 이민 간 혼혈인들은 소수 인종이며 영어도 완벽하지 않기 때문에 '주류' 사회로부터 차별당할 가능성이 많은 사람들이라고 볼 수 있다. 그러나 혼혈인들은 주류사회로부터의 차별을 크게 느끼지 않고 있다. 이것은 그런 차별이 없어서라기보다 현재 한국에서 이민 간 혼혈인들이 주류 사회에 도전하고 있지 않기 때문이라고 봐야 할 것이다.

> 우리가 현재 살고 있는 영역이 미국 사람들에게 질투의 대상이거나 차별받을 수 있는 영역에까지 침범을 안 하기 때문에 그런 면도 있을 거예요. 어디 어떤 데에는 올라가다 보면 차별이 좀 있을 것 같아요(사례 23, 남 51세).

실제로 〈표 5-14〉에 나타난 설문조사를 보면 "미국에서 혼혈인이라는 이유로 차별을 받아 본 적이 있는가"라는 질문에 "있다"고 응답한 사람은 18퍼센트에 그치고 있다. 한국에 아직 살고 있다면 성공했겠는가를 묻는 〈표 5-15〉와 비교해 보면 거의 정반대의 수치를 보여 준다.

혼혈인들이 미국 사회에서 겪는 차별의 주요 내용은 오히려 그곳의 한인 사회로부터의 차별이다. 미국으로 오면 그런 차별을 안 받을 거로 생각했는데, 막상 한인 사회는 그렇지 않았다.

> 한인 사회에서는 차별을 느끼지……. 그 사람들, 속으로는 있지. 그럼 …… 그게 속으로 있다는 걸 아니까 가까이 가지를 않는 거예요. 나 XX살 때 친하게 지내는 사람이 있었는데, 우리 딸내미가 어릴 때 "아, 이 튀기 새끼 예쁘네", 무심코 던진 한마디 때문에 그 사람하고 절교했다니까. 그 소리를 안 들었어야 했는데 들었어. 당신 머릿속에는 항상 튀기(라는 단어가 있어). 아무리 친해도 당신 같은 사람 싫어……. 내가 왜 대물림해서 애까지 그런 소리를 들어야 해……. 내 와이프(비혼혈인)가 내 옆에 있으면 무슨 기지촌 사람으로밖에 취급을 안 해. 그러니까 …… XX 있을 때 그래서 나는 (한인)교회를 안 갔어요(사례 17, 남 53세).

> 미국에 와서 미주 한인회에서 '튀기'라는 말을 들을 때 제일 감정이 상했던 것 같아요. 그래서 여기서 한국 사람을 만나면 영어로만 말하고, 절대 한국어를 하지 않는 사람들(혼혈인들)이 꽤 있어요(사례 4, 남 54세).

미국의 한인 사회는 일종의 개신교 사회라고 말할 수 있을 정도로 교회에 다니는 사람들이 많다. 전체의 약 70퍼센트 이상이 교회에 다니고, 관혼상제와 같은 큰일은 물론, 친교나 이민 사회의 정보 교환 등도 교회 연결망을 통해서 이루어지기 때문에 미국 한인 사회에서 교회에 다니지 않는 사람을 찾아보기란 쉽지 않은 일이다(민병갑 1991 ; 최협 외 1996). 그러나 위의 사례와 같은 대접을 받다 보면 한인 사회와의 접촉은 점차 피하게 된다. 그러다 보면 한인 사회의 구심점 역할을 하는 한인 교회에 출석하는 혼혈인도 적을 수밖에 없다.

저희 애가 어릴 때 (교회) 주일학교에서 다른 (비혼혈인) 아이들에게 놀림을 당했다고 울더라고요. 지금은 한인교회에 나가지 않고 있습니다(사례 31, 남 58세).

(혼혈인들이 많이 거주하는 동네인데) 다른 교회도 그렇지만 (저희 교회에도) 혼혈인의 비율은 높지 않습니다. 많이 교회를 다니지 않아요. …… 왜 그런 현상이 나타나냐 하면요, 교회가 한인 중심 교회하고 미국 사람들 중심 교회가 있는데, 혼혈인들이 갈 수 있는 좋은 교회가 많지 않아서 그래요. …… (혼혈인들이) 한인들하고 접촉이 거의 없으니까 자동적으로 신앙생활도 따로 하는 셈이죠.

이런 일들 때문에 혼혈인들은 미국의 한인 사회와 접촉할 때 오히려 조심하게 된다. 좀 더 심각한 문제는 미국에 함께 와 있는 일부 가족과 친척들이 보이는 반응이다.[18] 미국에 이민 간 한국 사람들이 먼저 가 있던 가족과 친척의 초청으로 갈 수 있었던 것처럼, 혼혈인들도 미국에 정착한 이후 어머니를 비롯한 가족과 친척들을 초청해서 이민 갈 수 있게 해 주었다. 그러나 그 결과가 반드시 원만한 관계로 이어지지는 않았다.

현재 와이프(비혼혈인)하고 사이가 좋지 않아요. 자주 무시하는 태도를 보이고. 이민 온 후에 와이프는 자신의 가족과 친척들을 많이 초청해서 와이프 가족들이 함께 지내다시

---

18 물론 미국에 있는 대부분의 혼혈인은 그곳에 있는 가족·친척들과 잘 지낸다. 여기에서는 미국 안에서 한국 혼혈인들이 만나는 다양한 유형의 차별을 다루므로, 비록 일반적인 사례는 아니더라도 차별의 한 모습으로 다루도록 한다.

피 하는데, 내가 (다른) 혼혈인들과 만나는 것을 싫어하고 …… 나를 존중하는 태도가
전혀 없을뿐더러 가족들이 함께 있어서인지 나를 너무 무시해요. …… (다른 사람들보
다) 한국인 처가 식구들이 오히려 나를 힘들게 해요(사례 6, 남 53세).

내가 초청해서 여기(미국) 데려왔지만 (비혼혈인 여동생과는) 서로 연락 안 해요. 여기
와서도 결혼식 할 때도 나 안 불렀고……. 내가 이해하려고 노력해요. 그래, 안 보고 살
자. …… 내가 널 데리고 온 이유는 (나에게는 양아버지인) 니네 아버지가 살아계실 때
나한테 잘해 줬기 때문인데…… (사례 29, 여 54세).

이런 현상은 국제결혼을 한 여성들이 미국에서 겪는 사정과 비슷하다.
유럽 출신을 우대하던 미국 이민법이 1965년에 개정되면서 아시아 사람들
도 미국에 이미 살고 있는 가족이 초청하면 미국에 갈 수 있게 되었다. 그런
데 당시 미국 안에 그런 자격을 가진 한국 사람들이라야 유학을 간 극소수
를 제외하면 대부분 국제결혼 여성들이었다. 그들의 초청으로 오빠, 동생,
언니, 삼촌이 줄줄이 미국행 비행기를 탈 수 있었고, 시간이 지나 경제적으
로 자리를 잡게 되면 그들은 또 다른 친척을 초청했다. 그렇게 해서 늘어난
사람들이 오늘날 재미동포 사회를 형성한 것이다. 그런 그들이 미국에서
자리 잡고 나면, 오히려 자기를 초청해 준 국제결혼 여성들을 경원시한다.
기지촌 여성에 대한 편견과 손가락질이 미국 땅에서 다시 드러나는 것이다.
이런 이유로 한인회 상당수가 국제결혼 여성들과는 무관하게 활동하고 있
으며, 국제결혼 여성들은 고립된 섬과 같이 '주류 한인 사회'와는 떨어져서
자기들끼리 친목을 나누게 되었다. 미국 안에서 혼혈인들이 겪는 어려움도
이와 유사하다. 이 같은 이유로 혼혈인들은 자기들끼리 매우 가까운 관계
를 유지하며 지낸다. 호칭도 형제간처럼 부르고 아예 자기들끼리 모여서
사는 상상을 하기도 한다.

모임을 할 때 생전 못 본 애들인데도 금방 언니 오빠 이렇게 나와요. (이렇게 빨리 친해지는 이유는) 우리가 특별한 사람이잖아요. 온 세계에 여기저기 깔린 게 아니라 한국하고 미국 애들하고 섞여서 만들어진 애들 …… 뭔가 공유되는, 만난 적은 없지만 공유하는 게 있는 거죠. 차별의 기억, 아픔의 기억, 뭐 그런 거죠. …… 그렇게 반가울 수가 없더라고요, 진짜로요. 처음 보는 애들인데도 앉아서 떠들다가 누가 한마디 하면 그게 다 동감이 되니까 다 울겠죠? 금방 울음바다가 되는 거예요(사례29, 여 54세).

우리는 어딜 가나 우리 식구들이라고 생각해요. 편하고요. (남들은) 잘 이해 못 하죠. 피도 안 섞였는데 어떻게 그렇게 친하냐고 하면, 당신들이 우리 같은 혼혈아로 태어나 보지 않으면 절대로 이해 못 한다, 저는 같이 사는 (비혼혈인) 남편에게도 그런 얘기를 해요. …… 저 같은 경우는 좀 편했어요. 나이가 어린 편이고 (혼혈인) 형제들에게는 제가 막내거든요. 오빠들에게 많이 기대요. 오빠, 언니들이 제겐 전부예요(사례 18, 여 44세).

역시 우리는 한국 사회도 안 되고 미국 사회도 안 되고, 그래서 제 꿈은 혼자 생각에 복권이라도 하나 큰 거 맞으면 한 100에이커 땅을 사거나 섬을 하나 사서 '혼혈아 왕국'을 만들어 살자는 생각을 하기도 했어요. 그래서 복권을 매주 20달러씩 샀어요. 저 혼자 상상을 한 거죠. 그래야 그 안에 학교도 짓고, 회사 갈 일도 없고, 누가 손가락질할 일도 없고……. 2년 전에는 그런 걸 추진한다고 땅도 알아보고……(사례 18, 여 44세).

(2) 한국 언론에 대한 불신

혼혈인들이 한국에 대해서 갖는 감정은 복합적이다. 차별의 기억이 떠오를 때에는 아픈 상처가 되고, 고향이 떠오를 때에는 그리움의 대상이 된다. 그런데 혼혈인들은 한국의 언론에 대해서 질문을 받으면 거의 예외 없이 부정적인 인식을 내비쳤다. 〈표 5-16〉을 보면 응답자의 90퍼센트가 혼혈인인 자신들을 불쌍하게 그리는 한국 언론에 대해서 매우 부정적으로 바라보고 있음을 알 수 있다. 이런 내용은 심층면접에서도 확인되었다.

〈표 5-16〉 한국 언론이 혼혈인을 불쌍하게 그리는 데에 대한 의견

한국 언론에 대한 의견	비율 (%)
① 당연하다고 생각함	10
② 화가 난다	50
③ 그만 해라	40

한국 언론은 언제나 우리를 불쌍하게 그려요. 제목도 "6·25의 잔재", "한국 속의 이방인", 뭐 이런 식이고요. 제발 우리를 불쌍하게 그리지 말았으면 좋겠어요(사례 4, 남 54세).

하인스 워드가 등장하기 전에 혼혈인을 다룬 언론은 거의 없었고, 어쩌다가 신문이나 잡지 기사, 방송 다큐멘터리에서 혼혈인을 다루더라도 그들이 얼마나 비참하게 살고 있는가에 집중되곤 한다. 한국인들이 얼마나 차별을 했는가, 혼혈인의 현실이 얼마나 아픈가를 그리려는 긍정적인 의도에서 만들어졌다손 치더라도 혼혈인들은 그런 기사를 부정적으로 바라본다. 결국, 혼혈인은 매우 비참한, 그래서 비혼혈인들의 자비로운 깨달음과 동정을 갈구하는 모습으로 그려질 수밖에 없기 때문이다.

옛날에 KBS에서 혼혈인을 특집으로 다룬 프로그램에서 여기에 왔다가 못살고 한국으로 돌아간 사람을 고물상에 가서 취재하는데, 아, 기분 나쁘더라고. 아무리 고물상을 하더라도 "인터뷰 들어가니까 준비 좀 해라"고 해서 (준비할 수 있도록) 미리 무슨 말을 해 줘야지, 자고 일어난 걸 깨워 가지고 인터뷰 하는 건……. 머리는 완전 돼지머리 해 가지고 뭐하는 짓이냐고. 그건 더 무시하는 거예요(사례 28, 남 55세).

언론에서 혼혈인에 대해서 부족한 부분을 보여 주는 것보다는……. 왜냐면 우리 세대에서 끝나는 게 아니고 다음 세대에는 정치적 차별이라든가 업신여기는 이런 거 없어져야 하는 거니까. 그렇게 언론에서 (힘들게 사는 혼혈인에 대해서) 쇼킹한 것을 보여 줌으로써 우리가 당하는 불이익에 대해서는 깊게 생각하지 않는 것 같아요(사례 23, 남 51세).

하인스 워드 열풍 이후에 방송사들은 앞다투어 혼혈인들의 현재 모습을 다뤘다. 그중에는 미국으로 이주한 혼혈인들을 찾아가서 취재한 프로그램도 있었는데, 하필 그 프로그램에는 '잘 안 풀린' 혼혈인들의 모습이 여럿 등장하게 되어 있었다. 취재팀이 미국 시애틀 지역에 취재를 위해 방문했을 당시, 프로그램의 내용을 알게 된 혼혈인 단체 임원들이 취재 협조를 거부했지만, 취재팀은 임원들 몰래 혼혈인들을 개인적으로 만나 취재를 해갔다고 한다. 나중에 그 얘기를 전해들은 그 지역 혼혈인들은 매우 분노했다. 물론 경제적으로 어렵게 사는 혼혈인들이 있는 것이 현실이고, 언론은 속성상 강렬하고 자극적인 내용이 담긴 화면이나 기사를 내보내고자 하는 것도 현실이다. 하지만 혼혈인들은 구체적인 대안이나 해법을 제시하지 않고 선정적으로 문제를 터뜨리는 언론에 대해서는 비판적이다. 게다가 평소에는 전혀 관심을 두지 않다가 유명인이 한 명 나타나니까 갑자기 달려들어서 서로 보도하려고 아귀다툼을 하는 언론은 전혀 신뢰하지 않는다.

우리가 그렇게 떠들 때에는 쳐다보지도 않더니 하인스가 (한국에) 가니까 관심을 주는 거잖아요. 솔직히 걔 어머니만 그렇게 훌륭한 거 아니에요. 우리 어머니들도 다 우리 그렇게 키웠어요. 그런 거는 한 번도 보도 안 하더니……(사례 1, 남 53세).

자녀에 관한 단상들

〈표 5-17〉에 따르면 스스로를 미국인이라고 말하는 혼혈인의 자녀는 전체의 25퍼센트, 그리고 한국인이라고 말하는 자녀가 전체의 30퍼센트인데 비해서, 45퍼센트의 혼혈인 자녀들이 스스로를 혼혈인과 동일시하고 있

〈표 5-17〉혼혈인 자녀가 동일시하는 사람		〈표 5-18〉자손에게 한국인 긍지를 심어주고 싶은지 여부	
스스로 동일시하는 사람	비율 (%)	한국인 긍지를 심어 주고 싶은지 여부	비율 (%)
미국인	25	예	30
한국인	30	아니오	30
혼혈인	45	관심 없다	40
합계	100	합계	100

음을 알 수 있다. 여기에서 주목할 점은 스스로 한국인이라고 말하는 자녀
들이다. 부모가 한국을 떠날 수밖에 없었던 이유가 모진 차별 때문이었는
데, 매우 어릴 때 미국으로 갔거나 아예 미국에서 태어난, 그래서 대개 한국
말을 제대로 할 줄 모르는 자녀 중에서 무려 30퍼센트가 스스로를 한국 사
람이라고 생각하는 것은 예상 밖의 높은 수치이다.

　비슷한 경향은 〈표 5-18〉에서도 나타난다. 자손들에게 한국인으로서
의 긍지를 심어 주고 싶은가를 묻는 질문에 그렇다고 대답한 응답자와 그
렇지 않다는 응답자가 각각 30퍼센트이다. 응답 중에서 '아니오'는 적극적
부정으로, 그리고 '관심 없다'는 소극적 부정으로 해석한다면 자손들에게
한국인으로서의 긍지를 심어 주고 싶지 않은 사람들이 70퍼센트에 이른다
고 할 수 있다. 비록 그렇다고 하더라도 자기를 차별해서 내쫓은 고향 사람
인 한국 사람으로서의 긍지를 자손들에게 심어 주고 싶어 하는 사람이 30
퍼센트에 이른다는 것은 생각보다 높은 것이 아닐 수 없다.

　도저히 살 수 없어서 한국을 떠날 수밖에 없었지만, 그래도 한국에서 태
어나고 한국 문화 속에서 성장하면서 자연스럽게 한국의 일부가 되었던 혼
혈인들이 한국의 모든 것을 부정하기는 어려웠을 것이다. 앞의 정체성 관
련 절에서 살펴본 것처럼, 미국에 와서 영어도 잘 안 되고 문화도 다른 환경
에서 자신의 정체성이 미국인으로 느껴지기보다는 '한국계' 혼혈인이라는

자각이 더욱 강화되었을 가능성도 있다. 이런 부모의 정체성은 자녀들에게
도 그대로 이어졌다.

> 아이들과 관련해서는 정체성 문제가 가장 큰 고민이었어요. "너는 한국 사람도 아니고
> 미국 사람도 아니다. 혼혈인이다. 그러나 (양쪽의) 좋은 점만 가지려고 노력하는 혼혈인
> 이다"는 식의 자신감으로 정체성을 주려고 해요. 그래서 혼혈인 모임에 꼭 아이들을 데
> 리고 가요. 아이들도 미국인 사회나 한국인 사회에서 느끼는 것과 다른 편안함을 느낀다
> 고 해요(사례 15, 남 53세).

자녀들의 정체성과 관련된 고민은 한국말 구사 능력에 대한 견해로 표
출되었다. 혼혈인 중에는 자녀에게 한국말을 반드시 해야 한다고 강조하는
사람도 있고, 은연중에 그런 환경을 조성함으로써 자녀가 한국말을 구사할
수 있도록 하는 사람도 있다.

> 여기 한국 가정들 보면 애들이 한국말 못하는 가정이 수두룩합니다. 나는 우리 애들하고
> 대화를 자꾸 해서 한국말 못하면 절대 안 된다는 식으로 교육을 해요(사례 30, 남 45세).

> 제가 실수한 것 중에 하나가 아이들이 한국말을 하게끔 못한 게……. 자기네들이 나이를
> 먹어 가면서 한국 교회를 다니고 …… 그래서 한국말이 (더 늘었어요). 그러니까 오히려
> 커서 자기 색깔을 갖더라고요(사례 21, 남 54세).

> 솔직히 난 한국말을 가르쳐야 한다는 생각을 안 갖고 있었어요. 애들이 어릴 때 (한인)
> 교회에는 나갔죠. …… 우리 딸내미가 대학을 가서 한글을 공부하더니 편지가 왔는데 한
> 글로 온 거야. …… 받침도 틀리고 뭐 엉망이지. 근데도 내가 생각했을 때 70~80퍼센트
> 완벽하게 많이 맞는 거야. 그래서 내가 그걸 보고 눈물을 글썽이고 가슴이 뿌듯했어
> …… 전혀 생각지도 못하고 있다가 딸내미한테 뒤통수를 맞았다니까. 그리고 얼마나 기
> 분이 좋은지(사례 17, 남 54세).

한글을 안 가르치는 정도가 아니라 한국에 대한 반감 때문에 아예 적극적으로 회피하려는 경우도 있었다. 그러나 그런 상황에서도 자녀들은 스스로 알아서 '한국'을 발견하고 다가갔다.

나는 내 자식에게 한국말을 가르치고 싶어서 가르친 게 아니에요. 주위에 한국 애들이 있고 어울리면서 한국말을 하다 보니까 진짜 하는데, 글은 지금도 못 읽죠. 말은 하고 그래요. …… 그런데 처음엔 진짜 가르치고 싶지 않았어요. 그 정도로 아픈 추억을 그 땅에 묻어 놓고 떠나와 사는 거라서, 왜 한국말을 배워……(사례 28, 남 55세).

아이들이 어렸을 때에는 아이들한테 한국에 대해 말하기조차 싫었어요. 그러나 아이들이 커서 고등학교를 졸업할 때쯤부터 한국에 대해 알고 싶어 하고, 심지어는 나 몰래 한국어를 배우기까지 하더라고요.…… 나는 한국이 싫어서 왔는데 아들은 일부러 한국에 갔어요. 고등학교를 마치고 1년 반 다녀왔어요. 한국이 좋다고 그러더라고요. 여기서 원래 한국어를 배울 수 있는 대학을 가려고 했는데 아예 한국을 갔다 온 거죠. 한국말도 문자를 섞어 가면서 곧잘 하고요. 지금은 아이들이 한국어까지 할 수 있다는 것이 직업을 얻을 때 경쟁력이 되고 자기 정체성 확립에 좋은 역할을 한 것 같아요(사례 4, 남 54세).

자녀들이 스스로 한국적인 것에 관심을 갖는 것은 각 민족·인종 집단 간의 '정체성의 정치'가 작동하는 미국 사회의 특징이라고 할 수 있다. 혼혈인이건 아니건 간에 한국계라는 공통분모를 가진 모든 '한국계 이민자들'은 미국 사회 전체로 볼 때에는 하나의 덩어리에 해당한다. 비록 혼혈인이냐 아니냐에 따라 '사소한' 차이가 있기는 하겠지만, 사고방식이나 거주 및 활동 공간의 측면에서는 별로 다를 바 없이 한국계라는 점을 중심으로 모이게 된다.

우리(혼혈인)가 갈 수 있는 곳은 결국은 한인 타운을 돌아다녀요. 왜냐하면 여태까지 살아온 게 몸에 밴 게 그거거든(사례 28, 남 55세).

그러다 보니 자녀들도 자연스럽게 한국적인 방식을 받아들이게 된다.

재밌는 얘긴데, 애들이 연애할 때는 미국 여자하고 데이트하고 그래도 괜찮은가 봐. 그런데 결혼한다고 그러면은 그래도 아직은 7~80퍼센트 이상이 한국 사람이 와이프가 되기를 원해, 애들 본인이. 그게 물론 한국 부모들이 한국 사람하고 결혼하면 좋겠다고 주입시키기도 하겠지만, 그래도 자기들이 그렇게 해요. …… 우리 애들도 한국 가고 싶대. 한국 가서 진짜 삼촌(real uncle)도 보고 싶어 하고(사례 19, 남 48세).

물론 한국적 정체성을 갖는 자녀를 뿌듯한 마음으로 바라보는 것이 혼혈인 자신이 가진 한국과 관련된 고민의 완전한 해결을 의미하는 것은 아니다. 다음 사례는 두 가지 문제가 교차하는 혼혈인의 복합적인 상황을 잘 보여 주고 있다.

딸이 지금 한국에 나가서 1년 동안 공부를 하고 있어요. 자기가 한국을 떠나기 전에 나더러 한국에 한 번 들어오라고 하지만, 난 아직 (마음의) 준비가 안 되었거든. 엄마는 내게 한국말을 배워야 한다고 하고, 집에서는 한국말만 하게 하고, 한국 음식을 먹으라고 했으면서, 왜 한국에는 안 오려고 하느냐고 물어요. 한국에 가기 싫은 것은 나 개인의 문제지만, 너는 네 역사나 뿌리에 대해서는 알았으면 좋겠다고 얘기했어요. 나는 (마음의) 준비가 되면 가겠다고. 우리 애는 그 시간이 빨리 왔으면 좋겠대요(사례 16, 여 45세).

한국을 떠나간 혼혈인들이 마음의 응어리를 풀려면 무엇이 필요한가. 우리에게 남겨진 숙제다.

6. 어떻게 할 것인가

혼혈인은 누구인가? 1장에서 살펴본 바에 따르면 민족이나 인종이라는 개념은 생물학적으로 결정되는 것이 아니라 우리가 사회적으로 '합의'해서 구성하는 것이다. 혼혈인 개념도 마찬가지다. 혼혈이라는 단어가 성립하려면 순혈이라는 개념이 필요하다. 순수한 피를 가진 한국인 또는 한민족이 실제로 존재한다고 전제해야 하는데, 이 장의 첫 부분에서 살펴본 것처럼 유사 이래 외국인과 전혀 섞이지 않은 '순수한 한민족'이란 과학적으로 엄밀한 개념이 아닐 뿐만 아니라 누가 그것에 해당하는 사람인지 구별해 낼 수도 없다. 즉, 존재하지 않는 것과 마찬가지이다. 한국 사회에서 혼혈인이라는 개념은 국적, 민족, 인종, 종족 등 어떤 기준을 적용하더라도 구별해 내기 어려운 개념이며 합의된 내용이 없는 개념에 불과하다(설동훈 2007). 그럼에도, 우리는 여전히 혼혈인들을 구별한다.

혼혈인 차별에는 단순하게 다른 피에 대한 차별의 차원이 아니라 피부 색깔에 대한 차별, 사회·경제적 지위에 대한 차별, 우리 땅에 들어온 주둔군에 대한 열등의식 등이 복합된 것이다. 스스로 독립을 이루지 못한 나라에 해방군이라는 이름으로 들어온 미군은 그때만 해도 매우 고마운 사람들로 여겨졌다. 게다가 한국전쟁 때는 북한군을 물리쳐 주기까지 했으니 그런 마음은 더욱 컸을 것이다. 그러나 그들은 동시에 우리에게 열등감을 불러일으켰다. 우리보다 잘난, 우리보다 뛰어난 사람들, 그래서 우리의 민족적 자부심이 먹혀들지 않는 사람들. 그들은 우리의 자존심에 상처를 주는 주둔군이자 우리 '누이'들의 순결을 빼앗아 간 점령군으로 다가왔다. 비록 정치적으로 반미 감정을 가진 사람들이 있다고는 해도 우리는 미국과 미국인에 대해서 여러모로 친근한 감정을 동시에 갖고 있다. 그러나 우리 안에 있는 '절반의 미국인'인 혼혈인들은 우리에게 부정적인 낙인으로만 동일시 되어 왔다.

요즘에는 미군 아버지와 한국인 어머니라는 전통적인 의미에서의 혼혈 인 아이가 태어나는 일은 별로 없다. 미군 부대 주변에서 미군을 접대하는 여성 상당수가 필리핀이나 러시아 여성들로 바뀌었고, 그곳에서 일하는 여 성들조차도 예전처럼 '애 하나 낳아 주면 나를 미국으로 데려가겠지'라는 순진한 생각을 하지는 않는다.[19] 그러나 혼혈인 2세, 3세는 계속 태어나고 있으며, 그들의 고통도 계속되고 있다. 게다가 이주노동자와 결혼한 가정의 자녀들, 중국이나 베트남 등에서 시집온 여성의 자녀는 해가 갈수록 늘어 나고 있다. 혼혈인에 대한 차별이 사라지지 않은 상태에서 더 많은 혼혈 아 이들이 태어난다는 것은 더 많은 차별을 의미할 뿐이다.

인순이, 소냐, 박일준, 김동광, 이유진, 김디에나, 윤미래, 최근에 스타 가 된 다니엘 헤니, 데니스 오, 그리고 하인스 워드. 이들의 공통점은 특별 한 재능으로 성공한 혼혈인이라는 것이다. 그러나 연예인이나 운동선수로 성공한 일부 혼혈인들이 전체 혼혈인의 미래를 밝혀 주는 모델이 될 수는 없다. 혼혈인 대부분이 가난과 차별에 시달리는 현실에서 성공한 일부에게 초점을 맞추는 것은 사람들에게 허상을 심어 줄 뿐이다. 이것은 대다수가 처한 현실을 외면하는 것에 불과하며, 나아가 성공하지 못한 대부분의 혼

---

19 이제는 기지촌에서 일하는 필리핀 여성과 미군 사이에서 생긴 아이가 생후에 버려지는 일이 일어나고 있다. 2007년 10월에는 미군과 동거해서 아이를 낳은 필리핀 여성이 모자를 버리고 미 국으로 달아난 병사를 소환해 달라고 서울 종로구 주한 미국대사관 앞에서 시위를 벌이기도 했다 (『한겨레』 2007/10/19).

혈인들에게 '남들이 성공할 때 너는 무엇을 했느냐'는 식으로 비난할 근거가 될 수 있다. 구조의 문제를 개인의 문제로 돌려버리는 전형적인 방식이다. 우리가 믿어 왔던 '순혈의 한국'은 더는 존재하지 않는다. 이제는 이러한 허상에서 벗어나 특별한 재능이 없는 혼혈인도 행복하게 살 수 있는 세상, 혼혈인이 아닌 사람들처럼 평범하게 살 수 있는 세상이 되어야 한다.

다문화 사회와 소수자 제3부

|6장| 외국의 다문화 사례

　각 나라마다 처한 상황이 다르므로 소수자와 관련된 외국의 사례를 알아보는 것이 한국의 입장에서 큰 의미가 없을 수도 있다. 그러나 한국이 현재 겪고 있는 다문화적인 경험은 특별히 한국만 겪는 것도 아니며 한국이 최초로 겪는 것도 아니다. 구체적인 맥락에서는 한국과 차이가 나더라도 우리는 다른 나라의 사례들을 통해서 한국의 다문화 현상의 현주소를 객관적으로 파악하고 대안을 모색하는 데에 좋은 시사점을 얻을 수 있을 것이다. 여기에서는 외국의 사례로 다섯 나라(지역)의 예를 살펴보고자 한다. 첫 번째는 대표적인 다인종·다민족 국가인 미국의 '적극적 조치'affirmative action를 중심으로 살펴보고, 두 번째는 유럽의 경험 중에서 최근에 무슬림 이주자의 폭동을 겪은 프랑스의 이민자 문제를 보도록 한다. 세 번째는 동남아시아 각 나라의 대표적 소수자인 화교가 각 나라에서 어떤 상황에 처해 있는가를 본 후, 네 번째로 한족과 55개의 소수민족이 공존하는 중국에서 시행되고 있는 소수민족의 자치를 살펴본다. 마지막으로는 일본에 살고 있는 재일 조선인의 지위를 살펴봄으로써 한국 내 소수자의 지위와 비교해 보도록 한다.

1. 미국의 소수자 정책과 적극적 조치

미국의 상황과 적극적 조치의 도입

소수자와 관련해서 미국의 상황은 한국과 매우 큰 차이가 있으므로 직접적인 시사점을 찾기 어려울 수도 있다. 우선 국가의 형성 과정과 국민의 구성 등에서부터 미국은 한국 상황과 판이하다. 미국은 한 자리에서 긴 역사를 거쳐 살아온 사람들의 단위가 국가의 틀로 서서히 발전한 것이 아니라 다른 곳에 살던 사람들이 이주해서 만든 나라다. 오랜 역사 속에서 혈연이나 지연에 의해 점진적으로 구성된 나라가 아니라 이념에 의해 창설된 최초의 국가라고 볼 수도 있다. 여러모로 미국은 태어난 것이 아니라 만들어진 셈이다. 게다가 짧은 역사에도 불구하고 미국은 다민족·다인종이 모여 사는 복합 사회로서 수많은 갈등과 조정을 경험해 온 나라라는 점에서 단일민족 사회를 강조해 온 우리가 최근에 겪는 변화와 갈등을 해결할 수 있는 지혜를 미국의 예를 통해서 배울 수 있을 것이다. 여기서는 '적극적 조치'를 중심으로 미국의 소수자 정책을 살펴보도록 하자.[1]

먼저 미국의 인종별 인구 구성을 보자. 10년마다 시행되는 미국 센서스 중에서 가장 최근인 2000년 센서스 결과에 따르면 전체 인구 중에서 백인의 비율은 70.7퍼센트이다. 그동안 가장 큰 소수자 집단으로 존재해 온 흑

---

1 적극적 조치가 적용되는 집단은 사회마다 다양하게 나타난다. 미국에서는 원래 인종적·민족적 소수자들이 주요 대상이었고, 호주는 처음부터 여성을 위해서 도입되었다. 북아일랜드에서는 종교적 소수자인 카톨릭 신자들에 대한 고용 할당 비율이 적용되었고, 인도에서는 불가촉천민과 다른 소수집단을 보호하는 정책이 만들어졌다. 자세한 논의는 황정미(2002) 참조.

인은 12.3퍼센트로 떨어진 반면, 라틴계는 12.5퍼센트를 차지해서 최대 소수자 집단으로 등장했다. 아시아계는 3.6퍼센트를, 그리고 미국 원주민인 인디언은 0.9퍼센트를 차지했다. 백인이 전체 인구의 70퍼센트 이상을 차지하지만, 현재 백인의 출산율이 낮고 유럽에서 유입되는 백인의 수가 많지 않다는 점, 그리고 상대적으로 비백인의 출산율이 높고 이민자 수가 많다는 점에서 앞으로도 백인의 비율이 점점 감소할 것으로 보인다.[2] 비록 백인의 비율이 감소하고 있지만, 원주민 학살과 흑인 노예화에서 볼 수 있는 것처럼 미국은 건국 초기부터 철저한 백인 중심 사회였다.[3] 그러다가 1960년대 민권운동의 영향으로 소수자에 대한 차별을 금지하는 법안이 하나씩 자리를 잡기 시작했고, 현재 미국은 소수자에 대한 모든 차별을 법적으로 엄격하게 금지하고 있다. 물론 한국에서도 소수자 차별은 할 수 없게 되어 있다. 그렇지만, 한국과 비교할 때 미국의 소수자 정책이 갖는 차별성은 적극적 조치의 폭넓고도 강력한 실행에 있다.

적극적 조치는 민권운동의 영향과 압력으로 케네디 대통령과 존슨 대통

---

2 2005년의 추계에 따르면, 이미 하와이(23.5퍼센트)와 캘리포니아(43.8퍼센트)에서는 남미계가 아닌 백인(non-Hispanic White)의 비율이 절반 이하가 되었다(U. S. Census Bureau 웹사이트). 하와이는 지정학적 위치 때문에 아시아계와 원주민의 비율이 원래 높았지만, 캘리포니아는 아시아계와 남미계의 이주 때문에 비백인의 비율이 지금도 끊임없이 높아지고 있다. 이런 현상은 다른 지역에서도 확대될 전망이다.

3 한국에도 미국의 소수자에 대한 인종차별을 다룬 책이 상당수 나와 있다. 미국 원주민 관련해서는 프레더릭 E. 혹시와 피터 아이버슨이 엮은 『미국사에 던지는 질문』이 있고, 흑인 관련 책으로는 『흑인 그들은 누구인가』(장태한)와 『미국흑인사』(벤자민 콸스)가 좋다. 남미계를 다룬 책은 별로 없는데, 『히스패닉 세계』(존 H. 엘리엇 엮음)의 1부 4장에서 미국의 남미계 사람들을 다룬 것이 거의 유일하다. 아시아계와 관련해서는 장태한의 『아시안 아메리칸: 백인도 흑인도 아닌 사람들의 역사』가 핵심 내용을 체계적으로 잘 정리했다.

령이 1960년대에 통과시킨 일련의 법안과 행정명령을 통해서 시행되기 시작했다. 1955년에 시작된 민권운동은 그해 12월 1일 앨라배마 주 몽고메리시에서 버스 좌석을 백인 남자에게 양보하라는 운전사의 명령을 거절했다는 이유로 흑인 여성 로사 파크스Rosa Louise Parks가 기소되자 이에 항의하면서 전국적인 운동이 서서히 시작되었다.[4] 흑인을 필두로 한 이 운동의 영향으로 몇 차례에 걸쳐서 민권 관련 법안이 통과되었음에도 소수자에 대한 차별이 시정되지 않자, 차별을 금지하는 것만으로는 충분치 않다는 점에서 더 적극적인 조치를 도입해야 할 필요성이 제기되었다. 이러한 조치는 연방 정부와 계약을 맺는 기관과 회사들이 소수자를 차별하지 않아야 함을 강제하는 내용에서 시작되었고, "계약자는 인종, 피부색, 종교, 성별, 출신 국가에 따라 피고용인과 구직자를 차별할 수 없다"는 내용을 준수해야만 했다. 그러다가 '소수자를 차별할 수 없다'는 소극적인 수준에서 '소수자를 얼마나 채용했는가'라는 결과를 보여 줘야 하는 적극적인 수준으로 발전했다(Farley 2000, 491). '적극적 조치'는 교육, 고용, 기업 경영의 세 분야에서 소수자에게 특혜를 주거나 지원을 하는 것이다. 이 조치에 의해 흑인과 여성을 비롯한 소수자들은 백인과 남성들에게 유리하던 승진, 임금, 대학 입학, 장학금, 재정 지원 등의 측면에서 동등한 기회를 가질 수 있게 되었다. 그리고 연방 정부를 비롯한 공공기관과 관련된 계약에서 소수자가 경영하는 기업이 우선 계약 대상이 되도록 함으로써 이들이 경영하는 기업들이 선발주자인 백인들의 틈새에서 성장할 수 있게 되었다. 이것은 그때까지

---

[4] 미국 민권운동의 전개 과정을 자세하게 살펴보려면 민권운동의 지도자였던 마틴 루터 킹 목사의 자서전인 『나에게는 꿈이 있습니다』(클레이본 카슨 엮음, 1998)를 참조하는 것이 좋다.

있었던 민권운동이 이뤄 낸 결과들을 한 차원 끌어올린 것으로서, 권리와 이론만의 평등을 추구하는 것이 아니라 현실과 결과의 평등을 추구한다는 것이었다.

적극적 조치를 내리게 된 데에는 세 가지 요인이 있었다(Feagin and Feagin 1996 ; Glazer 1991). 첫째, 인종차별을 근절하려는 것이다. 이 조치가 내려지던 때만 하더라도 흑인, 라틴계, 아시아계, 미국 원주민 등의 '유색인'에 대한 차별이 미국의 모든 분야에서 존재했다. 둘째로는 과거 200여 년 동안 노골적인 인종차별이 제도적으로 이루어져 오면서 형성된 불평등한 관계의 개선이다. 모든 사람이 똑같은 선에서 출발해야 공정한 경쟁이 되는데, 이미 200년 동안 이어져 온 차별로 백인은 앞서 있고 비백인들은 뒤처진 출발점에 서 있었다. 출발점을 비슷하게 만들기 위한 처방전이 바로 적극적 조치였다. 셋째는 절대적으로 부족한 흑인이나 라틴계의 전문직 인력 확보였다. 의사, 변호사, 회계사 등 전문직 자격증을 획득한 백인들은 비백인이 사는 동네에는 가려 하지 않았고, 그 결과 비백인이 사는 지역에는 전문가의 부족으로 지역 사회 발전이 이루어질 수 없었다. 비백인 스스로 전문가를 배출하고, 그 사람들이 자신의 지역사회를 위해 봉사할 기회가 있어야만 낙후되고 열악한 슬럼을 개선할 가능성이 생길 것으로 기대했다.

적극적 조치에 대한 도전

적극적 조치에 대한 도전은 주로 백인, 남자, 공화당 지지자, 보수적인 사람들에 의해서 일어났는데, 조치가 시작된 초기부터 집요한 공세로 이어졌다. 백인 학생들은 대학 입시에서 더 나은 성적을 받았음에도 이 조치 때문에 오직 백인이라는 이유로 성적이 낮은 비백인에게 밀려서 낙방했다고 지속적으로 소송을 제기했고, 한 회사는 숙련직에는 백인을, 비숙련직에는 비백인을 고용한 것이 적극적 조치에 위배되지 않는다는 법원의 판결을 이끌어 내기도 했다(황정미 2002, 126). 심지어는 흑인 중에서도 적극적 조치의 특혜를 받는 것으로 의심당할 바에는 차라리 이 조치를 폐지하고 당당하게 능력에 따라서 승부를 걸자고 주장하기도 했다.[5]

1980년에 집권한 레이건은 선거운동 기간부터 적극적 조치를 중단하겠다고 약속했으며, 실제로 레이건과 부시가 집권한 공화당 정권에서는 많은 정책이 축소되었다. 게다가 1996년 캘리포니아 주에서는 적극적 조치의 폐지안인 '주민 제안 209'Proposition 209가 발의되었고, 같은 해 11월에 주민 투표를 통해서 54 대 46으로 가결되었다. 이로써 교육, 고용, 기업 경영에서 소수자와 여성 등에게 부여되던 혜택은 전면 금지되었다. 이 투표에서 백인들의 투표 참가율은 무려 74퍼센트에 달했고, 그 가운데 63퍼센트가 폐지에 찬성했다. 캘리포니아에 이어서 다른 주에서도 적극적 조치를 폐지하는 추세이며 결국 이 조치는 국가적인 수준에서 폐지될 가능성조차 생겨났다. 1991년 루이지애나 주지사 선거에서는 인종차별로 악명 높은 KKK단의 지도자 데이비드 듀크David Duke가 적극적 조치에 강력하게 반대한다는 기치를 내걸고 공화당 후보로 지명되어 파란을 일으키기도 했다. 비록 듀

---

5 흑인 변호사이자 라디오방송의 시사토크쇼 진행자인 래리 엘더(2002)는 자신의 책에서 적극적 조치가 폐지되어야만 경쟁을 통해서 흑인들이 제대로 된 능력을 갖출 수 있고, 결과적으로 백인들의 자비나 동정에 기대지 않고 성공할 수 있다고 주장한다. 그러나 이런 주장은 지금 상태에서 흑인들이 공정한 경쟁을 할 수 있을 것이라는 점을 여전히 가정하고 있다는 점에서 보수적인 백인 중심의 사고방식이라고 할 수 있다.

크는 본선에서 흑인 표를 얻지 못해 낙선했지만, 백인 유권자 다수의 지지를 받았다. 적극적 조치를 둘러싼 쟁점은 무엇인가? 세 가지 측면에서 이것들을 살펴보자(Farley 2000, 491-513).

첫째, 역차별의 문제를 들 수 있다. 역차별론자들의 핵심 주장은, 적극적 조치가 일정 집단에 대한 특혜일 수밖에 없으며 이것이 곧 다른 집단에 대한 역차별로 이어진다는 것이다. 즉, 예전의 차별이 성과 피부색을 고려하여 여성 또는 흑인이라는 이유로 차별했듯이 적극적 조치 역시 성과 피부색을 의식해서 여성과 흑인을 우대하고 남성과 백인에게는 차별을 가하는 프로그램이라는 것이다. 특히 '제로섬 게임'zero-sum game의 시장 상황에서 특정 집단에 특혜를 주는 것은 다수자를 차별하는 것이기 때문에 정당화될 수 없다고 주장한다. 여기서 논란의 핵심은 적극적 조치가 과연 특혜인가, 또는 집단 간의 평등 보장을 위한 정책이 일종의 특혜가 되었을 때 그것이 개인의 권리를 침해하는가의 문제이다. 적극적 조치 옹호론자들은 역차별이라는 용어 자체를 부당한 것으로 간주하며 반대론자들이 말하는 역차별은 진정한 의미의 차별이 아니라고 주장한다. 즉, 적극적 조치는 과거의 소수자 차별로 다수자들이 가지게 된 반사이익과 기득권을 없애는 것이므로 역차별적 조치가 아니라 오히려 차별을 정상으로 돌려놓는 조치라는 것이다. 설령 적극적 조치를 일종의 특혜라고 인정하더라도 그와 같은 조치는 특혜를 받는 집단이 우월하거나 특별한 신분을 지니기 때문이 아니라 과거의 차별에 대한 보상을 집단 성원 전체가 받는 것이다. 따라서 특정 집단에 대해서 일종의 특혜를 준다고 하더라도 이것은 사회 해체나 대립을 가져오기보다는 오히려 사회 통합의 긍정적 기능을 수행한다는 것이 옹호론자들의 논점이다.

둘째, 제도 자체의 정당성 문제를 들 수 있다. 보상책으로서의 적극적 조치가 갖는 정당성 논란은 과거 차별에 대한 현재의 보상이 정당한 것인가에 대한 대립으로 나타난다. 일반적으로 적극적 조치를 옹호하는 입장에서는 적극적 조치의 목적 자체가 과거 차별로 말미암은 불평등과 피해를 교정하는 데 있다고 생각하기 때문에 이러한 질문 자체가 논란의 대상이 되지 않는다. 그러나 반대론자들은 과거 차별의 잘못을 인정하더라도 그것을 현재에 보상하려 하는 것은 잘못이라고 주장한다. 다시 말해서, 과거 차별의 가해자가 더 이상 존재하지 않음에도 불구하고 그 후손 전체를 가해자로 규정하고 그들에게 보상의 책임을 지우는 것은 부당하다는 것이다. 이와 같은 논란은 구체적인 차별 행위의 희생자만이 보상의 대상이 되는 것인지, 아니면 일반적인 차별의 희생자들, 즉 역사적 차별의 희생자들까지 보상의 대상이 되는 것인지를 둘러싼 논쟁이라고 할 수 있다. 이와 같은 논쟁에 대해 지지자들은 적극적 조치의 의미가 단순한 과거 잘못에 대한 보상 차원이 아니라 현재와 미래의 문제를 동시에 해결하려는 미래지향적인 프로그램이라는 관점에서 문제를 해결하려 한다. 즉, 적극적 조치가 역사적 차별에 대한 보상책에 불과하다면 그것은 과거지향적인 조치에 지나지 않겠지만 동시에 소수자 집단에 대한 현재와 미래의 기회 평등을 보장하기 위한 의미를 갖는다는 점에서 그 정당성을 인정할 수 있다는 것이다.

셋째, 또 다른 비판은 적극적 조치가 자본주의 사회의 바탕을 이루는 업적주의 원칙과 배치된다는 지적이다. 업적주의란 개인의 성공이 타고난 신분이나 지위가 아니라 자신의 노력과 성취에 달렸다는 것이다. 비판론자들은 성별과 피부색을 고려하는 적극적 조치가 이러한 업적주의를 훼손하는 것이라고 주장한다. 개인적인 성취나 실적에 의해서가 아니라 태어나면서 결정되는 생득적 요인에 해당하는 소수자냐 아니냐 여부가 대학 입학과 고용을 결정하는 것은 공정하지 못하다는 것이 이들의 주장이다. 한편 적극적 조치를 지지하는 편에서는 적극적 조치가 결코 자격이 모자라는 사람을 단지 소수자 집단의 성원이라는 이유만으로 선발하는 것이 아니라는 점을 강조한다. 지지론자들은 모든 능력과 자격이 동일한 경우, 타고난 성별이나 피부색에 의해 관행적 차별을 당하는 사람이 없도록 제도적으로 뒷받침하는 것이 적극적 조치의 근본 취지라고 강조한다. 그러나 이러한 논란에 있어서 양쪽 모두에게 문제가 되는 것은 동등한 자격과 능력을 객관적 기준에 의해 평가하는 것이 현실적으로 어렵다는 점이다. "동일한 조건일 경우에 여성이나 흑인을 고용한다"는 정도라면 별문제가 없겠지만 적극적 조치는 성별이나 피부색을 고려해야 할 조건으로 삼기 때문에 아예 전제 자체가 바뀌어 버린다. 앞서 말한 역차별 문제 역시 동등한 자격을 가진 경쟁자 중에서 실력이 떨어지는 소수 집단 성원이 상대적인 특혜를 입는다는 주장에서 비롯된다는 사실을 감안할 때, 적극적 조치와 업적주의의 대립 가능성은 현실적인 논란의 출발 지점이라 할 수 있다. 이어서 살펴보게 될 적극적 조치에 대한 태도가 업적주의 원칙과 공정성에 대한 개인의 판단에 크게 좌우된다는 사실은 위와 같은 논란이 근본적으로 사회 정의나 공정함에 대한 기본적인 가치관의 대립에서 비롯된다는 점을 보여 준다.

적극적 조치가 시사하는 점

적극적 조치란 특정 집단이나 계층에 대한 과거 차별의 결과를 보상하고, 현재와 미래의 평등을 보장하기 위한 강력한 국가 정책을 의미한다. 단순한 차별 금지나 의식 개혁 노력만으로는 실질적 효과를 거두기 어렵다는 판단 아래 사법 규제와 강제력을 통한 사회 평등 실현의 의지가 구체적 정책으로 나타난 것이다. 적극적 조치는 적용 대상과 범위, 세부 내용에서 다양한 형태로 표현되지만 소수자에 대한 차별을 금지하고 실질적 평등을 구현하겠다는 근본 취지에서 공통점을 갖는다. 그러나 소수자 차별이 다수자의 기득권과 직접 연결될 뿐만 아니라 문화적 규범에 의해 정당화된다는 점에서 적극적 조치는 발생 초기부터 논란의 대상이 되었다. 이러한 논란은 적극적 조치에 대한 단순한 찬반을 넘어 사회 정의에 대한 시각 차이를 반영하며, 따라서 바람직한 사회 통합의 원칙이 무엇인가에 대한 근본적인 물음을 제기한다.

미국의 예에서 본 것처럼 적극적 조치라는 표현은 다인종·다민족 사회의 특징을 반영하는 것이다. 그러나 문화적 배경이 서로 다른 오늘날의 한국 사회에서도 적극적 조치는 학문적·실천적 관심의 대상으로 중요한 의미를 갖는다. 그 이유는 우리 사회에도 사회적 약자인 소수자라고 불릴만한 다양한 집단이 공존하고 있으며, 이들을 포함한 '사회 통합'의 문제가 무엇보다 중요한 과제로 떠오르고 있기 때문이다. 현재 한국 사회에서 적극적 조치 혹은 그와 유사한 형태를 띠는 국가 정책으로는 여성 채용 목표제, 장애인 의무고용제, 국가유공자 및 그 자녀 우대 등이 있으며, 대학 입시 농어촌 특별 전형, 그리고 논의가 진행 중인 지역할당제 같은 맥락에서 이해할 수 있다. 그러나 미국의 사례에서 본 것처럼, 한국에서 시행되고 있는 적극적 조치에 대해서 근본적인 문제제기가 곧 일어나지 말라는 법은 없다. 이런 조치들이 역차별이다, 업적주의 원칙에 어긋난다는 논리로 문제를 제기하면 어떻게 설득하고 방어할 것인가.

실제로 군대를 다녀온 남성들에게 주어졌던 군 가산점 제도와 시각장애인들에게 배타적으로 주어졌던 안마 시술 자격은 논란 끝에 사라졌다. 그러나 그 과정에서 우리는 큰 혼란과 갈등을 겪었다. 군 가산점 제도의 폐지를 주장했던 여성계와 관련 웹사이트는 군필 남자들에 의해서 융단폭격을 당했고, 사회는 군 경험을 중심으로 양분되어 서로 팻대를 세웠다. 안마 시술 자격을 유지하려던 시각장애인들은 폐지 조치에 반발해서 자살이나 마포대교 난간 고공 농성으로 대응했다. 적극적 조치가 시행되고 있는 다른 부분에서 이런 논란이 발생하지 않으려면, 그리고 앞으로 필요한 부분에 적극적 조치를 갈등 없이 도입하려면 많은 준비와 사전 논의, 그리고 국민적 합의가 필요하다.

2. 프랑스의 소수민족

프랑스의 이민자들

우리는 흔히 미국을 인종전시장이라고 부르지만 프랑스도 이에 못지않게 다양한 사람들이 살고 있다. 1999년을 기준으로 프랑스의 전체 인구 6,000만 명 중에서 470만 명이 외국에서 태어난 이민자이다. 이들 중에서 3분의 1 정도는 프랑스 국적을 취득했지만, 나머지 3분의 2는 여전히 외국 국적자이다. 외국에서 태어난 이민자와 프랑스에서 태어난 그 자손을 합치면 그 숫자는 562만 명으로 전체 프랑스 인구의 9.6퍼센트에 이른다. 여기에는 물론 19세기와 20세기 초에 프랑스에 이민 온 사람들이 프랑스에서 낳은 사람들은 제외된다(Migration Information Source 웹페이지). 1880년부터 1980년까지 100년 동안 출생한 프랑스인 가운데 1,800만 명이 제1, 제2,

제3세대 이민자의 자손이라는 통계도 있어서, 불과 몇 세대 전까지만 거슬러 올라가도 지금 프랑스인의 30퍼센트 이상은 외국 출신이라는 결론이 나온다(조홍식 2000, 13, 58). 현재 프랑스에는 유럽 각 나라에서 온 사람들을 비롯한 아랍계, 아프리카 흑인, 서인도제도 흑인, 화교, 동남아인 등의 다양한 인종이 공존하며 살고 있다.

1995년에 출간되어서 주목받은 홍세화의 『나는 빠리의 택시운전사』에서 '똘레랑스'라는 개념을 접한 이후 우리는 줄곧 프랑스는 다른 민족과 다른 인종에 대해서 매우 관용적인 사회일 것이라고 믿어 의심치 않았다. 특히 바로 이웃 나라인 독일이 나치 시절에 보였던 행태와 대비해 볼 때, 프랑스는 사교와 문화의 나라일 뿐만 아니라 관용과 도덕이 넘치는 나라여서 이방인이 살기에 더없이 좋은 나라일 것으로 생각했다. 그러나 2005년 가을에 프랑스 도시 외곽의 빈민 지역에서 일어났던 폭력 사태는 이런 생각에 경종을 울렸다. 도시 외곽 지역은 프랑스 사회에 제대로 통합되지 못한 이민자들의 세상이다. 사태는 이 지역에서 경찰의 검문을 피해 달아나던 세 명의 청소년이 변압기 주변으로 피신해 있던 중에 감전 사고로 15살과 17살의 두 청소년이 사망하면서 시작되었다. 이 청소년들의 죽음이 경찰의 과잉 진압 때문이라고 흥분한 사람들의 차량 방화로 폭력 사태는 커졌다. 급기야 시라크 대통령이 비상사태를 선포했고, 사태 발생 3주가 지나서야 '진압'되었다. 똘레랑스의 나라 프랑스에서 왜 이런 일이 벌어졌을까? 홍세화의 책이 거짓말을 한 것일까, 아니면 10여 년의 세월이 흐르면서 프랑스 사회가 변한 것일까?

1950~60년대 경제성장기에 프랑스는 노동력 부족으로 외국 인력, 특히 북부 아프리카의 마그레브Maghreb6 출신 아랍계 사람들과 아프리카 흑인을 대거 들여왔다. 프랑스 사업가들은 식민지 알제리의 마을에 트럭을 대고

프랑스로 가서 일하고 싶은 사람들은 모두 타라고 해서 실어 오곤 했다. 트럭에 올라탄 청년들은 간단한 서류 심사를 받고 바로 프랑스 건설 현장이나 공장으로 보내졌다. 그러나 이러한 이민 정책은 1970년대 경제 위기로 커다란 난관에 부딪히게 되었다. 프랑스인 실업자가 늘어나자 정부는 1973년부터 공식적으로 모든 이민을 중단시켰다. 유일하게 인정되는 예외는 고도의 전문직 종사자와 이미 프랑스에서 일하고 있는 가장이 본국의 가족을 데려올 때뿐이었다(조홍식 2003, 269-270). 이때부터 축적되기 시작한 문제는 1980년대에 이르러서 소위 '이민 문제'로 드러났고, 이제 빈곤 배제·인종주의·게토화 등은 이민자들을 상징하는 표현이 되었다.

이민자 문제는 실업자 문제와 긴밀하게 뒤섞여 있다. 이들은 프랑스 사회의 최하층을 이루며 빈곤과 범죄의 악순환 고리에 갇혀 있다.[7] 프랑스에서 현재까지 가장 심한 인종차별을 받는 사람들은 마그레브 출신 이민자들이다. 훨씬 나중에 이민 온 아시아계 사람들이 비교적 잘 통합되어 살아가는 것과 비교할 때, 이주 역사가 오래되고 프랑스어에 능통한 마그레브 출신 이민자들이 더 가난하게 살아가는 것은 역설이 아닐 수 없다. 이들은 심지어 프랑스 귀화를 거부하는 경향도 보인다. 동남아시아에서 이민 온 남성의 54퍼센트, 여성의 63퍼센트가 귀화하는 데 비해서, 알제리 출신 남성의 11퍼센트, 여성의 16퍼센트만이 귀화한 것은 이런 역설을 잘 보여 준다. 이런 차이는 프랑스 식민지를 경험한 마그레브의 역사와 관계가 있다. 동

6 알제리, 모로코, 튀니지, 리비아 등 아프리카 북서부 일대의 총칭이다.

7 2001년에 한국에서도 개봉한 프랑스 영화 〈아마카시〉는 이민자들로 구성된 빈민촌의 일곱 젊은이의 삶과 애환을 잘 보여 주고 있다. 대사에는 "내가 무슨 힘이 있어, 나는 아랍계잖아"와 같은 식의 자조적인 표현이 등장한다.

남아시아 출신이 프랑스 귀화를 실리적인 문제로 생각하는 반면, 오랜 식민 압제를 받았던 알제리 출신은 귀화를 조국에 대한 배신으로 느낀다(고자카이 2003, 202-203). 일본에서 재일 조선인들이 여러 가지 차별과 불편함에도 귀화하지 않는 것을 생각해 보면 그 감정을 짐작할 수 있을 것이다.

1980년대 이후 이민 문제가 점점 심각해지면서 '관용의 한계치'라는 표현이 대중매체나 정치가의 발언에서 자주 등장하게 되었다. 이질적인 것을 허용하는 데는 한계가 있고, 외국인 거주자의 비율이 어느 한계를 넘어서면 반드시 사회문제가 발생하기 때문에 더는 이민자들에게 관용을 베풀 수 없다는 것이 '한계치'의 의미다. 그러나 이런 주장은 사실에 비추어 볼 때 근거가 없는 것이다. 1996년에 실시한 사회조사에 따르면, 외국인 거주자의 비율이 1퍼센트를 넘지 않는 지역에서 주민의 76퍼센트가 '프랑스에는 아랍인이 너무 많다'는 불만을 표시한 데 비해, 외국인 비율이 전체의 10퍼센트에 달하는 지역에서 그러한 의견을 표명한 사람은 45퍼센트에 불과하기 때문이다(*Le Monde* 1996/03/21 ; 고자카이 2003, 253에서 재인용).

1980년대 이래 프랑스에서는 장기 불황과 포스트포드주의로 이행하면서 대량 실업이 발생하고 노동력이 비정규직화하면서 소수자들(여기서는 주로 이민자 및 그 후손들)의 빈곤과 배제가 발생하기 시작했다. 소수민족 집단은 30퍼센트에 달하는 실업률과 취업 전쟁, 제자리를 맴도는 비정규직 경험, 교육, 주택, 의료, 문화 등 모든 영역에서 차별을 겪어 왔다. 사실, 1990년대 초반까지만 해도 반이민 정서는 극우파와 불우한 일부 백인 하층민의 전유물이었다. 이들은 실업, 치안 등 모든 프랑스 사회문제의 원인으로 이민자를 지목했다. 그러나 경제 상황이 나아지지 않는 외중에 유럽 전반에 걸쳐 극우주의가 부상하면서 모든 정치 세력이 반이민의 물결에 합류하기 시작했고, 급기야 2002년 선거에서 시라크는 폭력과 치안이라는 이슈로 유권자를 사로잡았으며, 심지어는 사회당 역시 이 점에서 별로 다르지 않았다(엄한진 2007). 지금 프랑스에서 정치 논의의 축은 평등에서 정체성, 민족, 인종 및 문화의 혼합, 권위 등으로 옮겨 가고 있다. 이런 맥락에서 이민자의 빈곤화와 고립화가 나타났고 위에서 언급한 폭력 사태가 등장하게 되었다.

이민자들의 권리

비록 이런 문제들이 산적해 있지만, 그렇다고 해서 프랑스가 가장 배타적이며 인종주의적 색채를 띠는 나라임을 의미하지는 않는다. 프랑스는 혁명을 통해서 근대적인 정치 문화의 핵심적인 요소인 민주주의, 인권, 자유, 주권, 평등의 개념을 실천해 왔고, 유럽에서 출산율 하락을 일찍 경험한 역사적 배경 때문에 이민자들을 빨리, 그리고 많이 받아들여 상대적으로 '이방인'과 어울려 사는 경험을 많이 가진 나라이다.[8] 그리고 프랑스혁명에서 부족했던 보편적 인권 개념은 1948년 세계인권선언에서 인권을 새로운 국제법의 원리로 삼음으로써 극복되었고, 그 원리는 오늘날 프랑스에서 잘 실천되고 있다. 이에 따라 프랑스 국적을 취득하지 않은 이민자들도 비록 프랑스 국민은 아니지만 인간으로서의 권리를 보장받고 있다.

8 프랑스혁명은 근대적 의미의 인권 개념을 만들어 냈지만, 동시에 근대적 의미의 '국민'을 빚어내기도 했다. 다시 말해서 프랑스혁명은 보편적 원리로서 '인간의 권리'가 무엇인가를 우리에게 가르쳤지만, 이것과 실질적 권리로서 '국민의 권리' 사이의 간극을 극복하지 못했다. 따라서 인권은 국민국가의 특수성에 갇히게 되었고 오직 특정 국가의 국민일 경우에만 보호받을 수 있는 수준에 머무르게 되었다(최갑수 1999, 151-153).

이민자와 관련된 법규를 국제적으로 비교해 보면 프랑스의 특징이 잘 나타난다. 프랑스는 전통적으로 보편적 의지에 기초한 국적법을 가지고 있다. 프랑스에서 태어났거나 프랑스에 이민 온 외국인 중에서 프랑스어를 제대로 구사하고 프랑스 사회에서 살 수 있을 만큼 프랑스화된 사람은 상대적으로 쉽게 프랑스 국적을 취득할 수 있다. 이들은 이중국적을 유지할 수도 있다. 이민자는 프랑스인과 거의 모든 면에서 동등한 대우를 받는다. 무료 교육의 혜택을 받는 것은 물론 사회보장 제도에서도 프랑스인과 똑같은 대우를 받는다. 프랑스 국적을 취득하지 않은 이민자라 할지라도 학비를 더 많이 내지도 않고 의료 혜택을 포함한 사회적 지원 제도에서 제외되지도 않는다(조홍식 2003, 266-267). 게다가 프랑스 의회는 1988년에 만장일치로 'RMI 법안'(사회 적응 최소 수당제 법안)을 통과시켰다. 이것은 소득이 없는 25세 이상의 사람들을 위한 최저생계비 보조금인데, 소득이 없는 사람이 사회에서 추방되지 않도록 보호해 주는 최후의 마지노선과 같은 것이다. 외국인도 당연히 이것을 받을 자격이 있다.

홍세화에 따르면 극우파에 의한 외국인·이민자 테러를 보기 어렵다는 점이 '이방인'과 관련한 독일과 프랑스의 차이를 상징적으로 보여 주는 것이다. 또한 국적 취득에서 속인주의를 채택하고 있는 독일과는 달리 프랑스는 이미 한 세기 전부터 속지주의를 채택하여, 독일 극우파가 "독일을 게르만 민족에게"라고 주장하는 것과 같은 방식으로 "프랑스를 프랑스 민족에게"라고 주장할 수 없다고 한다. 이렇게 외치면 사람들은 "당신은 언제부터 프랑스인인가?"라고 맞받아치기 때문이다(홍세화 1995, 293-295). 이렇게 볼 때 최근 프랑스에서 나타난 반(反)똘레랑스적 분위기는 경제 침체를 정치적으로 이용하고 있는 극우 세력의 부추김에 의한 것이라고 볼 수 있다.

물론 프랑스에도 다른 유럽 국가와 마찬가지로 소수민족의 민족운동이 존재한다. 예를 들면, 브르타뉴 민족주의9가 그것이다(하먼 2001, 157). 르펭 Jean-Marie Le Pen이 이끄는 국민전선Front National처럼 이민자 추방을 공공연하게 외치는 극우 정당이 존재하며, 인종주의자들도 존재한다. 그러나 프랑스는 유럽의 다른 나라들과 비교해 볼 때 여전히 관용의 정도가 높고 소수자들에게 상대적으로 동등한 권리를 부여하는 나라이다.

3. 동남아시아의 화교[10]

동남아시아 역사에서 화교가 차지해 온 역할과 오늘날 그들의 경제적 위치를 감안하면, 화교에 대한 충분한 이해 없이는 동남아를 제대로 이해할 수 없을 정도다. 한국과 동남아시아 관계가 날로 깊어짐에 따라 이 지역에 대한 관심도 증가하는 상황에서 동남아시아의 소수자, 그중에서도 대표적 소수자 집단인 화교의 실태를 파악해 보는 것은 매우 의미 있는 일일 것이다. 우리가 흔히 비슷하다고 오해하고 있는 동남아시아의 각 나라는 저

---

9 1532년 프랑스에 합병된 브르타뉴는 프랑스 서부 브르타뉴 반도를 중심으로 하는 지역이다. 수천 년 전 영국 해협을 건너온 켈트족이 살아온 이 지역은 브르타뉴어나 갈로어를 쓸 만큼 독립적인 문화적 정체성이 존재하며, 분리주의 움직임 때문에 갈등을 빚기도 한다. 이곳은 2005년 유럽연합 헌법 승인을 묻는 프랑스 국민투표에서 찬성 결과를 얻은 몇 안 되는 지역 중의 하나다.

10 이 부분은 박사명 외(2000)의 『동남아의 화인사회: 형성과 변화』에서 큰 도움을 받았다. 이 책은 동남아시아(태국, 베트남, 말레이시아, 싱가포르, 필리핀, 인도네시아)에 살고 있는 화교의 종족 정체성, 주류 사회와의 관계를 다룬 것으로, 이 주제와 관련해서 한글로 출판된 유일한 책이다.

마다 독특하고 독자적인 역사와 문화를 가지고 있으며, 따라서 화교의 존재 양식도 천차만별이다. 여기서는 동남아시아 4개국의 화교를 나라별로 살펴보되, 수백 년에 이르는 동남아시아 화교사를 연대기가 아닌 현재와 직접적인 연관성이 있는 최근의 상황을 중심으로 살펴보자.

태국

태국 정부는 제2차 세계대전 이전까지 정치적으로나 경제적으로 타이 민족주의적인 정책과 '반화인' 정책을 펼쳤다. 특히 서구 교육을 받은 태국 엘리트 가운데 민족주의적 성향을 가진 사람들은 화교에 대해서 적대적이었는데, 이는 유럽 사회가 갖고 있던 반중국적 인종주의의 영향으로 추정된다.[11] 1933년에는 태국에 거주하는 모든 사람을 태국 국민으로 교육한다는 취지에서 국민교육 정책이 시행되었고, 그 여파로 화교학교 상당수가 폐쇄되고 중국어 신문의 발행 허가도 취소되었다. 이런 정책 방향은 제2차대전 후에도 지속되었고, '태국 국민 우대 고용법' 등으로 화교 사회를 압박하여 많은 화교가 태국에 귀화하기도 했지만, 화교 사회는 이에 대한 반감으로 내부적인 결속과 조직력을 강화했다(조흥국 2000).

그럼에도, 화교가 전체 인구의 약 10퍼센트를 차지하는 태국은 동남아국가 중에서 화교들이 토착 사회에 가장 잘 동화된 나라로 간주된다. 그 이

---

11 유럽은 13세기 몽골의 침입 이후 동양을 위험한 존재로 여겨서 황색인들의 위험이라는 뜻인 황화(黃禍, yellow peril)라는 표현을 사용했는데, 같은 아시아인이기는 하지만 태국 유학파들은 유럽인이 갖고 있던 중국에 대한 인식을 그대로 배워 와서 그들을 부정적으로 바라봤을 것이다.

유는 ① 음식과 종교 등에서 확인할 수 있는 것처럼 태국 문화와 중국 문화 간에 유사성이 있다는 점, ② 태국인과 중국인은 외모에서 차이가 비교적 적다는 점, ③ 태국 문화의 활력과 지속성, 태국의 독립 보존에 대한 태국인의 역사적 긍지 등이 중국인에게 태국 사회로의 동화에 대한 매력을 주었다는 점, ④ 태국에서 중국인이 거주와 이동의 자유를 가졌다는 점, ⑤ 태국 정부가 다양한 경제적 조치와 태국어 중심의 학교 교육 등의 정책을 통해 중국인을 태국 사회에 동화시키려고 노력했으며 그러한 노력이 성공적인 결과를 낳았다는 점 등을 들 수 있다(Skinner 1973).

그럼에도, 태국, 특히 방콕의 화교들은 여전히 강한 중국적 정체성을 보이고 있으며, 언어와 종교에서 동화되지 않은 측면이 많다. 1992년에 태국 정부가 사립학교와 대학에서 외국어 교육을 완전 자율화하면서 중국어에 대한 관심이 고조되고, 화교 사이에서도 중국어 교육에 대한 열기가 뜨거워지면서 이런 경향은 더욱 강화될 것으로 전망된다. 이렇게 볼 때 태국 화교들은 한편으로는 동화되어 점차 태국 사회의 구성원이 되어 가면서, 다른 한편으로는 경제적, 조직적, 사회·문화적 활동을 통해 중국적인 것을 고수하면서 정체성을 유지하고 있다(조홍국 2000).

베트남[12]

베트남의 근대사는 제국주의 침략과 식민지 해방을 위한 투쟁의 역사로

---

12 이 부분은 전경수(2000)에서 요약·발췌했다. 자세한 내용은 이 글을 참조.

점철되었으며, 베트남의 화교도 그와 무관할 수 없다. 식민지 시대에 프랑스는 화교를 앞세워 베트남을 통치함으로써, 화교들은 이 기간에 경제적으로는 유리한 위치를 차지할 수 있었지만, 정치적으로는 베트남 민족주의와 부딪혀 반화교 감정이 퍼져 나갔다. 물론 1782년에 이미 중국인 1만 명 학살 사건이 발생할 정도로 반화교 감정이 존재했고, 프랑스의 식민 통치는 이런 분위기를 의도적으로 이용한 측면이 있다. 미국의 간섭이 시작되면서 1955년부터 1975년 사이에 화교의 위상은 지역마다 큰 차이가 있었다. 북부에서는 사회주의화로 화교들의 활동이 거의 중단되었으나, 미국의 영향권에 속했던 남부에서는 자본주의화 물결을 타고 화교들이 남베트남 경제를 장악하는 한편, 자신들의 정체성을 대만과 연결시켰다.

그러나 1975년 베트남전쟁에서 북베트남이 승리하고 공산주의 정권이 수립되자 남부의 화교들은 강도 높은 정치적인 탄압을 받았으며, 화교 자본가들은 매판 자본가로 비판받는 동시에 화교의 모든 사유재산이 국유화되었다. 베트남을 탈출한 '보트 피플'의 상당수가 화교였다는 사실도 이러한 과정의 험난함을 말해 준다. 특히 1977년 베트남과 중국이 국경 문제로 긴장이 고조되자, 베트남 정부는 화교의 중국 국적을 인정하지 않고 소수민족의 지위를 부여함으로써 베트남 안의 중국 영향력을 배제하려 했다. 베트남에는 50여 개의 소수민족이 있다. 대부분 산악 지대에서 화전을 주업으로 하는 이 사람들과 도시에서 상공업에 종사해 온 화교들이 동등하게 소수민족의 지위를 부여받는다는 것은 정치적 차원에서 화교의 지위가 완전히 하락한 것이었다.

현재 베트남 전체 인구의 약 1.3퍼센트를 차지하는 화교는 1986년 베트남의 개방 정책 시행 이후 상당히 변화하고 있다. 특히 남부의 화교 사회는 홍콩, 대만, 싱가포르 등의 화교 사회와 다시 교류하면서 새로운 장이 열리고 있다.

말레이시아[13]

말레이시아 연방 전체 인구에서 화교의 비율은 약 28퍼센트로, 이는 동남아시아에서 싱가포르를 제외하면 가장 높은 수치다. 화교와 말레이족을 합치면 전체 인구의 80퍼센트를 넘기 때문에 화교는 말레이족과 함께 말레이시아 국민을 구성하는 가장 중요한 집단이다. 이러한 인구 구성의 비중으로 말레이시아 화교는 다른 동남아시아 화교와 구분되는 특징을 갖는다.

첫째, 말레이시아 화교는 고유한 문화적 전통과 정체성을 뚜렷하게 유지하고 있다. 언어, 종교, 혈연 등에서 독자적인 종족 집단을 구성하고 있으며, 다른 종족 집단과 분명하게 구분되는 경계를 유지하고 있다. 둘째, 이들은 화교 사회의 집단적 이해를 공식적인 정치 영역에 반영할 수 있는 제도적 장치를 갖고 있다. 동남아시아에서는 유일하게 화교 정당을 구성하여 말레이계 정당과 연립정부를 형성함으로써 국가권력을 일정 수준 공유하고 있다. 셋째, 말레이시아 화교 사회는 상인, 장인, 노동자가 주를 이루었던 이민 사회 형성기의 계급 구조를 상당한 정도로 유지하고 있다. 마지막으로, 이들은 남중국의 광둥성과 푸젠성 출신의 다양한 방언 집단으로 이루어져 복잡한 구성을 가지고 있다.

식민지 시대에 주로 쿨리[14] 교역을 통해서 현재의 말레이시아로 이주해 온 화교들은 시기별로 다양한 존재 양식을 보여 주고 있다. 그러나 전체적

---

13 이 부분은 오명석(2000)에서 요약·발췌했다. 자세한 내용은 이 글을 참조.

14 쿨리는 외국에 계약 노동자로 가서 육체노동에 종사하는 하층의 아시아 출신 노동자를 뜻한다. 원래 쿨리는 인도어의 날품팔이를 뜻하는 쿨리(kuli)에서 유래된 말로, 영어에서 쿨리(coolie)로 표기한 것이 중국어에서 꿀리(苦力)로 다시 음역되어 사용되고 있다(박은경 1986).

으로는 다수인 말레이족과의 분리와 갈등이라는 틀로 요약된다. 특히 일본 점령기에는 화교가 반일 세력으로 규정되었고, 싱가포르 점령 직후 일본 헌병대에 의한 숙청으로 적게는 6,000명, 많게는 4만 명의 화교가 학살당했다. 독립 이후인 1969년에 발생한 화교와 말레이족 간의 유혈 충돌로 정부는 종족 관계에 적극적으로 개입하기 시작했으며 친말레이 정책은 그전보다 더욱 강화되었다. 이때의 정책은 상호 모순적이었는데, 언어·종교·교육 등은 말레이화를 통해서 동화를 유도하려고 했지만, 이와 동시에 실시한 '부미뿌뜨라'bumiputra, 땅의 아들라는 원주민 우선 정책은 말레이와 비말레이 간의 구분을 전제로 화교의 배제를 유지하려고 한 것이었다.

1990년 총선에서 처음으로 말레이계 야당과 중국계 야당의 선거 연합이 이루어져 집권 세력이 위협받게 되자, 정부는 화교 사회의 지지를 얻고자 중국 문화에 대한 다소간 유화 정책을 취했다. 그러나 이런 정책이 원주민과 이민자 간의 구분과 차별 폐지를 의미하는 것인지, 아니면 비말레이의 말레이로의 동화를 의미하는 것인지 모호한 상태로 남아 있다.

인도네시아[15]

인도네시아 화교는 1790년 1만여 명이 학살당한 바타비아 사건과 같은 극단적인 어려움을 겪으면서도 식민지 시대를 통해서 경제적인 성공을 거두었고 경제 구조의 정점에 도달할 수 있었다. 그러나 1949년 독립 이후 15

---

15 이 글은 신윤환(2000)에서 요약·발췌했다. 자세한 내용은 이 글을 참조.

년 동안 유럽인과 화교의 경제적 지배를 종식하고자 다양한 차별 정책을 시도했고 화교들의 상업 활동은 큰 타격을 입었다. 이에 따라 화교 공동체는 해체를 강요당하고 탈정치화의 길을 걸었다.

그 뒤 수하르토Suharto의 신질서 체제가 사회주의 모형에서 시장경제 모형으로 발전 전략을 수정하면서 화교들은 다시 한번 경제적인 부흥의 기회를 맞았고, 화교들은 소상인에서 대자본가로 변모했다. 그러나 그 과정에서 그들의 정체성이 흔들렸고 화교들은 정치 무대에서 사라졌다. 이미 오래전에 친대만 계열의 조직 활동이 금지되고 불법화된 것에 이어서, 이를 누르고 승리한 친중국계 조직도 공산주의 활동 금지에 따라 제거됨으로써 화교들의 정치적 활동은 완전히 사라졌다. 더욱이 중국어 학교와 신문이 사라지고 중국어 사용이 금지되었으며 화교의 종교가 정부의 공인을 받지 못하게 되면서 정체성 유지에 큰 장애가 되었다.

그러다가 아시아 전역을 휩쓴 경제 위기의 와중에 발생한 1998년 반화교 폭동은 인도네시아 화교 사회에 중요한 전환점이 되었다. 이때 수천 개의 화교 상점이 불탔고, 1,000명 이상이 살해당하는 참극이 벌어졌다. 이 사건으로 신질서 기간에 화교들이 토착 엘리트와 쌓은 신뢰가 완전히 무너졌고, 수만 명의 화교가 해외로 도피했으며, 화교 자본도 대거 인도네시아를 떠났다. 한편으로 화교들은 직접 정당을 결성하거나 기존의 토착인 정당에 가입하거나 지지 표명을 함으로써 정치 무대에 다시 등장했다.

수하르토 이후 인도네시아 정부가 토착민과 화교 관계에 대해 관용적이고 합리적인 입장을 취하고 있음은 매우 고무적이다. 그렇지만 과거에 화교를 탄압하고자 만든 법규가 여전히 온존하고, 또 토착민과 화교가 경제 수준, 종교, 거주 지역 등 여러 가지 면에서 확연하게 구별되는 집단이라는 점에서 갈등의 소지는 여전히 남아 있다.

4. 중국의 소수민족 자치

'민족구역자치'의 역사

오늘날의 중국은 수많은 민족 집단의 이합집산과 투쟁의 결과로 탄생했다. 중국은 56개의 민족으로 구성된 다민족 국가로서 확실한 소수민족 개념에 입각하여 그들의 기본 권리를 법적으로 보호한다는 점에서 소수민족에 대한 관념이 희박한 우리나라와는 뚜렷한 대조를 이룬다. 중국은 한족이 지배하는 국가지만 '통일적 다민족 국가' 또는 '다민족 사회주의 국가'를 추구한다. 중국 정부는 인구 수에서 압도적 다수를 차지하는 한족이 중심이 되어[16] 55개의 크고 작은 소수민족을 단합과 조화의 관계로 이끌어 나가는 통일적 민족 관계를 강조한다. 이 구도에 따르면 통일적 민족 관계는 과도기적 단계에 속하는 것으로서 궁극적으로는 모든 민족이 융합되어 하나의 중화민족이 되는 단계로 이어진다(조정남 1988, 13-17).

'통일적 다민족 국가'를 주창하는 현 단계에서 중국 소수민족 정책의 근간은 민족 평등과 민족 단결의 원칙이다. 민족 간의 갈등과 투쟁을 방지하기 위해 중국 공산당은 모든 민족이 그 대소와 관계없이 평등한 지위를 가지고 평등한 권리를 향유한다는 점을 명시하고 있다. 이것은 어떤 민족도 다른 민족에 비해 특권이나 우월한 지위를 가질 수 없다는 것이다. 민족 단

---

[16] 2007년 추정치에 따르면 한족은 전체 인구의 약 91.9퍼센트를 차지한다(The World Fact Book 웹페이지). 소수민족 보호를 위해 소수 지역에서는 인구 제한 정책을 상대적으로 느슨하게 적용하고 있기 때문에 중국 전체 인구에서 소수민족이 차지하는 비율은 점차 늘어나는 추세이다.

결은 민족 간의 압박과 착취에 반대하고 민족의 공동 번영을 위한 노력 가운데 형성된 평등하고 호혜적인 관계를 말한다. 이것은 곧 민족 평등을 실현하는 수단이 된다. 민족 평등과 민족 단결을 실현하기 위해 중국 정부가 채택한 것이 바로 소수민족 집거지의 자치를 허용하는 정책, 곧 민족구역자치 제도이다.

중국 공산당은 1949년에 개최된 인민정치협상회의에서 헌법적 효력을 갖는 중국인민협상회의 공동강령을 제정했는데, 여기서는 각 소수민족 집거지에서 민족구역자치를 실시한다는 점을 명확히 규정했다. 1952년에는 민족구역자치 실시에 관한 요강을 제정했고 1954년에 다시 민족구역자치 제도를 헌법에 포함시켜 중국의 기본 제도로 확정지었다(龔學增 1996, 142). 그러나 1954년의 헌법은 소수민족의 기본 권리를 충분하게 보장한 것이 아니었다. 1950년대 말의 대약진운동이나 1960년대 중반부터 1970년대 중반까지의 문화대혁명과 같은 정치적 급진주의 시대에는 소수민족의 자치권이 제대로 지켜지기는커녕 오히려 한족 중심적인 민족 동화정책이 시행되었다. 이 때문에 많은 소수민족 지역에 사회적 불안이 야기되었음에도, 1978년의 개정 헌법은 1954년 헌법에서 보장한 소수민족의 기본권조차 부여하지 않았다. 소수민족의 기본 권리가 헌법에 확실하게 보장된 것은 개혁개방 시대에 들어선 다음이다. 1980년대 초반, 소수민족 지도자들이 연속적으로 강력하게 자치권에 대한 법적 보장을 요구하자 중국 공산당은 마침내 1982년의 개정 헌법 속에 그 요구를 반영했고 1984년에 제정된 민족구역자치법을 통해 그것을 구체화했다(Heberer 1989, 40-42).

민족구역자치 제도의 주요 내용

현행 민족구역자치 제도는 크게 세 가지 내용을 담고 있다(조정남 1988, 114-120). 첫째는 구역자치 시행이다. 이는 소수민족의 집거지를 중심으로 그 규모에 따라 '자치구'(성급), '자치주'(시급), '자치현'(현급) 등의 구역을 설정하여 민족 자치를 허용한다는 것이다. 자치구역의 종류에는 한 개의 소수민족이 절대다수를 점하는 경우, 여러 소수민족 중 비교적 인구 수가 많은 소수민족이 중심이 되어 다른 소수민족과 함께 자치구역을 형성하는 경우, 둘 이상의 소수민족 집거지를 연합하여 하나의 자치구역을 형성하는 경우, 그리고 복수의 민족이 연합하여 하나의 자치구를 형성하는 경우 등이 있다. 특기할 사실은 민족자치구역이 하나의 소수민족만으로 구성된 경우는 없다는 점이다. 대개는 다양한 민족이 하나의 자치구역에 공존하고 있는데, 한족이 인구 수에서 우위를 점하는 것이 보통이다.

둘째는 자치기관의 설립이다. 민족자치구역은 자치구, 자치주, 자치현에 자치를 위한 인민대표회의와 인민정부를 구성할 수 있게 되어 있다. 인민정부는 국무원의 통일적인 지도 아래 있는 국가행정기관이고, 인민대표회의는 구역자치를 실행하는 민족 대표 외에 그 행정 구역 내의 다른 민족 대표들도 함께 참여하는 대의기구이다. 중국 정부는 자치를 실행하는 민족에서 자치기관의 장을 맡도록 하는 등 '자치기관의 민족화'를 강조하고 있다. 여기서 자치기관의 민족화라 함은 자치구역의 각종 행정기관이 언어와 문자, 형식, 간부 등 세 개 부문에서 민족화를 이루어야 한다는 것이다. 즉 각급 자치기관은 자치의 주체가 되는 민족의 언어와 문자를 사용해야 하고, 구체적인 민족 업무 수행에서 그 민족의 형식을 따라야 하며, 자치기관의 조직은 그곳 민족 간부를 중심으로 이뤄져야 한다는 내용이다.

마지막은 자치권의 행사이다. 자치권 행사와 관련하여 민족구역자치법이 명기하고 있는 자치권의 주요 내용 몇 가지를 소개하면 다음과 같다.

① 민족자치 지방의 인민대표회의는 그 지방의 정치와 문화, 경제적 특징을 감안하여 자치 조례와 단행 조례를 제정할 수 있다. 제정된 자치 조례와 단행 조례는 전국인민대표회의의 비준을 거쳐 발효된다.

② 상급 국가 기관의 결의, 결정, 명령과 지시 등이 지역의 실정과 부합되지 않을 때는 상급 국가 기관의 비준을 얻어 이를 변경해서 집행하거나 집행을 정지할 수 있다.

③ 민족자치기관들은 국가의 지도 아래 자치적으로 경제 건설 사업을 안배하고 이를 관리할 수 있다.

④ 민족자치기관은 지방 재정을 관리하는 자치권을 가진다.

⑤ 그 지방의 교육 계획과 각급 학교의 설치, 학제, 수업 방식과 내용, 수업 용어 등을 결정한다.

⑥ 자주적으로 그 지방의 과학, 기술 발전 규칙을 결정할 수 있으며 의료 위생 사업을 결정할 수 있고 체육 사업과 민족 전통 체육 활동을 발전시키고 각 민족 인민들의 체질을 증강시키는 방안을 집행할 수 있다.

⑦ 국가 규정에 따라 교육, 과학 기술, 문화 예술, 위생, 체육 등의 방면에서 국외 교류를 할 수 있다.

자치정책의 포용성

소수민족의 구역자치를 그 주요 내용으로 하는 현재의 중국 소수민족 정책은 공산당이 지배하는 중앙정부의 통제에서 궁극적으로 벗어나기 어렵다는 점,[17] 문화대혁명 시기의 소수민족 동화정책이 보여 주듯이 소수민족의 법적 권리가 초법적 권한을 갖는 힘 앞에서 쉽게 침해될 수 있다는 점,

그리고 민족구역자치법이 보장하는 자치권의 내용이 너무 추상적이어서 그것을 보완하는 구체적인 법령의 제정이 수반되지 않고서는 실질적 효과를 거두기 어렵다는 점(Heberer 1989, 43) 등의 한계를 가지고 있다. 그러나 중국이라는 큰 그릇 속에 소수민족을 평등한 동반자로서 포용하는 이러한 정책은 법·제도적인 측면에서 소수민족의 권리를 보장하고 있다는 점에서 우리에게 시사하는 바가 크다.

우리 민족의 일부인 중국의 조선족 역시 이러한 소수민족 포용 정책의 수혜자다. 국경을 넘어 만주 지역에 뿌리를 내린 조선인들은 중국 공산당이 국민당과의 내전에서 승리한 후 그들을 중국 공민으로 인정함에 따라 대다수가 중국에 남게 되었고 토지개혁 때도 동등하게 토지를 분배받을 수 있었다(정신걸 2000). 이들은 민족구역자치 정책의 기틀 위에서 연변조선족자치주, 장백조선족자치현 등의 자치구역을 중심으로 민족 간부의 영도 아래 민족의 언어와 문자, 전통문화를 보존해 왔다. 국가라는 큰 틀 속에서 조선족으로 하여금 그 민족적 정체성을 지킬 수 있도록 배려한 중국 정부의 포용적인 자세는 화교에 대한 방관적 태도, 동화가 아니면 배척이라는 이분법적 사고로써 화교 문제에 접근해 온 우리 정부의 정책과는 뚜렷한 대조를 이룬다.

---

17 민족구역자치법에 명시되어 있듯이 자치는 국가의 통일적인 영도를 받게 되어 있어서 소수민족 자치구역이 갖는 자치권은 실질적이라기보다 명분적 성격이 강하다(조정남 1988, 121).

5. 재일 조선인의 지위

한국 화교의 문제를 논할 때마다 재일 조선인에 관한 언급이 빠지지 않는다. 두 나라가 모두 단일민족임을 강조하는 나라라는 점도 비슷하고, 따라서 배타적인 민족주의 성향을 갖고 있다는 점도 그렇다. 소수자와 관련해서 한국이 화교에게 가하는 차별이 마치 일본이 재일 조선인에게 가하는 것과 매우 유사하다는 비교에서부터, 선진국인 일본도 저러고 있는데 우리가 먼저 할 필요가 있겠느냐고 순위를 논하는 사람도 있다. 여러 가지 의미에서 일본의 재일 조선인 정책은 우리의 화교 관련 정책에 교훈을 준다.

재일 조선인의 법적 지위

1947년 5월 2일 일본 정부는 칙령 제207호 '외국인 등록령'을 공포했다. 이것은 일본 국적을 가진 한국·조선인이나 대만인에 대해서 "당분간 외국인으로 간주한다"는 내용이었다. 바로 전날까지 일본인으로서 살아온 사람들이 갑자기 '당분간' 외국인이 되어 버린 것이다. 게다가 1952년 4월 28일부터 샌프란시스코 평화조약의 효력 발생에 때맞춰 일본 정부는 1952년 4월 19일 법무성 민사 국장의 통지로 재일 조선인의 의사를 묻지 않고 일방적으로 일본 국적을 박탈하여 '영원한' 외국인으로 만들었다(조정남 2001, 51). 물론 그 뒤 일본 정부는 한국·조선인 귀화 희망자들을 그들의 기호에 따라 선별하는 제도를 만들었다. 그렇지만 중요한 것은 이 통지문은 일본 국적을 상실한 재일 조선인이 일본 국적을 취득하려는 경우에 '일본 국적을 잃은 자'로 인정하지 않고, 일반 외국인과 같이 귀화 수속을 밟아야 한다는 점이다. 이것은 식민지 시절에 일본이 '황민화'와 '내선일체'라는 슬로건을 내걸고 진행했던 동화정책이 얼마나 기만적이었는가를 다시 한번 보여 주는 것이다.

재일 조선인의 일본 국적을 민사 국장이라는 한 행정 당국자의 통지로 박탈하는 것은 "일본 국민의 요건은 법률에 의해서 정한다"고 한 헌법 규정(제10조)에 위반되며 법치주의에 반하는 것이다. 또한 영토 귀속의 변경에 따라 주민의 국적은 제2차 세계대전 후 독일에 거주한 오스트리아인과 같이 해당 개인의 선택에 맡겨야 할 문제로서, 재일 조선인에게 국적 선택의 기회를 부여하지 않고 일방적으로 처리한 것은 기본적 인권의 침해이며 국제 관례에도 어긋난다.

일본이 비준한 난민조약이 1982년 1월 1일에 발효됨에 따라 사회보장 등 입국 뒤의 처우와 아울러 난민의 입국과 재류를 인정하기 위해 출입국 관리령의 개정도 필요하게 되었다. 명칭도 출입국 관리 및 난민 인정법으로 바꼈는데, 한일법적지위협정에 기초한 영주권을 신청하지 않았기 때문에 불안정한 재류 자격에 그대로 방치되었던 사람들이 1982년 1월 1일부터 5년 이내에 신청하면 영주를 인정하도록 했다. 그러나 강제 퇴거 사유를 적용할 때 일반 외국인과 같이 협정 영주자와의 차이를 규정하고 있고, 역사적 정주 원인 및 거주 형태를 같이하는 민족 집단을 차별적으로 대우하며, 위의 신청 기간 이후에 태어난 '법 126조 해당자'의 손자녀 및 그 이후의 세대에 대해서는 영주가 인정되지 않는 등의 문제점을 그대로 남겨 놓았다. 1991년 1월 10일에 한일 외무장관이 합의한 '91년 각서'에야 비로소 영주 자격을 가진 재일 조선인들의 강제 퇴거 사유를 내란·외환죄, 국교, 외교상의 이익에 관계되는 죄 및 이에 준하는 중대한 범죄로 한정한다는 조항이 만들어졌다(강재언·김동훈 2000, 241-242).

일반적으로 외국인이란 자국의 여권을 가지고 일정한 목적을 위해서 일본 정부의 비자를 받아 입국하고, 그 목적을 달성하는 데 필요한 기간에 일본에 체류하는 사람을 말한다. 그런데 제2차대전 전부터 체류해 온 사람들과 그 자손들로 구성된 정착 거주자는 그 형성 과정이 본질적으로 다른 역사적 배경을 지니고 있다. 따라서 그에 대한 처우도 당연히 일반 외국인과 정주 외국인과는 엄밀하게 구별해야 할 것이다. 이런 점은 한국 화교의 법적 지위 문제와도 밀접한 연관성이 있다.

재일 조선인의 사회적 지위

재일 조선인이 일본으로 이주·정주한 배경에는 일본 정부의 책임이 있다. 그리고 재일 조선인은 일반 외국인과는 달리 노동과 납세에 이르기까지 일본 사회의 발전에 일본인과 동일하게 기여하는 주민으로서 정주하고 있다. 그러나 이러한 특수성은 완전히 무시되고 사상된 채, 일반 외국인과 같이 처우될 뿐만 아니라 오히려 잠재적 범죄자로서 지배·관리되고 있다.

1991년 각서는 말썽 많던 지문 날인 제도를 폐지했다. 그러나 이것은 영주 자격자에 한정함으로써 영주 자격 없이 장기간 거주하는 정주 외국인에 대해서는 인권침해를 동반한 지문 날인을 계속하고 있다. 더욱 문제가 되는 것은 외국인 등록증의 상시 휴대 의무가 여전히 남아 있어서 경찰이 임의적으로 악용할 가능성이 여전히 남아 있다. 일본인이 주민기본대장법을 위반할 때에는 과태료만 내게 하지만, 외국인 등록법 위반은 징역을 포함한 무거운 형벌을 적용하고 있다. 이것은 결국 외국인 등록법에 기초한 외국인 주민의 등록은 처음부터 법무성이나 경찰이 관리만을 목적으로 하고 있고 지방자치체의 주민으로서의 등록은 아니었음을 보여 준다.

일본은 해방 후 지속적으로 재일 조선인의 민족 교육을 부정하고 일본 교육 체계 안으로 끌어들이려고 노력해 왔다. 1948년 4월 26일에 민족 교육을 지키기 위한 집회에 참석한 군중들에게 발포하여 16세였던 김태일 군이 사망하는 사건이 발생했고, 이후 민족 교육은 '과외' 교육으로서만 인정되었다. 1991년의 각서에서는 동화 교육을 밀어붙인 1965년 문부차관 통달 제464호를 포기하고 한국·조선인 아동과 학생들을 특별 취급한다는 내용이 들어갔다. 그러나 일본 정부는 정부 스스로 책임지고 행해야 할 민족 교육을 지방자치단체의 판단에 맡겨 '배려한다'는 문구만을 명시하여 실질적으로 무의미하게 되었다(강재언·김동훈 2000, 253-254).

공무원 임용이나 국공립 초중고 교원 임용은 원칙적으로 불가능하게 되어 있다. 그러나 자치단체에 의해 자의적으로 외국인의 임용이 인정되거나 또는 안 되는 것은 외국인의 임용 거부가 법리에 기초한 것이 아니라 행정 당국의 정책에 의한 차별이라는 것을 보여 준다. 1991년의 각서는 재일 조선인의 공립학교 교원 채용을 인정하고 지방공무원의 채용 기회를 확대할 것을 약속했다. 그러나 그 뒤에 취해진 조치들을 보면 실제로는 교사가 아닌 상근 강사에 한해서 채용을 인정하고, 지방공무원 채용은 잘 이행되지 않고 있다.

재일 조선인의 차별 철폐 운동에 정신적인 지원과 법적 근거를 부여한 것은 세계인권선언과 국제인권규약을 중심으로 한 국제 인권법의 발전이었고, 일본 사회는 그것을 수용했다. 재일 조선인 및 일본 시민단체에 의한 국제인권규약 비준 요구 운동이 전국적으로 확대되고 결국 1979년 8월에 비준이 이루어져, 같은 해 9월 21일에는 일본 국내에서 국제인권규약 효력이 발생하게 되었다. 1982년 1월에는 난민의 지위에 관한 조약과 의정서의 효력이 발생했고, 나아가 1985년 7월에는 여성차별철폐조약 효력이 발생했다. 결국 일본 헌법 및 기타 국내법, 그리고 한일법적지위협정으로 철폐되지 않았던 '국적과 민족의 차이를 이유로 한 차별'이 이들 일련의 인권 조약과 그것을 법적 근거로 만드는 운동에 의해서 대부분 철폐되었다.

사회보장

1952년 샌프란시스코 조약 발효 이전에는 재일 조선인이 일본인으로 취급되었으므로 생활보호 적용에서 일본인과 표면상의 차이가 없었으나, 조약 발효 이후에는 외국인으로 취급되어 상황이 바뀌었다. 일본 후생성이 1954년 5월 8일에 발표한 빈곤 외국인에 대한 생활보호 관련 내용에 따르면, "생활보호법 제1조에 '국민'을 대상으로 한다고 되어 있으므로 외국인은 법의 적용 대상이 될 수 없으나, 당분간 생활이 곤란한 외국인에 대하여는 일반 국민에 대한 생활보호의 결정·실시의 취급에 준하여 …… 보호를 행한다"고 전제했다(정인섭 1996, 313). 이후 1965년 한일국교정상화에 따른 조율과 1980년대 국제인권규약과 난민조약 가입에 따른 변화가 있었으나 기본적으로는 전후의 원칙이 유지되고 있는 셈이며, 재일 외국인에게는 생활보호법이 행정 조치로서 준용될 뿐 권리로서 적용되는 것은 아니다.

국민연금은 이름부터 국민만을 적용 대상으로 하는 제도였다. 피보험자의 자격도 '일본 국내에 주소를 둔 일본 국민'으로 한정하여 외국인과 일본 사회의 주민으로 정주하는 한국·조선인을 배제했다. 그 결과 대다수의 재일 조선인은 질병에 의한 생활 불안에 더하여 노령, 장애 그리고 사망에 의

한 생활 불안에 계속 위협받을 수밖에 없었다. 그렇지만 생활 곤궁자에 대한 공적 부조인 '생활보호'는 적용되었다. 그리고 소위 '사회복지 5법'에 해당하는 아동복지법, 모자복지법, 신체장애자복지법, 정신박약자복지법, 노인복지법은 적용받을 수 있도록 하면서도 아동 수당이나 모자가정에 대한 대부금 등에서는 외국인을 배제했다. 공영 주택 입주에서도 '일본 국적'을 응모 조건으로 하고 있는데, 다만 지방자치단체에 할당된 공영 주택에 대해서만 입주가 인정되었다.

1979년에 일본이 국제인권규약을 비준함으로써 관계 법령들을 정비하게 되었고, 이를 통해 일부 지방자치단체에서는 아동 수당 지급, 공영 및 공단 주택 입주, 주택 금융의 대부 등이 인정되었다. 그러나 사회보장의 근간이고 특히 다른 연금제도에 가입할 수 없는 사람들이 대부분인 재일 조선인에게 중요한 국민연금은 사회권 규약의 '점진적 실현' 인정, 한국과의 상호주의에 기초한 적용 등을 이유로 국적 조항을 철폐하지 않았다(강재언·김동훈 2000, 238).

그러다가 1982년 1월 1일 난민조약의 국내 발효에 따라 국민연금의 피보험자 자격이 '일본 국내에 거주하고 있는 일본 국민'에서 '일본 국내에 거주하고 있는 사람'으로 개정되어 재일 조선인도 가입 자격이 인정되었다. 그러나 국민연금의 지급 자격을 획득하기 위해서는 60세까지 25년 동안 보험료를 납부해야 하기 때문에 35세 이상인 사람은 제외되고, 특히 제2차 세계대전 전부터 일본의 편의에 따라 도항·이주한 1세들이 제외되었다. 다만 1986년 4월 1일의 개정에 따라 '공백 기간' 도입이 인정되어 60세 미만인 사람은 다소 구제되었지만 60세 이상인 사람은 그대로 방치되었다. 이것은 국민연금법의 개정이 종래의 차별에 대한 일본 정부 스스로의 반성에 의한 것이 아니고 난민조약이라는 국제 기준의 국내법 수용에 불과했다는 사실을 생각할 때 어쩌면 당연한 것인지도 모르겠다.

또 과거 국적 조항에도 불구하고 지방자치단체에 따라서 지급되던 여러 가지 아동 관련 수당(아동 수당, 아동 부양 수당, 특별 아동 수당, 복지 수당)이 난민조약의 발효에 따라 국적 조항이 철폐되어 전국적으로 지급되었다. 그러나 1991년 각서에도 장애자 연금, 노령자 연금에 대해서는 한마디의 언급도 없다. 국제인권규약 제9조는 사회보장을 모든 자의 권리로 규정하여 내외국인 차별을 부정하므로 생활보호법은 재일 외국인에게 권리로서 인정되어야 하는 것이다(정인섭 1996, 320).

2002년에 한국 화교에게 영주 자격이 부여됨으로써 그들의 법적 지위는 재일 조선인과 유사한 상황에 놓이게 되었다. 두 집단 사이의 차이점은, 재일 조선인들이 ① 조선인, ② 일본인, ③ (일반) 외국인의 신분을 거쳐서 ④ 영주 외국인의 신분을 획득한 데 비해서, 한국 화교는 한국 국적을 거친 적이 없이 일반 외국인으로서 ① 중국인, ② 대만인의 국적을 가지고 있다가 ③ 영주 외국인의 신분을 획득했다는 점이다.

국가가 자국 거주 외국인을 모든 면에서 자국민과 동등하게 대우해야 할 의무가 있다고 할 수는 없다. 그러나 재일 조선인과 한국 화교는 각각 일본과 한국 사회에서 평생을 살아갈 사회의 일원이다. 이들은 각각의 나라 사람들과 생활 면에서 동일한 이해관계에 놓이며, 공통의 사회적 부담을 가지고 생활한다. 그런 면에서 한국 화교의 처지가 재일 조선인이 처한 상황을 거울에 비춘 것과 마찬가지라는 점을 한국 사회는 기억해야 할 것이다.

|7장| 우리 다문화의 모습

1. 다문화 사회의 모습

　다문화 사회란 말 그대로 내부에 다양한 문화가 공존하는 사회를 말한다. 아직 '문명화'되지 못한 채 고립되어 살고 있는 단일 문화의 원시공동체가 지구 어딘가에 존재할 수도 있겠지만, 교통과 통신이 발달한 현대사회에서 다른 문화와 아무런 교류도 하지 않고 독자적으로 존재하는 단일 문화 사회란 현실적으로 존재하지 않는다. 몇 년 전에 한국에도 번역되어서 크게 주목받았던 『오래된 미래』의 라다크 사람들도 히말라야 한쪽 끝에서 작은 티베트라고 불리며 외부 문화와는 떨어진 채 자기 나름대로의 문화를 유지했지만, 이제는 서구화와 산업화의 물결이 흘러들어서 '다문화'적이 되었다(노르베르 호지 1996). 아프리카나 남미의 작은 마을들도 이제 더 이상 '문명'의 손길과 무관하게 사는 것은 상상하기 어렵다. 물론 독일계로서 18세기에 미국에 이민해서 폐쇄적인 공동체를 만들고 전기나 자동차와 같은 현대 문명을 거부하며 살아온 아미시Amish 사람들처럼 거의 단일한 문화를 유지하고 사는 사람들도 있겠지만, 그것은 일정한 규모 이하의 마을 단위에서나 가능한 일이고 우리가 일반적으로 지칭하는 '사회' 단위에 해당하는 국가 규모에서 순수하게 단일 문화를 유지하는 것은 불가능한 일이라고 할 수 있다. 이렇게 보면 한국도 다른 사회와 전혀 교류를 하지 않은 채 우리만의 고유 문화를 발전시켜 왔을 리는 없을 터이고, 따라서 당연히 오래전부터 다문화 사회였을 터인데, 왜 갑자기 요즘 들어서 다문화 사회로 가야 한다고 야단들일까?

다문화 사회 얘기를 하게 된 이유는 우리가 인정하건 말건 간에 이미 한국이 매우 '다문화적'인 사회가 되어 버렸기 때문이다. 과거에는 미군 부대 주변에서나 볼 수 있었던 외국인들은 이제 아무 데서나 쉽게 지나치게 되었다. 서울 이태원에 가면 멋지게 생긴 이슬람 사원이 있고, 경기도 안산에 있는 '국경 없는 마을'에는 아시아 여러 나라에서 온 이주노동자들을 언제나 볼 수 있다. 어디 그곳뿐인가. 제주도에 있는 작은 공장에서도 열심히 땀 흘려 일하는 베트남 출신 노동자를 만날 수 있고, 강원도 홍천의 작은 마을에서도 역시 몽골에서 온 '새댁'의 사연을 접할 수 있다. 서울 안에는 외국인 마을도 제법 여러 개가 있는데, 방배동 서래마을은 고급스런 프랑스 마을이고, 동부이촌동에는 일본인 마을, 동대문운동장 옆에는 러시아와 중앙아시아촌이 있다. 필리핀 문화를 접하고 싶으면 일요일 오후 대학로에 나가면 된다. 그곳에는 수천 명의 필리핀인이 모인 한바탕 장터가 벌어진다. 물론 연희동에 가면 화교들이 많이 모여 살고 중국풍의 건물이 있는 차이나타운을 만날 수 있다(김현미 2005 ; 김은미·김지현 2007). 이렇게 보면 다문화 사회 얘기가 쏟아져 나오는 이유는 급격하게 증가한 인구의 국제 이동 때문에 한국 사회에 '이방인'에 해당하는 사람이 많아져서, 한국이 다인종·다민족 사회가 되었기 때문이라고 볼 수 있다.

〈표 7-1〉 국민 대비 장기 체류 (등록) 외국인 비율 (단위 : 명, %)

구분	1980	1985	1990	1995	2000	2005	2007(8월)
등록 외국인	40,519	40,920	49,507	110,028	210,249	510,509	724,967
국민	38,123,000	40,805,000	42,869,000	45,092,000	47,008,000	48,294,000	49,134,000
비율	0.10	0.10	0.11	0.24	0.44	1.05	1.48

출처: 법무부(2007).

　한국은 2007년 8월에 단기 체류 외국인 27만 5,287명과 장기 체류 등록 외국인 72만 4,967명을 합쳐서 체류 외국인의 수가 처음으로 100만 명을 돌파했다.[1] 한국의 전체 인구가 약 4,900만 명이니 인구 대비 외국인의 비율이 2퍼센트를 넘어선 셈이다. 물론 전통적인 다인종·다민족 국가들과 비교하면 여전히 낮은 수치에 불과하지만, '우리끼리'만 사는 나라인 줄로 알고 살아온 한국 사람들에게는 제법 큰 비중이 아닐 수 없고, 불과 10년 전인 1997년에 체류 외국인이 39만 명에 불과했던 것과 비교해 보면 실로 엄청나게 빠른 증가임을 알 수 있다. 장기 체류 외국인 중에서 산업연수생을 포함하는 이주노동자는 전체의 56퍼센트인 40만 4,051명, 결혼 이민자는 14퍼센트인 10만 4,749명, 유학생은 7퍼센트인 4만 7,479명을 각각 차지하고 있다. 〈표 7-1〉은 1980년 이래 장기 체류 외국인의 숫자와 비율이 얼마나 급속하게 늘어났는가를 잘 보여 준다.

　한국은 세계에서 가장 낮은 출산율을 보이는 나라다. 〈표 7-2〉는 여성 한 명이 가임 기간에 낳는 아이의 숫자를 의미하는 합계출산율의 추이를

---

1 '등록 외국인'이란 국내에서 91일 이상 체류하기 위한 사증을 소지하고 해당 출입국관리사무소에 외국인 등록을 필한 자로, 장기 체류 외국인과 동의어로 사용된다.

<표 7-2> 출산력 추이

구분	1970	1980	1990	2000	2001	2002	2003	2004	2005	2006
출생(천 명)	1,007	865	659	637	557	495	493	476	438	452
합계출산율(명)	4.53	2.83	1.59	1.47	1.30	1.17	1.19	1.16	1.08	1.13

출처: 통계청 국가통계포털(2006).

보여 주고 있다. 이 표에 따르면 1970년에만 해도 전형적인 후진국형의 고출산율을 보이던 한국이 1980년에는 2.83명 수준으로 떨어졌으며, 1990년 이후로는 인구 수를 현상 유지하는 최저선인 2.1명을 훨씬 밑도는 수준을 보이고 있다. 특히 2005년의 합계출산율은 1.08명으로, 이런 추세가 지속된다면 여성 한 명이 한 명의 후손만을 남기게 되어 장기적으로 볼 때 한 세대가 흐를 때마다 인구가 절반으로 줄게 되는 초유의 사태가 벌어질 상황에 이르렀다. 사실 한국은 엄청나게 높던 출산율을 성공적으로 억제한 세계적인 사례로 꼽힌다. 1961년에 창립된 '대한가족계획협회'가 주도한 출산 억제 정책은 1966년만 해도 더 많이 낳지 말고 오직 '세 명만 낳자'는 운동을 펼쳤고, 1970년대에 들어서서는 두 명 낳기 운동을 펼친바 있다(인구보건복지협회 2007). 출산율이 낮다는 것은 그 또래가 성장했을 때 일할 사람의 숫자가 줄어듦을 의미한다. 안 그래도 급속한 인구의 고령화로 나이 든 사람을 부양해야 할 젊은 일손이 더욱 필요해져 가는 마당에 오히려 줄어든다는 것은 경제적으로나 사회복지 비용의 측면에서나 엄청난 부담이 아닐 수 없다.[2] 바로 이런 사실 때문에 외국에서 일할 인력이 들어오게 된다.

2 현재 65세 이상 인구의 비율은 9.5퍼센트에 불과하지만, 2050년에는 무려 38.2퍼센트가 될 것으로 예상된다. 반면에 어린이에 해당하는 14세 이하 인구의 비율은 겨우 8.9퍼센트가 될 것으로

〈표 7-3〉 국제결혼 비율과 외국인 아내·남편 비율

〈표 7-3〉 국제결혼 비율과 외국인 아내·남편 비율

연도	총 결혼 (건)	국제결혼 (건)	%	외국인 아내 (명)	%	외국인 남편 (명)	%
1990	399,312	4,710	1.2	619	0.2	4,091	1.0
2001	320,063	15,234	4.8	10,006	3.1	5,228	1.6
2002	306,573	15,913	5.2	11,017	3.6	4,896	1.6
2003	304,932	25,658	8.4	19,214	6.3	6,444	2.1
2004	310,944	35,447	11.4	25,594	8.2	9,853	3.2
2005	316,375	43,121	13.6	31,180	9.8	11,941	3.8
2006	332,752	39,690	11.9	30,208	9.1	9,482	2.8

출처: 통계청 국가통계포털(2006).

2005년에 이루어진 결혼의 13.6퍼센트가 국제결혼이라는 사실은 많은 사람에게 충격이었다. 그해에 결혼한 사람 여덟 명 중에 한 사람은 국제결혼을 했으며, 그 비율만큼의 '혼혈' 아이들이 태어날 것을 의미했으니, 이제 단일민족이라는 신화는 더 이상 얘기를 꺼내는 것조차도 쑥스러운 상황이 되어 버렸다. 비록 2006년에 11.9퍼센트로 약간 낮아지기는 했지만, 여전히 아홉 명 중에서 한 명은 국제결혼을 하는 셈이다. 〈표 7-3〉을 보면 1990년만 해도 전체 결혼의 1.2퍼센트에 불과하던 국제결혼은 2001년이 되면서 4.8퍼센트로 늘더니, 2003년에는 8.4퍼센트, 2004년에는 11.4퍼센트, 그리고 2005년에는 13.6퍼센트로 급증했다.

그 외에도 한국에는 이제 한 해 천 명이 넘는 새터민이 들어오고 있어서

예상된다. 1970년에 어린이 인구가 무려 42.5퍼센트였고 노인 인구가 불과 3.1퍼센트에 그쳤던 것에 비하면 바야흐로 인구 구성의 혁명적인 변화가 다가오고 있다(통계청 2006). 이렇게 되면 산부인과, 소아과를 비롯해서 출산이나 어린이 관련 산업은 대대적으로 축소되고 노인 관련 산업이 호황을 맞게 되며, 국민연금의 지출 부담이 급증하는 등의 대대적인 변화가 예상된다.

2007년에는 전체 새터민 수가 1만 명을 넘어섰고, 해외여행이나 단기·장기 유학을 경험하고 돌아온 사람들의 숫자가 늘어남으로써 다른 문화에 대한 감수성이 높은 사람들이 대폭 늘어났다. 이와 더불어 관광이나 사업을 위해 입국하는 외국인의 수도 매년 급증하고 있고, 텔레비전 오락 프로그램에서도 외국인들이 대거 등장해서 때로는 서툰 한국말로, 또 때로는 유창한 한국말로 우리의 눈과 귀를 사로잡고 있으며, 정부도 2006년 4월 이후에 다양한 다문화 관련 정책들을 내놓았다. 이젠 정말 다문화 사회를 부정할 수 없는 단계에 이르렀다. 덕분에 우리는 다문화 사회가 무엇을 의미하는지, 혹시 어떤 문제는 없는지, 달리 고려할 점은 없는지 생각해 볼 겨를도 없이 숨 가쁘게 다문화 사회로 달려가고 있다. 어느덧 우리는 한국이 이미 다문화 사회를 이루었거나 조만간 이룰 것이라고 생각하게 되었다. 얼마 전까지 단일민족임을 자랑스러워하고 한민족의 우수성에 자부심을 느낀 것과 비교해 보면 너무나도 쉽게 바뀐 것이 아닌가.

2. 다문화주의에 대한 비판

다문화 사회가 인구의 국제 이동으로 말미암아 생긴 다인종·다민족 상황을 지칭하는 표현이라면, 그것을 유연하게 수용하자는 주장 또는 그런 정책적인 입장은 다문화주의라고 할 수 있다. 다문화주의의 핵심은 한 사회나 국가 안에 여러 문화가 존재한다는 사실을 받아들이고 각 문화의 고유 가치를 존중하는 것이다. 이런 입장은 좀 더 넓은 개념인 다원주의의 일종이라고 볼 수 있다. 다원주의란 어떤 문화나 사회적 요소는 전체 사회구성원 사이에서 공유되지만 다른 요소는 특정 인종이나 민족 집단 사이에서만 공유되는 현상, 또는 그것을 추구하는 이념을 의미한다. 다원주의에 반대되는 개념은 동화주의인데, 이것은 소수자들이 주류 문화에 동화해야 한다는 입장이다. 다원주의 사회에서는 일부 사람들이 자신들만의 친목 단체, 회사, 종교 등을 가지며, 자기 나름의 생활양식, 음식, 의복, 가치관을 유지하며 생활한다. 모든 것을 용광로melting pot에 넣어 녹여서 새로운 것을 만든다는 동화주의 모델과는 달리 다원주의 모델에서는 일종의 모자이크와 같은 모습으로 서로 조화를 이루며 공존하는 양상을 띤다.

이렇게 보면 다원주의에 기초한 다문화주의는 포용력 있는 좋은 개념처럼 보이며, 과연 누가 이것을 반대하겠는가라는 생각이 들 수도 있다. 그러나 다문화적 환경에서 다문화주의가 일찍이 도입된 나라에서는 그에 대한 반격도 만만치 않다. 미국의 역사학자 슐레진저Arthur Schlesinger, Jr.는 다문화주의가 미국의 통합 이념인 용광로라는 개념에서 단절되는 것이라고 보았으며, "용광로가 바벨탑에게 자리를 내주는" 셈이라고 주장했다(Feagin and Feagin 1996, 458). 여러 나라 사람들이 용광로 안에서 녹아 미국이라는 새로운 정체성이 형성되어야 하는데, 다문화주의가 채택되면 각자 자기 문화의 정체성을 강하게 간직하게 되고 뿔뿔이 흩어져 존재하게 된다는 걱정이다.

나아가 소수자 문화를 존중하자는 것은 자칫하면 극우적인 주장의 근거로 이용될 수도 있다. 프랑스의 극우 정당인 국민전선은 노골적인 인종차별보다는 '다문화적'인 주장으로 이민자 추방을 정당화한다. 즉 '민족은 저마다 고유의 문화를 가지고 있다. 그러므로 다른 민족에 동화시키는 것은 인도적으로 옳지 못하며 불가능하다. 따라서 프랑스 문화에 융화되지 못하는 외국인에게는 동화정책을 강행할 수 없으며, 본국으로 돌아가게 해서 자기 문화를 지킬 수 있도록 하는 정책을 마련해야 한다'는 것이다. 소수자를 존중한다는 명목으로 그들과 '주류' 사회의 문화적 차이를 좁힐 수 없는 결정적인 것으로 해석해 버리는 것이 극우적 주장이며 그것은 바로 다문화주의가 가질 수 있는 약점이기도 하다. 각 문화의 주체인 소수민족과 소수인종의 존재를 주류 문화와 섞일 수 없는 특이한 것으로 과잉 해석하지 않게 하는 것이 다문화 사회를 지향하는 사람들에게 주어진 과제다.

한편, 상대적으로 우호적인 입장에서 다문화주의를 비판해 보자면, 다문화주의 정책이 오히려 소수자를 주변화시킬 가능성을 지적할 수 있다. 즉 소수자들이 자기 고유의 것을 존중하고 간직해야 한다는 점을 지나치게 강조하다 보면, 사회 성원 전체가 마땅히 누려야 할 것이 결핍된 상태인데도 그것이 마치 그들 고유의 성질인 양 인정해 버릴 수 있다는 것이다. 보편적인 인권 차원에서 보면 간과하기 어려운 것들이 '그들의 문화'라는 이유로 그냥 지나쳐야 하는 경우가 생길 것이다. 특히 소수자의 열악한 정치적·경제적·사회적 환경은 무시하고 오직 문화적 자율성만을 보장해 주는 것은 그들이 처한 열악하고 불평등한 상황을 외면하는 결과를 낳을 수 있다.

다문화주의는 한 사회 안에서 단일 문화주의에 근거해서 소수자와 이민자들을 동화시키려는 정책이 한계에 이르자 동화주의에 대한 대안으로 제시된 것이다. 따라서 다문화주의는 다양한 문화를 인정한다는 내용의 이념이기도 하지만, 다인종·다민족적인 상황에 대응하기 위해 국가가 채택하는 정책이기도 하다. 한국 정부는 별다른 논의 없이 다문화주의를 국가의 공식적인 입장으로 선택했다. 물론 국민의 저항도 별로 없었다. 정부는 새로워진 환경에 직면해서 국가 운영이나 정책 집행에서 불필요한 갈등을 줄이고자 그런 입장을 선택했다고는 하지만, 우리 국민은 오랜 기간 주입당해온 단일민족주의를 어떻게 그토록 쉽게 버릴 수 있었을까? 외부인에게 배타적이라고 스스로 비판해 온 한국 사회가 왜 이리 쉽게 바뀌었을까?

우리는 긴 역사를 통해서 '한'^恨이나 '정'^情 같은 특별한 정서와 고유의 문화를 발전시켜 온 사실을 자랑스럽게 여기지만, 한편으로는 외국 문화를 끊임없이 받아들여 왔다. 오랜 역사에 걸친 중국 문화의 수용, 강제적인 측면이 있었지만 비교적 짧은 시간에 이루어진 일본 문화의 수용, 최근 들어 볼 수 있는 미국 문화의 폭발적인 수용 등을 보면 남들과 유리된 우리만의 독특함, 특이함이 있다는 사실을 인정하기가 어려워진다.

우리가 외국 문화를 끊임없이 받아들이면서도 우리 고유의 문화가 있다고 느끼는 이유는 외국 것의 수용이 우리 본질을 해치지 않는다고 느끼기 때문이다. 본질은 변함이 없고 주변적인 것들만 바뀌기 때문에 위협을 느끼지 않는 셈이다. 이주노동자를 도와주자, 차별하지 말자는 얘기도 그 수가 우리를 위협할 정도가 아니고, 국제결혼을 해 온 동남아 출신 이주 여성을 따뜻하게 맞아 주자는 것도 그들이 우리 고유문화의 근간을 흔들 정도로 많지 않기 때문이다. 만약 이주노동자들이 한국인의 일자리를 위협하고, 이주 여성의 수가 너무 많아져서 고유의 것들이 사라질 형편에 놓인다면 분위기는 달라질 것이다. 우리의 본질에 아무런 위협이 없고 변함이 없기 때문에 받아들인다는 사고방식은 진정한 혼용, 상호 침투, 공생의 개념과는 거리가 멀다. 겉으로는 다문화 사회 운운하면서도 사회의 본질은 폐쇄적이고 배타적인 셈이다. 우리는 사회의 배타적 본질과 다문화적 모습이 혼재된 예를 우리 주변에서 얼마든지 발견할 수 있다. 이주노동자에 대한 추방과 사회적 차별이 존재하는 현실 속에서 그들을 위한 문화 행사를 개최하는 것이나, 화교에 대한 차별과 냉대가 존재하는 상황에서 중국이나 홍콩 배우를 동경하는 것, 혼혈인에 대한 차별과 비하가 존재하는 현실에서 '얼짱' 혼혈인 스타에 열광하는 것을 생각해 보라(박경태 2007, 189-190).

3. 누가 한국인인가

　피의 순수성이 중요하다고 해서, 화교 배구 선수인 후인정이 귀화하여
국가대표로 태극마크를 달고 경기하는 것이 우리 민족의 명예를 손상하는
일이라고 생각하는 사람은 별로 없다. 민족에 대한 강조가 우리 못지않은
일본에서도 브라질 출신 선수들이 국가대표 선수로 활약하는 것을 보고 시
비를 거는 일본 사람이 있었다는 얘기는 들어보지 못했다. 그러나 미국에
서 골프 선수로 활약하고 있는 박세리의 미국 귀화설이 1999년에 언론을
통해서 전해졌을 때, 그리고 지금은 한국에서 대표 선수로 뛰는 농구 선수
하은주가 2003년에 일본으로 귀화했을 때 많은 한국 사람들은 섭섭함을 표
현했고 심지어는 배신감을 느낀다고 말했다.[3] 이것을 볼 때 귀화에 대해서
후한 입장은 어디까지나 한국 국적으로 귀화해 올 때에 국한된 것임을 알
수 있다. 다른 나라의 국적을 취득해서 귀화해 가는 것은 어떤 의미에서 반
민족적인 행위로 간주하는 분위기도 있다. 도대체 민족이 무엇이기에 '반민
족'적인 것에 흥분하게 될까? 과연 우리 민족은 누구를 말하는가?
　혼혈인 가수인 인순이나 윤수일은 우리 민족인가? 역시 혼혈인 연기자
인 다니엘 헤니나 데니스 오는 어떤가? 기지촌에서 태어나 아버지의 나라
에 가서 살고 있는 한국말 못하는 혼혈인은 우리 민족인가? 스웨덴에 입양

3　한국의 주요 언론은 일제히 1999년 2월 4일자 기사에서 박세리가 귀화를 원한다는 기사를 실
었고, 바로 다음 날에는 사실이 아니라는 본인의 해명 기사를 실었다. 중학생 때 부상을 입은 하은
주는 혹시라도 다른 학교 선수로 뛸까 봐 선수 포기각서를 요구한 한국의 학원 스포츠에 상처를
입어 일본 유학을 간 경우였다. 하은주의 일본 귀화 보도 이후 이런 내용이 상세하게 알려지자 오
히려 하은주에 대한 동정 여론이 많아졌다.

되어 가서 성장한 사람은 우리 민족인가? 미국에 이민해서 연방하원의원이 되었다고 영웅시되었던, 그러나 이민자들의 혜택을 삭감하는 법률에 찬성함으로써 결과적으로 한국계 이민자들에게 불리한 입법 활동을 했던 김창준은 우리 민족인가? 텔레비전에서 자주 보는 이한우, 로버트 할리, 이다 도시, 그리고 귀화한 러시아계 축구 선수 사리체프 등은 우리 민족인가?

2003년 일본 오사카에서 열린 세계유도선수권대회에서는 우리가 볼 때 참으로 진기한 일이 벌어졌다. 세 명의 재일동포 남자 선수들이 세 개의 다른 국적으로 출전한 것이다. 강의계는 태극마크를 달고 100kg급에 출전했고, 김태의는 81kg급에 북한 선수로 출전을, 그리고 지금은 격투기 선수로 활동하고 있는 추성훈은 역시 81kg급에 일본 선수로 출전했다. 대학 시절 일본 전국대회를 휩쓸었던 강의계는 한국 국적이라는 이유로 일본대표에 선발되지 못하자 모국행을 선택해서 태극마크를 달았고, '조선적'을 갖고 있던 김태의는 해당 체급의 북한 대표 선수가 은퇴하면서 빈자리에 발탁되었다. 추성훈은 1998년에 한국에 와서 부산시청에 입단했고 2000년 한국마사회배 코리아오픈 국제유도대회 우승과 2001년 아시아선수권대회 우승을 차지했지만, 국내 유도계의 편파 판정에 반발해서 2001년에 일본으로 돌아가 귀화해 버렸다(『한겨레』 2003/09/11). 같은 한민족이면서도 서로 다른 세 개의 국적으로 대회에 출전한 선수들, 과연 민족이란 무엇인가, 국적이란 무엇인가.[4]

이 중에서 추성훈의 사연은 민족과 관련해서 더욱 극적인 내용을 담고

---

4 이 대회에서 강의계는 2회전에서, 김태의는 1회전에서, 그리고 추성훈은 동메달 결정전에서 각각 패배했다.

있다. 역시 유도 선수였던 그의 아버지는 1974년에 한국 전국체전에서 우승했고, 한국 국가대표 상비군까지 지냈다. 그런 아버지의 뒤를 이어 추성훈도 고교 시절 전국대회를 휩쓸었고, 긴키대학 시절인 1995년부터 1997년까지 일본 관서지방 유도대회를 3연패한 독보적인 존재였지만 아버지의 뜻에 따라 태극마크를 달겠다는 목표로 한국에서 선수 생활을 하게 되었다. 하지만 재일동포 출신이라는 이유 말고도, 국내 유도계를 지배하고 있는 특정 대학 출신이 아니라는 이유로 번번이 대표 선발에서 탈락하자 "(국적을) 바꿔야지. 말을 해도 안 됩니다, 여기(한국)는"이라는 말을 남기고 일본으로 건너가서 귀화해 버렸다. 2002년 부산 아시안게임에서 그는 일본 대표인 아키야마 요시히로가 되어서 돌아왔고 결승전에서 하필이면 한국의 안동진을 꺾고 금메달을 차지했다. 당시 한 스포츠신문은 1면 머리기사로 '추성훈이 조국을 메쳤다'고 했지만 추성훈은 "나는 영원한 한국 사람"이라고 우승 소감에서 밝혔다.

추성훈은 2004년 아테네올림픽 일본 대표 선발전에서 탈락한 후 종합격투기 선수로 전향했다. 2005년 11월에 서울에서 열린 격투기 케이원K-1 '히어로스' 대회에 출전한 추성훈은 1라운드 중반 오쿠다 마사카쓰에게 잇단 펀치 세례를 퍼부은 끝에 티케이오TKO승을 거뒀다. 추성훈은 오쿠다를 꺾자마자 벌떡 일어서 양쪽 어깨에 붙이고 나온 태극기와 일장기를 번갈아 손바닥으로 탁탁 내리치는 인상적인 장면을 연출했는데, 경기 뒤 링 위에서 마이크를 잡은 그는 "나는 지금 한국 사람이 아닌 일본 사람이지만, 내 가슴에는 한국 사람의 피가 흐르고 있다"고 소리쳐 박수갈채를 받았다(『프레시안』 2005/11/18 ; 2007/04/06). 자기를 버린 조국의 국기를 어깨에 붙이고 경기장에 서지만, 이제는 아키야마 요시히로가 된 추성훈. 그는 과연 한민족인가.[5]

한 사회에서 남다른 특징을 갖는다고 반드시 소수자가 되는 것은 아니다. 어떤 사람이 가지고 있던 '사소한' 차이가 특정한 상황에서 결정적인 차이로 인식되는 순간, 그 사람은 소수자가 된다. 그 차이가 차별의 정당한 원인으로 여겨질 때, 그 사람이 누리던 인권은 유보된다. 차이는 가지고 태어나는 것이 아니라 만들어지는 것이다. 1장에서 5대조 상상 중의 한 명이 흑인이므로 여권 신청서에 백인이라고 기재한 것이 잘못된 것이라는 이유로 여권 발급을 거절당한 수지 길로이 핍스의 경우에서 본 것처럼, 인종적인 차이란 원래 존재하는 것이 아니라 만들어진 것에 불과하다. 더구나 흑인의 피가 한 방울이라도 섞이면 흑인으로 규정되는 '피 한 방울의 법칙'은 라틴계나 아시아계에는 적용되지 않고 있다. 오직 '흑인종'에게만 적용되는 법칙으로, 이것은 인종적 차이가 얼마나 인위적인가를 보여 주는 예다.

르완다의 후투족과 투치족 사이의 인종 학살도 인위적 차이가 낳은 끔찍한 결과다. 벨기에는 르완다 식민지 통치를 위해서 인구의 14퍼센트에 불과한 투치족을 통치의 동반자 또는 앞잡이로 삼고 85퍼센트의 후투족을 억압하는 정책을 폈다. 1962년에 독립을 이룬 뒤에도 지속된 적대 감정은 결국 1994년 대통령 피살 사건을 계기로 종족 말살 전쟁으로 번져서, 지금까지 살해당한 사람의 숫자가 100만 명에 이른다고 알려졌다. 그런데 문제는 '후투'나 '투치'라는 종족 구분의 기준이 극히 애매모호하며, 일종의 계급적 차이라고 볼 수 있다. 이렇듯 '사소한' 차이일 수 있는 것이 마치 결정적

---

5 추성훈은 2006년 말에 열린 대회에서 일본의 격투기 영웅 사쿠라바 가즈시를 간단하게 1회 TKO로 물리쳤는데, 몸에 스킨로션을 바르고 링에 올랐다는 이유로 무기한 출전 정지 처벌을 받았다. 이 처벌에 관해서는 그가 '진짜 일본인'이 아니어서 지나치게 과도한 처벌을 받은 것이라는 주장도 심심치 않게 나오고 있다.

인 종족의 차이로 확대된 것은 유럽 열강이 이 지역을 효율적으로 통치하려고 의도적으로 조장했기 때문이다(이정록 1997, 93).

종교를 비롯한 여러 가지 생활 습관이 다르다고 해서 다른 민족을, 소수자를 차별한다는 논리는 성립하기 어렵다. 우리가 아는 것과는 달리 유대인은 서유럽 사회에서 놀랄 만큼 동화되어 있었다. 나치가 유대인에게 '노란 별'을 가슴에 달도록 강요한 것은, 그들에게 오명을 각인시키기 위해서라기보다는 오히려 그렇게라도 하지 않으면 유대인과 비유대인을 구별할 수 없기 때문에 내린 조치였다. 유대인이 집단적으로 학살당한 이유는 그들이 동화되지 않는 예외적 존재여서가 아니라 지나치게 동화되어 구별할 수 없을지도 모른다는 공포감 때문이었다. 거리가 가까워질수록 경계를 유지하기 위한 차별화의 힘이 더 강하게 작용하는 것이다. 앞의 6장 2절에서 살펴본 것처럼 북아프리카 마그레브 지역에서 프랑스로 일찌감치 이주해 간 사람들이 중국이나 동남아시아 출신 이민자들보다 더 차별받거나 귀화하지 않는 것을 보면, 언어나 문화의 측면에서 차이가 더 큰 사람들보다 더한 차별을 받는 것을 보면 차이 때문에 차별한다는 논리는 성립되지 않는다. 차별하고 싶어서 차이를 강조하는 것이다(고자카이 도시아키 2003, 43-45).

반면에 소수자가 되지 않을 수도 있지만 자기가 원해서 소수자의 길을 선택하는 경우도 있다. 예를 들면, 한국의 화교와 일본의 재일 조선인들이 바로 그들이다. 한국 사람이 미국에 이민하면 대부분 미국 국적을 취득하려고 하며, 혹시 본인은 영주권만 가진 채 한국 국적을 유지하더라도 자녀들이 미국 국민이 되는 것은 당연하게 생각한다. 그러나 재일 조선인의 경우는 다르다. 미국으로 간 사람들보다 훨씬 더 일찍 일본에 정착한 역사를 가진 1세대들은 지금까지 압도적인 다수에 해당하는 4분의 3이 귀화하지 않고 있다. 귀화하더라도 차별이 별로 개선되지 않을 것이라는 이유도 있겠지만, 중요한 것은 심리적인 저항감이다(고자카이 도시아키 2003, 197-207). 일본 국적을 취득하는 것을 '악마에게 혼을 파는 것'으로 느낀다면, 그리고 한국이나 조선의 국적 유지를 사람이 지녀야 할 마지막 자존심으로 느낀다면 귀화는 쉬운 일이 아니다. 외모나 언어, 문화에서 전혀 구별하기 어려운 사람들이 스스로 원해서 소수자의 길을 걷고 있다.

한국의 화교도 거의 같은 상황에 놓여 있다. 물론 대국大國 출신이라는 자부심도 한몫하겠지만, 이미 3대나 4대째 한국에서 살고 있고 또 앞으로도 계속 살아갈 사람들이 귀화하지 않고 '버티는' 이유는 인종이나 민족적 차이만으로 설명할 수 없다. 한국 음식이 없으면 밥을 먹지 못한다는 사람들이 있고 중국보다 한국에 문화적 친밀성을 더 진하게 느끼는 사람들이다. 동화하지 않는 사람들에게 불이익을 주고 귀화를 강요해 온 정부 정책의 결과는 오히려 화교들을 더 똘똘 뭉치게 했고 민족 교육의 끈을 놓지 않게 했다. 억압받는 화교 사회가 한국으로 귀화한 사람들을 일종의 배신자로 인식하게 한 근본적인 책임은 한국 정부와 한국 사회에 있다.

4. 진정한 다문화 사회를 위하여

억압의 대상으로서 소수자를 바라보는 시각은 피해자의 억울한 현실을 드러내 준다는 점에서 긍정적인 측면도 있지만, 주체적인 문제 해결의 가능성을 배제한다는 점에서 만족스럽지 못하다. 소수자는 소외당한 객체이기도 하지만 자신이 처한 현실과 문제를 해결하려고 적극적으로 움직일 가능성을 지닌 주체이기 때문이다. 운동의 주체로서 소수자는 표준화를 거부하는 사람이다. 이성에 근거하여 설정된 표준적인 근대 인간상은 백인·남성·이성애자·본토박이·건강인·지성인·표준어를 쓰는 사람 등으로 나타나는데, 이것은 결국 다수자의 상, 권력자의 상이며 국가나 사회의 지배적인 가치로 나타난다. 반면에 유색인·여성·어린이·동성애자·이주민·환자·무지렁이·사투리를 쓰는 사람 등은 이에 대비되는 인간상이다. 표준적인 인간상에 대항하는 소수적인 인간상이 다양하게 표출되는 것은 차이를 강조하는 탈근대에 접어들면서 새롭게 나타난 현상이라고 할 수 있다(윤수종 2005, 13 ; 2002, 11-13).

한국의 경우 인종적·민족적 소수자들의 사회운동은 미미하다. 이주노동자를 지원하는 한국인 중심의 시민단체가 벌이는 제도 개선 운동이 거의 전부라고 할 정도다. 최근에 이주노동자 노동조합이 결성되어서 활발하게 움직이고 있지만 아직은 한국인 활동가들의 도움 없이는 유지하기 어려운 걸음마 단계라고 볼 수 있다. 화교의 경우, 한국 사람조차 권리 주장을 제대로 못하던 상황에서 자신들의 인권을 운운할 처지가 되지 못했고, 혼혈인들은 아예 존재 자체를 부정당해 은밀한 입양으로 갈등을 해결거나 기지촌에서 알아서 살아갈 수밖에 없었다. 사회운동은 고사하고 생존 자체가 절박한 상황인 셈이었다. 반면에 인종적·민족적 소수자가 아닌 '일반' 소수자 중에서 여성이나 장애인 집단은 꾸준히 목소리를 내면서 자신의 존재를 알려 왔다.

사회의 다양성은 이제 사회운동의 다양성을 요구하고 있다. 기존의 사회운동이 '노동운동의 중심성'과 같은 하나의 가치를 추구하며 삭발, 단식, 검거, 투옥 등의 엄숙하고 심각한 운동이었다면 탈근대 시대의 사회운동은 다양한 가치를 추구하는 다양한 방식의 운동을 낳고 있다. 물론 이것이 '경박하고 내용 없는 각자의 목소리'에 그친다고 비판할 수도 있지만, 사회 자체가 그렇게 변해 가기 때문에 사회운동도 과거의 가치에만 머무를 수는 없다. 소수자는 하나의 특징을 갖는 사람들이 아니다. 소수자는 단순히 다수자에게 적대적이기 때문에 소수자인 것이 아니라 다수자의 작용 방식과는 다른 작용 방식을 지니기 때문에 소수자다(윤수종 2002, 15). 따라서 소수자운동은 다수자화하지 않는, 즉 지배 장치화하지 않는 방식으로 작동되어야 하며 그럴 때에 비로소 거부와 부정이 아니라 긍정과 구성으로 나아가는 운동이 될 수 있다.

그렇지만 다양한 가치를 인정하는 사회를 만들기 위한 소수자들의 공동 노력, 즉 소수자 사이의 연대는 미약해 보인다. 물론 소수자 집단별로 처한 상황이 극적으로 달라서 연대가 어렵다는 점도 있고, 또 연대의 강요가 기존의 사회운동 방식을 벗어나지 못한 것이라는 지적도 있을 수 있다. 그러나 소수자와 관련된 문제의 상당 부분은 국가와 직접적인 연관성을 갖고 있다. 여성 고용 평등이나 장애인 고용 촉진을 위한 노력이 국가의 강제 없이는 실제로 불가능하다는 점, 동성애자들의 권리 증진을 위해서는 개인의 삶에 국가 개입이 최소화되어야 한다는 점, 이주노동자들의 인권 향상을 위해서는 올바른 고용법안이 필요하다는 점 등이 그것이다. 따라서 소수자운동의 일정한 힘은 제도 개선에 모을 필요가 있으며, 때로는 연대를 통해서 풀어야만 가능할 수도 있다. 수평적인 집단들의 거미줄 같은 연대망, 그것이 바로 다수자 중심의 국가 틀에 균열을 내는 힘이 된다.

2007년 8월 17일에 유엔 인종차별철폐위원회는 대한민국 정부가 제출한 인종차별철폐 관련 보고서에 대한 심사 견해 보고서를 발표했는데, 여기에서 이 위원회는 대한민국이 민족적 단일성을 강조하는 것은 대한민국 영토에 거주하는 타 민족적 및 국가적 집단 간의 이해, 관용, 우의를 증진하는 데 저해가 될 수 있다는 우려를 밝혔다. 또한 이 위원회는 대한민국이 현재 대한민국 사회의 다민족적 성격을 인식하고, 현재 대한민국의 실제 상황에 더 이상 적합하지 않은 단일민족 국가라는 대한민국의 이미지를 극복하기 위하여 교육, 문화 및 정보 분야에서 적절한 조치를 채택하도록 권고했다. 이 권고에는 특히 초등 및 중등학교 교육 과정과 교과서에 국내에 거주하는 다른 민족 및 국가 집단의 역사와 문화에 대한 정보, 모든 인종, 민족 및 국가 집단 간의 이해와 관용, 우의를 증진시키는 인권 의식 프로그램을 포함할 것 등이 들어 있다.

한국이 다민족 사회임을 인정하라는 이런 내용은 불과 얼마 전까지만 해도 무척이나 낯설게 들렸을 것이다. 그러나 최근 한국 사회에 불고 있는 다문화 바람 때문에 우리가 단일민족이 아니라는 주장은 이제 더 이상 낯설게 들리지 않는다. 우리가 그렇게 쉽게 한민족 개념을 버릴 수 있게 된 것은 우리가 갑자기 너그러워지고 계몽되어서가 아니라 민족을 동원하려는 국가의 세뇌가 더 이상 통하지 않는 시대가 되어서 그런 것이다. 원래 한민족 개념 자체가 논리적으로 취약한 것이기도 했다. 그렇다면 앞으로도 한국 사회는 계속 다문화적일 것인가, '이방인'을 언제나 웃으면서 우리의 일부로 받아들일까. 반드시 그렇지 않을 수도 있다. 대표적인 다인종·다문화 국가인 미국에 아직도 인종차별이 있는 현실, '똘레랑스'의 나라로 알려진 프랑스에서도 무슬림 청년들이 폭동을 일으키는 현실, 나치의 침략을 받았던 러시아에서도 네오 나치주의자들이 비백인들을 살해하는 혐오 범죄가 발생하는 현실을 보면 우리의 미래도 그렇게 만만한 것이 아니다. 오랜 기간 주입당해 온 단일민족주의는 언제라도 다시 고개를 내밀 수 있다.

다문화 사회는 국가의 공식 입장이나 일방적인 선언으로만 존재해서는 안 된다. 피부색이 다른 소수자들에 대한 멸시, 우리보다 가난한 나라에서 온 사람들에 대한 차별을 그대로 지닌 상태에서 상대에 대한 아무런 이해 없이 다문화적인 척하는 것, 다문화가 이뤄진 척하는 것은 자기기만에 불과하다. 그것보다 중요한 것은 서구나 백인의 눈으로 세상을 바라보는 것을 멈추고, 버마에서는 왜 독재가 지속되고 있는지, 필리핀 노동자는 왜 한국에 와야만 했는지, 베트남 신부는 무엇 때문에 한국에 시집올 수밖에 없었는지를 우리의 눈으로 보고 그들의 목소리로 배워야 한다. 그들을 받아들이는 것이 다문화가 아니라 우리가 변하는 것이 다문화이다.

참고문헌

강재언·김동훈. 하우봉·홍성덕 옮김. 2000. 『재일 한국·조선인 - 역사와 전망』. 한림신서.

강철구. 2002. "서론: 서양 문명과 인종주의". 한국서양사학회 엮음. 『서양 문명과 인종주의』. 지식산업사.

고자카이 도시아키. 방광석 옮김. 2003. 『민족은 없다: 민족이라는 허구에서 열린 공동체로』. 뿌리와 이파리.

교육인적자원부. 2006. 화교학교 학력인정 관련 내부 자료.

구해근. 신광영 옮김. 2002. 『한국 노동계급의 형성』. 창작과비평사.

국가안전기획부. 1995. 『전세계 화교의 경제활동 실태』.

굴드, 스티븐 제이. 김동광 옮김. 2003. 『인간에 대한 오해』. 사회평론.

그레이, 케빈. 조계원 옮김. 2004. "'계급 이하'의 계급으로서 한국의 이주노동자들". 『아세아연구』 49권 2호.

기든스, 앤서니. 김미숙외 옮김. 1994. 『현대사회학』. 개정판. 을유문화사.

김갑주. 1982. "한국 혼혈청소년의 복지문제". 『사회복지』 75호.

김경국·최승현·이강복·최지현. 2005. "중국 해외이민의 제 명칭 분석 연구". 『중국인문과학』 31.

김기홍. 1995. "재한 화교의 Ethnicity에 관한 연구: 재한 화교의 적응 과정에 대한 사례를 중심으로". 고려대학교 석사학위논문.

김동심 외. 2003. 『기지촌 혼혈인 인권실태조사』. 국가인권위원회.

김동춘. 2000. 『근대의 그늘: 한국의 근대성과 민족주의』. 당대.

김봉철. 2002. "고대 그리스 문명과 인종의식: 고대 그리인의 이집트 인식". 한국서양사학회 엮음. 『서양 문명과 인종주의』. 지식산업사.

김수용·고규진·최문규·조경식. 2001. 『유럽의 파시즘』. 서울대학교출판부.

김연자. 2005. 『아메리카 타운 왕언니 죽기 오분 전까지 악을 쓰다』. 삼인.

김우선. 2005. "〈사목헌장〉의 빛으로 본 이주노동자 사목과 한국 교회의 복음화". 미발표 원고.

김원. 2005. "세계화 이후 한국 이주노동을 둘러싼 담론들에 대한 분석". 『세계화·정보화시대 국가·시민사회와 한민족의 위상』. 서강대학교 사회과학연구소 국제학술회의 자료집.

김은미·김지현. 2007. "다문화 사회 내 외국인 마을에 대한 이론적 고찰: 서울의 자생적 외국인 마을을 중심으로". 한국 사회학회 전기사회학대회 발표논문.

김종규. 1993. 『한국의 화교 거주지 연구: 인천 지역을 중심으로』. 경희대학교 교육대학원 석사학위논문.

김창남. 2003. 『대중문화의 이해』. 한울아카데미.

_____. 2005. "문화는 삶이고 산업이며 실천이다". 학술단체협의회 엮음. 『사회를 보는 새로운 눈: 과학적 사고와 비판적 인식을 위하여』. 한울.

김현미. 2005. 『글로벌시대의 문화번역』. 또 하나의 문화.

노르베르 호지, 헬레나. 김종철·김태언 옮김. 1996. 『오래된 미래: 라다크로부터 배운다』. 녹색평론사.

니시카와 나가오. 윤대녕 옮김. 2002. 『국민이라는 괴물』. 소명출판.

다큐인포. 2004. 『부끄러운 미군문화 답사기』. 북이즈.

로웬, 제임스 W. 이현주 옮김. 2001. 『선생님이 가르쳐 준 거짓말』. 평민사.

모건, 에드몬드 S. 황혜성 옮김. 1997. 『미국의 노예제도와 미국의 자유』. 비봉출판사.

문, 캐서린 H. S. 이정주 옮김. 2002. 『동맹 속의 섹스』. 삼인.

민병갑. 1991. 『미국속의 한국인』. 유림문화사.

박경태. 1999. "한국 사회의 인종차별: 외국인노동자, 화교, 혼혈인". 『역사비평』 48호.

_____. 2001a. "노동력 송출국에서 본 이주노동자의 사회적 연결망: 필리핀의 가족과 공동체를 중심으로". 『신학사상』 113호.

_____. 2001b. "사회적 자본으로서 NGO의 역할과 아시아 이주노동자 문제: 필리핀과 홍콩의 NGO를 중심으로". 『경제와 사회』 52(겨울호).

_____. 2007. 『인권과 소수자 이야기: 우리가 되지 못하는 사람들』. 책세상.

박경태·남현주. 2007. 『미국 거주 한국계 혼혈인 실태조사』. 재외동포재단 연구보고서.

박경태·설동훈·이상철. 1999. "국제 노동력 이동과 사회적 연결망: 경기도 마석의 필리핀인 노동자 집단을 중심으로". 『한국 사회학』 33.

박경태·안태숙·남현주. 2006. 『미군관련 혼혈인 실태조사 및 중장기 지원 정책방안』. 여성가족부 연구보고서.

박경태·장수현. 2003. 『국내거주 화교 인권실태조사』. 국가인권위원회.

박기현. 2007. 『우리 역사를 바꾼 귀화 성씨: 우리 땅을 선택한 귀화인들의 발자취』. 역사의아침.

박사명·박은경·신윤환·오명석·전경수·조흥국. 2000. 『동남아의 화인사회』. 전통과현대.

박석운. 2001. "한국 내 외국인 이주노동자 지원활동의 네트웍 현황과 연대 방안의 모색". 『외국인 이주노동자를 위한 국제 민간 포럼 자료집』. 한국기독교사회문제연구원.

_____. 2002. "외국인 이주노동자 투쟁의 전개와 정부의 제도 개선 방안에 대한 투쟁 방향". 『아웃사이더』 9.

박은경. 1981. "화교의 정착과 이동: 한국의 경우". 이화여자대학교 대학원 사회학과 박사학위논문.

_____. 1986. 『한국 화교의 종족성』. 한국연구원.

박천응. 2003. "이주노동자 운동과 지원단체의 활동 전망". 『2003 이주노동자운동 정책심포지움 자료집』. 대전포럼.

박호성. 1997. 『남북한 민족주의 비교연구: '한반도 민족주의'를 위하여』. 당대.

법무부. 2007. "법무부 2007년 8월 보도자료".

설동훈. 2000a. "외국인력 도입제도의 현황과 문제점 및 개선방향". 『주한 외국인 노동자 관련법률과 개선방향』. 사단법인 '사랑의 친구들' 창립 2주년 기념 토론회 자료집.

_____. 2000b. 『노동력의 국제이동』. 서울대학교출판부.

_____. 2002. "외국인노동자 지원 시민단체 10년간의 쟁점과 과제". 『시민사회』 6(봄).

_____. 2003a. "한국의 외국인노동자운동, 1992~2002년". 김진균 편. 『저항, 연대, 기억의 정치2: 한국 사회운동의 흐름과 지형』. 문화과학사.

_____. 2003b. "한국의 외국인 노동운동, 1993~2003년: 이주노동자의 저항의 기록". 『진보평론』 17(가을).

_____. 2003c. 『외국인노동자 실태 및 지원서비스 수요 조사』. 한국국제노동재단.

_____. 2005. "한국의 이주노동자운동". 윤수종 외. 『우리 시대의 소수자운동』. 이학사.

_____. 2007. "혼혈인의 사회학: 한국인의 위계적 민족성". 『인문연구』 52.

_____. 1998. 『외국인 노동자와 한국사회』. 서울대학교출판부.

설동훈·박경태·이란주. 2004. 『외국인 관련 국가인권정책기본계획 수립을 위한 연구』. 국가인권위원회.

설동훈·최홍엽·한건수. 2002. 『국내 거주 외국인노동자 인권실태조사』. 국가인권위원회.

손정목. 2003. 『서울 도시계획 이야기: 서울 격동의 50년과 나의 증언 (2권)』. 한울.

스터드반트, 산드라·브렌다 스톨츠퍼스. 김윤아 옮김. 『그들만의 세상: 아시아의 미군과 매매춘』. 잉걸.

신경숙. 1995. 『외딴방』. 문학동네.

신용하. 2006. "'민족'의 사회학적 설명과 '상상의 공동체론' 비판". 『한국 사회학』 40(1).

신윤동욱. 2001. "우리가 쫓아낸 사람들 - 대만 '中興街'의 한국 화교". 『한겨레 21』 354호.

신윤환. 2000. "인도네시아의 화인: 경제적 지배와 정치적 배제 사이에서". 『동남아의 화인사회』. 전통과 현대.

알렌, 테드·시드니 고든. 천희상 옮김. 1991. 『닥터 노먼 베쑨』. 실천문학사.

앤더슨, 베네딕트. 윤형숙 옮김. 2002. 『상상의 공동체: 민족주의의 기원과 전파에 대한 성찰』. 나남.

앤더슨, 페리. 1997. 『절대주의 국가의 계보』. 까치.

양필승·이정희. 2004. 『차이나타운 없는 나라: 한국 화교 경제의 어제와 오늘』. 삼성경제연구소.

엄한진. 2007. "프랑스 이민통합 모델의 위기와 이민문제의 정치화: 2005년 '프랑스 도시외곽지역 소요사태'를 중심으로". 『한국 사회학』 41(3).

엑스, 말콤. 김종철 외 옮김. 1978. 『말콤 엑스』. 창작과 비평사.

엘더, 래리. 2002. 『미국에서 절대로 말해서는 안 될 10가지』. 홍익출판사.

엘리엇, 존 H. 1991. 김원중 외 옮김. 2003. 『히스패닉 세계: 스페인과 라틴 아메리카의 역사와 문화』. 새물결.

오명석. 2000. "말레이시아 화인사회: 다종족국가 내에서의 공존과 갈등". 『동남아의 화인사회』. 전통과 현대.

_____. 2002. "화교 교육과 젊은 세대의 문화적 감성". 『당대비평』 19.

와이던바움, 머레이·사뮤엘 휴즈. 지해범 옮김. 1996. 『화교 네트워크』. 세종연구원.

왕쓰웨. 1992. "한국 화교의 입장에서 본 중국과의 수교, 대만과의 단교". 『기독교사상』 10월호.

왕춘식. 2002. "한국 화교2세의 질곡과 소망". 『당대비평』 19.

외국인노동자대책협의회. 2000. 『외국인 산업기술연수생 인권백서: 인권침해의 현장보고』.

_____. 2001. 『외국인 이주노동자 인권백서』.

원 철. 2002. "나치즘의 인종주의". 한국서양사학회 엮음. 『서양문명과 인종주의』. 지식산업사.

월러스틴, 임마누엘. 성백용 옮김. 1994. 『사회과학으로부터의 탈피: 19세기 패러다임의 한계』. 창비.

유명기. 1995. "재한 외국인 노동자의 문화적 적응에 관한 연구". 『한국문화인류학』 27.

윤건차. 2002. "민족, 민족주의 담론의 빛과 그림자". 『황해문화』 35.

윤수종. 1999. "맑스주의의 확장과 소수자운동의 의의". 『진보평론』 창간호.

_____. 2002. "우리는 모두 소수자다". 윤수종 편. 『다르게 사는 사람들: 우리 사회의 소수자들 이야기』. 이학사.

_____. 2005. "우리 시대 소수자운동의 특성과 함의". 윤수종 외. 『우리 시대의 소수자운동』. 이학사.

윤인진. 2000. "한국 사회의 배타성: 소수 차별의 메카니즘". 『사회비평』 25.

_____. 2004. "탈북자의 사회적응실태와 적응방안". 최협 외. 『한국의 소수자, 실태와 전망』. 한울.

이광규. 1996. 『세계의 한민족: 총관』. 통일원.

이덕훈. 2002. 『화교 경제의 생성과 발전』. 한남대학교출판부.

이병천·박형준 편. 1993. 『후기자본주의와 사회운동의 전망』. 의암출판.

이삼성. 1998. 『20세기의 문명과 야만』. 한길사.

이선옥. 2005. "한국의 이주노동자운동의 형성과 성격변화: 고용허가제 도입 시기 명동성당 농성단 사례를 중심으로". 성공회대학교 사회학과 석사학위논문.

이영환. 2005. "사회복지운동의 전개과정". 이영환 편. 『한국의 사회복지운동』. 인간과 복지.

이옥순. 2002. 『우리 안의 오리엔탈리즘: '인도'라는 이름의 거울』. 푸른역사.

이욱정. 1996. "외국인 노동자: 편견과 저항". 또 하나의 문화 통일소모임 편. 『통일된 땅에서 더불어 사는 연습』. 또 하나의 문화.

이이화. 1998. 『한국사 이야기 1권』. 한길사.

_____. 2003.『한국사 이야기 17권』. 한길사.

이재갑. 2004. "혼혈인 한국인으로 산다는 것". 다큐인포.『부끄러운 미군문화 답사기』. 북이즈.

이종영. 2003. "정치적 프락시스로서의 담론투쟁: 자본주의 국가의 정책을 둘러싼 담론투쟁에 대하여". 이영환 편.『통합과 배제의 사회정책과 담론』. 함께읽는책.

_____. 2004.『사랑에서 악으로: 권력의 원천에 대한 연구』. 이행총서.

이정록. 1997.『20세기 지구촌의 분쟁과 갈등』. 푸른길.

임지현. 1999.『민족주의는 반역이다: 신화와 허무의 민족주의 담론을 넘어서』. 소나무.

장수현. 2001. "한국 화교의 사회적 위상과 문화적 정체성".『국제인권법』4.

장태한. 1993.『흑인 그들은 누구인가』. 한국경제신문사.

_____. 2004.『아시안 아메리칸: 백인도 흑인도 아닌 사람들의 역사』. 책세상.

재외동포재단. 2006.『국외 입양인 백서』.

전경수. 2000. "월경소수민족으로서의 베트남 화인사회".『동남아의 화인사회』. 전통과 현대.

정신걸. 2000,『중국 조선족』. 신인간사.

정인섭. 1996.『재일교포의 법적 지위』. 서울대학교출판부.

조대환. 2001. "이주노동운동 약사와 평가".『단결과 연대를 위한 이주노동자 정치학교 자료집』. 이주노동자의 완전한 노동권 쟁취와 이주·취업의 자유 실현을 위한 이주노동자투쟁본부.

조정남. 1988.『중국의 민족문제』. 교양사.

_____. 2001. "일본의 단일민족 정책".『민족연구』7.

조현연. 2000.『한국 현대정치의 악몽: 국가폭력』. 책세상.

조홍식. 2003.『똑같은 것은 싫다: 조홍식 교수의 프랑스 문화 이야기』. 창작과비평사.

조흥국. 2000. "태국의 화인: 원만한 동화와 중국적 정체성 사이에서".『동남아의 화인사회』. 전통과현대.

진중권. 2001. "민족주의와 일상적 파시즘".『인물과 사상』17호.

최갑수. 1999. "프랑스 혁명과 '국민'의 탄생". 한국 서양사학회 편.『서양에서의 민족과 민족주의』. 까치.

최협·박찬웅. 1996.『세계의 한민족: 미국·캐나다』. 통일원.

카슨, 클레이본 엮음. 이순희 옮김. 2000.『나에게는 꿈이 있습니다: 마틴 루터 킹 자서전』. 바다출판사.

콘, 머렉. 이수정 옮김. 1999.『인종전시장』. 대원사.

콘, 한스. 박순식 옮김. 1981. "민족주의의 개념". 백낙청 편.『민족주의란 무엇인가』. 창작과비평.

톰슨, E. P. 나종일 외 옮김. 2000.『영국 노동계급의 형성: 상』. 창작과비평사.

폰타나, 조셉. 김원중 옮김. 1999.『거울에 비친 유럽』. 새물결.

콸스, 벤자민. 조성훈·이미숙 옮김. 2002.『미국흑인사』. 백산서당.

하갑래·최태호. 2005.『외국인 고용과 근로관계』. 중앙경제.

하먼, 크리스. 2001. 배일룡 옮김.『민족문제의 재등장』. 책갈피.

한건수. 2004. "타자 만들기: 한국 사회와 이주노동자의 재현". 최협 편.『한국의 소수자: 실태와 전망』. 한울.

한경구·한건수. 2007. "다문화 사회 개념과 한국 사회 다문화 담론에 대한 성찰: 단일민족국가의 자승자박/환골탈태". 한국 사회학회 전기사회학대회 발표논문.

한규석. 1995.『사회심리학의 이해』. 학지사.

한홍구. 2001a. "호떡집에 불지른 수치의 역사".『한겨레21』350호.

_____. 2001b. "재한화교의 역사와 삶".『우리 안의 중국 사람들』. 성공회대학교 중어중국학과 NGO 특성화 교육 교재.

함한희. 1995. "한국의 외국인노동자 유입에 따른 인종과 계급문제".『한국문화인류학』28.

혹시, 프레더릭 E.·피터 아이버슨 엮음. 유시주 옮김. 2000.『미국사에 던지는 질문: 인디언, 황야, 프런티어, 그리고 국가의 영혼』. 영림카디널.

홍세화. 1995.『나는 빠리의 택시운전사』. 창비.

황상익. 2001. "국가 폭력과 트라우마: 현대 한국, 특히 제주 '4·3'을 중심으로". 정근식 외 편.『동아시아와 근대의 폭력2』. 삼인.

황정미. 2002. "적극적 조치(Affirmative action)와 여성: 미국과 스웨덴의 사례를 중심으로".『경제와 사회』55.

龔學增 主編. 1996.『中國特色的民族問題理論』. 北京: 中共中央黨校出版社.

Anderson, Benedict. 1991. *Imagined Communities: Reflections on the Origin and Spread of Nationalism*. revised edition. London: Verso.

Asis, Maruja M.B. 1995. "Overseas Employment and Social Transformation in Source Communities: Findings from the Philippines." *Asian and Pacific Migration Journal* 4(2-3).

_____. 2000. "Imagining the Future of Migration and Families in Asia." *Asian and Pacific Migration Journal* 9(3).

Battistella, Graziano and Ma. Cecilia G. Conaco. 1998. "The Impact of Labor Migration on the Children Left Behind: A Study of Elementary School Children in the Philippines." *Sojourn* 13(2).

Böhning, W. R. 1998. "Conceptualizing and Simulating the Impact of the Asian Crisis on Filipino's Employment Opportunities Abroad." *Asian and Pacific Migration Journal* 7(2/3).

Brzezinski, Zbigniew. 1993. *Out of Control*. New York: Charles Scribner's Sons.

Davis, F. James. 1991. *Who is Black?: One Nation's Definition*. Penn State Press.

Docoy, Jr., Eugene A. 1998. *Breaking Bread Together: Sharing Lives with Migrant Workers in Korea.* Mimeograph.

Dworkin, Anthony and Rosalind Dworkin. 1999. *The Minority Report: An Introduction to Racial, Ethnic, and Gender Relations.* Harcourt Brace College Publishers.

Farley, John E. 2000. *Majority-Minority Relations.* fourth edition. Upper Saddle River. New Jersey: Prentice Hall.

Feagin, Joe R. and Clairece Booher Feagin. 1996. *Racial and Ethnic Relations.* fifth edition. Upper Saddle River. New Jersey: Prentice Hall.

Fredrickson, Geroge M. 2002. *Racism: A Short History.* Princeton University Press.

Giddens, Anthony. 1993. *Sociology.* Second Edition. Cambridge Polity Press.

Glazer, Nathan. 1991. "Affirmative Action." Edgar F. Borgatta ed. *Encyclopedia of Sociology.* Macmillan.

Gonzalez, III, Joaquin L. 1998. *Philippine Labor Migration: Critical Dimensions of Public Policy.* De La Salle University Press.

Gross, Jon and Bruce A. Lindquist. 1995. "Conceptualizing International Labor Migra- tion: A Structuration Perspective." *International Migration Review* 29(2).

Heberer, Thomas. 1989. *China and Its National Minorities: Autonomy or Assimilation?* Armonk. New York: M. E. Sharpe Inc.

Hirsch, Herbert. 1995. *Genocide and the Politics of Memory: Studying Death to Preserve Life.* Chapel Hill: The University of North Carolina Press.

Kammeyer, Kenneth C., George Ritzer and Norman R. Yetman. 1990. *Sociology: Experiencing Changing Societies.* Allyn and Bacon: Boston.

Kanlungan Center Foundation, Inc. 1999. *Fast Facts on Filipino Labor Migration.*

Kohn, Hans. 1961. *The Idea of Nationalism: A study in Its Origins and Background.* New York: Macmillan.

Lee, Everett S. 1966. "A Theory of Migration." *Demography* 3(1).

Massey, Douglas S. et al. 1993. "Theories of International Migration: A Review and Appraisa.l" *Population and Development Review* 20(4).

Offe, C. 1985. "New Social Movements: Challenging the Boundaries of Institutional Politics." *Social Research* 52(4) Winter.

Schieder, Theodor. 1978. "Typolgie und Erscheinungsformen des Nationalstaats in Europa." Winkler, Heinrich-August(Hg.). *Nationalismus, Neue Wissenschaftliche* Bibliotheca Bd. 100. Anton Hain Meisenheim GmbH.

Skinner, G. William. 1973. "Change and Persistence in Chinese Cultures Overseas: A Comparison of Thailand and Java." J.T. McAlister. ed. *Southeast Asia: The Politics of National Integration.* New York: Random House.

Smith, Thomas C. 1988. *Native Sources of Japanese Industrialization,1750~1920.* Berkeley: University of California Press.

Stark, Oded. 1991. *The Meaning of Labor.* Cambridge. MA: Basil Blackwell.

Todorov, Tzvetan. 1993. *On Human Diversity: Nationalism, Racism, and Exoticism in French Thought.* Havard University Press: Boston.

Thompson, E.P. 1980. *The Making of the English Working Class.*

Van Dijk, Teun A. 1993. *Elite Discourse and Racism.* Newbury Park: Sage Publications.

Wallerstein, Immanuel. 1991. *Unthinking Social Science: The Limits of Nineteenth- Century Paradigms.* Cambridge. UK: Polity Press.

기획예산처 홈페이지 http://www.mpb.go.kr.

대만 교무위원회(僑務委員會) http://www.ocac.gov.tw.

두산백과사전. http://100.naver.com.

법무부. 2005 출입국 통계연보. http://www.immigration.go.kr.

_____. 2007 출입국 통계연보. http://www.immigration.go.kr.

인구보건복지협회 http://www.ppfk.or.kr.

재외동포재단 http://www.okf.or.kr.

통계청. 2005a. 한국의 사회지표. http://www.nso.go.kr.

_____. 2005b. 출입국관리 통계연보. http://www.nso.go.kr.

_____. 2006. 장래인구추계. http://www.nso.go.kr.

_____. 2007. '2006년 4분기 및 연간 가계수지 동향'. http://www.nso.go.kr.

통계청 국가통계포털 http://www.kosis.kr.

화교경제인협회 http://www.kcba.net.

Bangko Sentral ng Pilipinas. 2005. "Statistical Measurement of Overseas Filipino Workers' Remittances: Present Practices and Future Direction." Presentation to the International Technical Meeting on Measuring Migrant Remittances. http://siteresources. worldbank.org/DATASTATISTICS/Resources/4dGuerrero.ppt#23.

The Black Inventor Online Museum. http://www.blackinventor.com.

French National Institute for Statistics and Economic Studies. http://www.insee.fr/en/ home/home_page.asp.

French National Institute of Demographic Studies. http://www.ined.fr/en.

Migration Information Source. http://www.migrationinformation.org.

Philippine Overseas Employment Administration. http://www.poea.gov.ph/stats/2006 Stats.pdf.

U.S. Census Bureau. http://quickfacts.census.gov/qfd/index.html.

U.S. Central Intelligence Agency. http:// www.cia.gov/library/publications/the-world- fact-book/geos/rp.html

The World Fact Book. https://www.cia.gov/library/publications/the-world-factbook.

"아직도 먼 '할리우드 흑인해방': 피플지 최근호 인종차별 조명". 『경향신문』 1996/03/23.

"〈호남권〉 '코시안' 아니에요, 이젠 '온누리안'". 『경향신문』 2006/03/21.

"실업대책 무기명채권 23일 첫 발행". 『동아일보』 1998/03/16.

"바로 서는 한국 사회 제6부 - 빗나간 민족주의(1): 외국인근로자 차별". 『국민일보』 2000/05/24.

"투자형 가계부채의 위험성". 『문화일보』 2006/12/09.

"기지촌 어린이에게 쉼터를". 『시사저널』 1995/04/27.

"한국인, 다른 민족의 피 40퍼센트 정도 섞여 있다". 『연합뉴스』 2006/04/05.

"대구 화교 100년 그들의 발자취와 희망(8): 70년대 이후 대거 한국을 떠나다". 『영남일보』 2005/10/10.

"우리 집 유권자가 세 명이야, 당신들 잘 보여야 해". 『오마이뉴스』 2006/06/07.

"추성훈도 저고 아키야마도 저예요". 『프레시안』 2005/11/18.

"두 개의 민족, 두 개의 이름". 『프레시안』 2007/04/06.

"재일동포 3세 3명의 엇갈린 운명". 『한겨레』 2003/09/11.

"미군 아빠 돌아와요". 『한겨레』 2007/10/19.

"25시의 아메리안들". KBS 〈KBS스페셜〉 1996/10/20.

찾아보기